法政大学大原社会問題研究所叢書

イギリスの炭鉱争議(1984～85年)

早川 征一郎 著

御茶の水書房

はしがき

　本書をまとめて世に問おうと考えた当初の動機は、きわめて単純であった。2009年3月、私は1972年4月以来、お世話になった法政大学（大原社会問題研究所）を定年退職した。4月1日以降は、全く義務や束縛がなくなり、一気に「自由」の身になった。しばらく、気ままに過ごしていたが、かねてから気がかりになっていた研究課題がいくつかあった。そのうちの一つが、「イギリスの炭鉱争議（1984～85年）」である。

　1984年4月から85年9月まで、私はイギリス（ロンドン大学LSE）に留学したが、そこで出会ったのが炭鉱争議であった。その炭鉱争議について、1985年から86年にかけて、私は「イギリスの炭鉱争議」というタイトルで、9回にわたり大原社会問題研究所の雑誌に連載した。この連載のあと、すぐに一冊の本にまとめようという気がないではなかったが、当面の大原社研業務やその他の個人研究テーマが優先する中で、いつしか一冊の本にまとめる意欲が薄れ、そのままに放置していた。

　だが、定年退職をして「自由」の身になると、あとに残るのは、かねてから気がかりであった個人研究のやり残し部分であった。その一つが、「イギリスの炭鉱争議（1984～85年）」であり、定年退職後なるべく早い時期に、いわば私の「定年退職記念作品」として世に問うことは、それなりに意義があるかもしれないと考え、本書をまとめようと思い立ったしだいである。

　このように、本書刊行の動機は単純であったが、「イギリスの炭鉱争議（1984～85年）」をいざ一冊の本にまとめようとすると、事柄は単純ではなかった。当初は、最も労力を省き、単に四半世紀前の争議を「記録」として世に残すことだけに徹すればよいと考えながら、まとめようとしてみた。「イギリスの炭鉱争議（1984～85年）」については、今日に至るも、日本人研究者による一冊のまとまった本は刊行されていない。私の雑誌連載はもはや忘れ去られた感がある

が，一冊の本にまとめることは，少なくとも争議記録書としての意味はあるであろうと考えたからである。

　当初はそんなつもりで，本書の構成を考え，かつての連載論文の事実関係の検証などを進めていたが，やがて単に争議記録書をまとめても，それがどれだけ有益なことかが疑問に思えるようになった。記録書はあくまで記録書に過ぎず，その争議から私が何を学び，いわゆる新たな「知見」として何を付け加え，世に問うか，そうしたメッセージ性のある研究書にしなければ，学術的にも実際的にもあまり意味がないことに気がついた。

　では，そのために最小限，必要な条件は何か。私は，次のように考え，それを本書の課題として意識化した。第一に，争議記録書として事実関係の検証を行い，記録書としての信頼性を確立することである。それが，最も基礎的なことである。第二に，すでに四半世紀を経た炭鉱争議後の事態の展開を追跡することである。すなわち，「後日談」として，その後の展開を補完することである。それによって，単に争議記録書として歴史をそこで停止させるのではなく，その後と現在までを追跡し，その四半世紀の経過の中で，イギリス炭鉱争議（1984～85年）の歴史的意味を今日の時点で問い直すことである。

　おそらく，争議研究としてであれば，そこまででよいのかもしれない。しかし，その先にいま一つ，本書の課題を設定することにした。

　第三に，イギリス炭鉱争議の歴史的意味を今日的時点から問い直すことは，その問い直しをつうじて，21世紀におけるイギリス石炭産業と当該労使関係についての何らかの「展望」＝実現可能性ある展望を見出すことである。これが，第三の課題設定である。

　とはいえ，本書の課題をここまで大上段に構えて設定すると，動機は単純などといった呑気なことは言えなくなり，もはや生やさしい覚悟で本書をまとめるわけにはいかなくなった。こうして，一人の社会科学研究者＝社会政策・労働問題研究者として，私は真っ向から真剣勝負に臨むことになった。

　では，そうした課題を果たすために，どういう視点や方法が要請されるかが問題であった。その視点の核心は，歴史動態的視点にある。イギリスの炭鉱争議（1984～85年）をその発生以前および争議後の四半世紀経過のもとで，歴史

的に相対化する視点を保持することにあった。私自身は，この歴史的視点や方法の点では，従来の労働争議研究の視点・方法をとくに意識したわけではなかった。それを意識しなかったデメリットは，本書の中にはあるかもしれない。その結果としての本書の評価は，読者に委ねるしかない。

　次に，私が，かなり意識した接近方法の一つは，労使関係論的接近方法という，私の関係している学問の世界では，近頃，かなり「不評」の接近方法である。もっとも，労使関係という場合，私の労使関係研究が，研究の当初から「公共部門」の労使関係を対象としていたからであろう。私は，かつてJ. T. ダンロップが提唱したように，その当事者は労使二者構成ではなく，政府を加えた三者構成で考えなければならないという考え方を自明の前提としていた（J. T. Dunlop, *"Industrial Relations System"*, 1958）。

　イギリスの炭鉱争議（1984～85年）は，まさに三者構成の労使関係のもとで発生，展開し，終焉したのであり，三者構成の労使関係でかなりは解けるであろうと考えている。

　まず労使当事者が，どのような組織や制度的諸条件のもとで行動するか，政府はその労使二者の関係にどのような権力配分を行いつつ，関与していたかなどといったことである。

　いま一つ，私が意識した接近方法は，労使関係展開の「場」への着目である。別に言いかえれば，産業論であり，産業政策論であると言ってもよい。労使当事者が，①どのような産業——当面の対象でいえば，エネルギー産業の中での石炭産業——で主張を展開し，行動し，そして衝突＝争議化したか，②その際，争われた産業政策上の課題は何であり，それがどのように争われたかといったことである。

　このように，労使関係論的接近方法と産業（政策）論的接近方法という二つの方法を統一的に組み合わせ，いわば「複眼」的な方法論に依拠することによって，イギリスの炭鉱争議（1984～85年）はより一層，解明可能なのではないかと考えている。もちろん，それらの全ては時間的変化の中で，歴史動態的に認識しなければならないのは言うまでもない。そうした視点・方法が，どこまで有効であるかは読者の判断に委ねるしかない。

本書は，以上の視点・方法のもとで，敢えて三部構成とした。それに，ふつう序章にあたる部分を「プロローグ」とし，終章にあたる部分を「エピローグ」としたのは，この炭鉱争議を多少，歴史物語的に構成してみようと考えたからである。

「プロローグ」では，かつて書いた連載原稿の冒頭の部分を活かし，争議終結当時の若干の同時代的雰囲気を残しつつ，本書の課題を掲げた。ついで，第1部　イギリスの炭鉱争議（1984〜85年）＝発生前史，第2部　イギリスの炭鉱争議（1984〜85年）＝発生，展開，終焉，第3部　イギリスの炭鉱争議（1984〜85年）＝後日談とし，時間的変化＝歴史的動態の中で，イギリスの炭鉱争議（1984〜85年）を位置づけることを試みた。

「エピローグ」は，先に述べた接近方法の第二番目である産業（政策）論的接近方法の総決算であるとともに，それと労使関係論的接近方法との接合を試みた「展望」部分からなる本書の核心＝私のメッセージを凝集した本書の結びの部分である。

本書をまとめるにあたって，今回，全く新しく書き下ろしたのは，第3部第9章と第10章および「エピローグ」であった。その書き下ろし部分を除く，その他の章は既発表のものに，今回，事実関係の検証を行う中で，各章の体系性を確保するために，かなりの加筆・補正を行った。念のため，既発表の掲載誌と本書の関係を以下に記しておく。

- 「イギリスの炭鉱争議 (1)〜(8)」（法政大学大原社会問題研究所『研究資料月報』1985年4，5，7，8，9月号，1986年1，2，3月号）（本書「プロローグ」，第1〜7章）
- 「イギリスの炭鉱争議 (9)」（『大原社会問題研究所雑誌』1986年4月号）（第8章）
- 「健在ぶり示した英炭労大会」（『賃金と社会保障』1985年8月下旬号）（第7章）

本書の取りまとめにかかったのは，2009年11月半ば以降であった。その前に，「最近における人事院勧告の動向と直面する問題——2000〜2009年の10年間を中心として」（所収，法政大学経済学部学会『経済志林』第77巻第4号，森廣正教授退職記念号）という，私のいわば"本業"だと人からは見なされるであろう論文を先に書き上げ，さて急いで頭を切り換えて本書に取りかかった。

本書の原稿を書き終わり，最終的な推敲を行ったのは，2010年3月下旬〜4月上旬であった。結果として，当初に思ったよりも早く出来上がったのは，何よりも自由な時間のおかげである。「毎日が日曜日」という言葉があるが，私にとっては「毎日が研究日」であった。毎日，当面のテーマだけを考えていればよいのであるから，思考の継続性も確保できた。自由な時間のありがたさをこんなに享受できたのは，これまでになかったことである。

　それもこれも定年退職のおかげであるが，同時に年金生活者となっても，生活を維持でき，自由に研究活動に邁進できることのありがたさも感じている。その意味も含めて，私は法政大学（大原社会問題研究所）に真っ先に感謝の意を表明したい。とりわけ，個人の名前を挙げて感謝の意を表明したいのは，増田壽男・経済学部教授である。ちょうど同じ時期に，イギリスに留学した留学仲間であった。それだけでなく，イギリス炭鉱争議の終結後，シェフィールドを始めとして争議関係者などからの聴き取りを一緒に行い，またノース・ダービシャーのある炭坑にも一緒に入坑体験をした。実際，本書の中でも，イギリス留学経験を踏まえた増田壽（寿）男教授の研究業績から引用させていただいた。

　ところで，その頃は思いもよらなかったが，それから約四半世紀後，増田壽男教授は法政大学総長となり，現在，総長としても活躍中である。私の定年退職に際した記念講演と歓送会にも「友情出演」をしてくれた。したがって，増田壽男・法政大学総長への感謝の言葉は，全ての法政大学関係者への感謝の意味を込めたものでもある。

　なお，最後に，学術文献の出版事情が厳しい最中ではあるが，本書刊行にあたって，御茶の水書房の橋本盛作社長と小堺章夫氏に，特別のご配慮とご尽力をいただいた。ここに記して，心からの謝意を表明したい。

　　2010年5月1日

　　　　　　　　　　　　　　　　　　　　　　　　　　　　　　早川　征一郎

イギリスの炭鉱争議（1984〜85年）
目　　次

目　次

はしがき　iii
本書における主要略語一覧　xv

プロローグ　若干の「現況」と本書の課題──────────── 1

第1部　イギリスの炭鉱争議（1984～85年）＝発生前史

第1章　政府の国有産業対策と労使関係法制の展開──────── 7

　　　はじめに　7
　　　1　いわゆるリドレイ・プランについて　7
　　　2　サッチャー政権と労使関係法制の展開　12
　　　3　イワン・マクレガーの石炭庁（NCB）総裁への就任　19
　　　4　良好なタイミングの到来　23

第2章　経済・労働関係指標とエネルギー・石炭政策，労使交渉機構
　　　────────────────────────── 27

　　　はじめに　27
　　　1　炭鉱争議に先立つイギリス経済・労働事情　27
　　　2　エネルギー戦略と石炭政策　37
　　　3　石炭庁（NCB）の組織と交渉，協議機構　44

第3章　石炭産業における労働組合とNUM（全国炭坑夫労働組合）── 51

　　　はじめに　51
　　　1　石炭産業における労働組合　52
　　　2　NUMの組織，闘争，リーダーシップ　57
　　　3　アーサー・スカーギルNUM委員長　71
　　　4　再び，良好なタイミングの到来について　75

第2部　イギリスの炭鉱争議（1984～85年）＝発生，展開，終焉

第4章　全国ストライキ突入，労使交渉の重大な決裂
（1984年3月～84年10月）　―――――――――――― 81

はじめに　81

1. イギリス炭鉱争議（1984～85年）をめぐる時期区分　82
2. 石炭庁（NCB）の"合理化案"とNUMの全国ストライキ突入　84
3. ピケッティング，移動警察隊，裁判所の禁止命令　90
4. 他組合の支援，連帯問題（3～4月）　94
5. NCBとNUMの話し合い決裂（1984年7月）　97
6. ワーキング・マイナーズの動向　99
7. 二度にわたる全国ドック・ストライキ　102
8. TUC年次大会（1984年，ブライトン）　106
9. NCBとNACODSの合意，NCBとNUMの決定的決裂（1984年10月）　107

第5章　労使交渉の重大な決裂から84年末へ（1984年10月～12月）
　―――――――――――――――――――――――― 111

はじめに　111

1. 労使交渉の重大な決裂と新たな局面への突入　112
2. NUMへの罰金と組合資産凍結問題　113
3. NUM特別代議員大会（11月5日）とNCBの職場復帰者数の発表　115
4. クリスマス・ボーナス攻勢と職場復帰者の増大　116
5. NUM代議員大会（12月3日）　119
6. ノッティンガムシャー・エリアの規約改定問題　122
7. 小　結　123

第6章　ワーキング・マイナーズの増大とスト中止，職場復帰
（1985年1月～3月）　―――――――――――――― 125

はじめに　125

1 NUM左派のスカーギルNUM委員長批判の表面化 125
       2 労使予備交渉とその決裂（1月29日） 127
       3 TUCの仲介とNCBの新提案，NUMの新提案拒否
         （2月20〜21日） 129
       4 ストライキング・マイナーズの相次ぐ職場復帰 132
       5 スト中止，無協定職場復帰の動きと特別代議員大会
         （1985年3月3日） 133
       付録1．1985年2月15日提示のNCB新提案文書 138
         2．1985年2月20日提示のNCB修正文書 139
         3．イワン・マクレガーNCB総裁の
           ノーマン・ウイリスTUC書記長宛の手紙 140

第7章 スト中止，85年7月のNUM年次大会（1985年3月〜7月）——143
       はじめに 143
       1 賃金引き上げ交渉の妥結と無期限残業拒否闘争の中止 144
       2 ピット閉鎖問題とNACODSの動向 145
       3 被解雇者の復職問題 148
       4 対立深まるNUM主流派と反主流派 151
       5 NUM規約改定問題 153
       6 NUM，1985年年次大会（7月） 156
       7 NUMの分裂，UDMの結成 162
       〔付録〕戦後の炭鉱労働者数，NUM・NACODS・BACM・
         UDM組合員数の推移 164

第8章 イギリス炭鉱争議（1984〜85年）の背景，論点，基本的性格——167
       はじめに 167
       1 争議の背景
             ——国際エネルギー問題とイギリス・エネルギー戦略との関連 168
       2 争議に関連する諸論点（1）
             ——サッチャリズムと労使関係戦略・労働法制の展開 170

3　争議に関連する諸論点（2）
　　　　──労使関係法制の発動と政府，警察，裁判所　173
　4　争議に関連する諸論点（3）
　　　　──石炭産業合理化と雇用，コミュニティ論　176
　5　争議に関連する諸論点（4）
　　　　──"非経済的"ピット閉鎖問題と炭鉱閉鎖手続き　177
　6　争議に関連する諸論点（5）
　　　　──闘争戦術，全国投票（National Ballot）問題　179
　7　争議に関連する諸論点（6）──NUM内部の組織的対立問題　182
　8　争議に関連する諸論点（7）──労働組合および社会的支援問題　184
　9　イギリス炭鉱争議（1984～85年）の基本的性格
　　　　──その"古さ"と"新しさ"について　186
　10　イギリス労使関係における"ボランタリズム"──その行方　188
　〔補記１〕"ボランタリズム"再論　189
　〔補記２〕炭鉱争議後のイギリス労働組合運動について　195

第3部　イギリスの炭鉱争議（1984～85年）＝後日談

第9章　炭鉱争議・UDM結成後の炭鉱労使関係 ─────── 199
　はじめに　199
　1　NCBの新経営戦略と労使関係政策　200
　2　UDMの承認，団体交渉権をめぐる問題　201
　3　UDM賃金交渉の先行・妥結とNUM全国賃金交渉の不成立　204
　4　新懲戒規程をめぐる問題　206
　5　柔軟な働き方をめぐる問題　207
　6　アーサー・スカーギルNUM委員長の再選問題　210
　7　1992年のピット閉鎖とNUMの闘争　214
　8　UDM，NCB（BCC）との協調関係とその終焉　216
　むすび　218

第10章　石炭産業の民営化と炭鉱労使関係 ―― 221

　はじめに　221
　1　石炭産業の民営化＝The Coal Industry Act 1994と民営化　222
　2　民営化をめぐるNUM，UDMの基本的態度　224
　3　民営化後の炭鉱経営　226
　4　民営化後の炭鉱労使関係(1)＝総体的枠組み　230
　5　企業・組織の組合承認と団体交渉権の所在　235
　6　全国賃金交渉の行方　238
　7　UK Coal社の労使関係戦略　240
　8　民営化後の炭鉱労使関係(2)＝個別炭鉱における労使関係　243
　むすび　255

エピローグ　イギリスの石炭産業＝その後と現在および展望 ―― 257

　はじめに　257
　1　イギリスにおけるエネルギー需給状況と石炭産業　258
　2　国有・公企業の民営化と石炭産業の民営化　272
　3　エネルギー供給の長期展望と石炭の可能性　279
　4　イギリス石炭産業の現状と展望　284
　むすび　21世紀におけるイギリス石炭産業の展望と労使関係　291

あとがき ―― 299

　1　イギリス炭鉱争議(1984～85年)との出会いと現在　299
　2　本書で留意した研究技術的な事柄　301
　3　本書における研究方法とその含意　306
　4　謝意＝資料上の難関と課題上の難関に関連して　307
　おわりに　309

参考文献　311
人名索引　321
事項索引　324

本書における主要略語一覧

ACAS（Advisory, Conciliation and Arbitration Service, 諮問・調停・仲裁サービス）
ASLEF（Association Society of Locomotive, Engineers and Firemen, 機関士・技師・火夫組合）
BACM（British Association of Colliery Management, イギリス炭鉱管理職組合）
BACM-TEAM（British Association of Colliery Management－Technical, Energy and Administrative Management, イギリス炭鉱管理職－技術，エネルギーおよび管理職組合）
BCC（British Coal Corporation, イギリス石炭公社）
BSC（British Steel Corporation, イギリス鉄鋼公社）
CCS（Carbon dioxide Capture and Storage, 二酸化炭素（CO_2）回収・貯留）
CINCC（The Coal Industry National Consultative Council, 全国石炭産業協議委員会）
COSA（Colliery Officials and Staffs' Association, 炭鉱職員組合）
EETPU（Electrical, Electronic, Telecommunication and Plumbing Union, 電気・電子・通信・配管工組合）
EPEA（Electrical Power Engineers' Association, 電力技師組合）
GCHQ（The Government Communication Headquarters, 政府通信本部）
GMBATU（General Municipal, Boilermakers' and Allied Trades' Union, 一般・都市・ボイラー製造および関連組合）
GMWU（General and Municipal Workers' Union, 一般・都市労働者組合）
ILO（International Labour Organization, 国際労働機関）
ISTC（Iron and Steel Trades Confederation, 鉄鋼労働組合連盟）
NACODS（National Association of Colliery Overmen, Deputies & Shotfirers, 全国炭鉱監督者組合）
NCB（National Coal Board, 全国石炭庁）
NEC（National Executive Committee of the NUM, NUM全国執行委員会）
NGA（National Graphical Association, 全国印刷工組合）
NUM（National Union of Mineworkers, 全国炭坑夫労働組合）
NUR（National Union of Railwaymen, 全国鉄道員組合）
NUS（National Union of Seamen, 全国海員組合）
TGWU（Transport and General Workers' Union, 運輸・一般労働者組合）
TUC（Trade Union Congress, 労働組合会議）
TUPE（Transfer of Undertakings（Protection of Employment）Regulations 1981, 営業譲渡（雇用保護）規則1981）
UCG（Underground Coal Gasification, 石炭地下ガス化）
UDM（Union of Democratic Mineworkers, 民主炭坑夫労働組合）

プロローグ

若干の「現況」と本書の課題

「ストライキ終る，しかしスカーギルなおも抵抗」(ザ・タイムス)，「ピット・ストライキ，抵抗と涙のうちに終る」(ザ・ガーディアン)——1985年3月4日付の二つの新聞は，一面トップに上記の大見出しを掲げ，3月3日のNUM (National Union of Mineworkers, 全国炭坑夫労働組合) 特別代議員大会の模様を報じていた。

1985年3月3日，無協定 (no agreement) のままで，全国ストライキを中止し，組織的に職場復帰をしようというサウス・ウエールス・マイナーズの動議は，右派のノッティンガムシャー・マイナーズ代議員欠席のもとで，賛成98，反対91の僅差で可決された。そして3月5日，一部の地域のコール・マイナーズを除いて職場に復帰した。その後，ストライキ中に解雇されたコール・マイナーズのアムネスティ (amnesty) を要求し，ストライキを続けていた一部のコール・マイナーズも，最も戦闘的なケント地域を除き，職場に復帰した。

石炭生産はほとんどのピットで再開されたか，または再開の準備中である。3月8日，ストライキ中のピケッティングに対し，いわゆるフライイング・ポリスマンを派遣し，ピケ隊の封じ込めに猛威を発揮した警察側の指令センターであった全国情報センター (National Reporting Center, NRC) も店じまいをした。ロンドンの至る所の街角で，ストライキング・マイナーズ支援の募金を訴えていたNUM組合員および支援グループの人たちも姿を消した。

これまで，ほとんど毎日のごとく，新聞・テレビなどのニュースの一面ないしトップを占めていた炭鉱争議の報道は，今も連日のごとくあるが，しかし扱いは小さくなっている。こうして，まだ大きな余韻を残しつつも，そして"正

常化"とはとても呼べないにしても，少なくともストライキ以前の"平常化"の状態に一歩ずつ近づきつつある。

　確かに，1984年3月のストライキ開始以来，ほぼ1年のストライキは終った。イギリス労働運動史上，おそらく最長のストライキとなったコール・マイナーズのストライキには終止符が打たれた。だが，1985年3月3日のNUM代議員大会で，アーサー・スカーギル（Arthur Scargill）NUM委員長が演説しているように，"争議は終ったのではなく，まだ続行中"である。この原稿を書いている現在，1983年10月31日に出された無期限残業拒否の指令はまだ解除されていない。

　とはいえ，少なくとも歴史的な大争議の局面は大きく変わり，事実上は終息の局面に入った。もっとも，今後，新しい局面がどのように展開していくか，まだ予断を許さない点も多い。現在の焦点は，ストライキ中に解雇されたマイナーズの救済問題，ストライキ中に裁判所によって凍結されていた組合資産の凍結解除問題（一部の地域ではすでに解除済），賃金引き上げ問題，残業拒否をいつ，どのように解除するかの問題，そして組合内対立問題などである。ピット閉鎖はこれからの問題である。

　しかしながら，政府，石炭庁（National Coal board, 以下NCBと呼ぶ）とNUMとの力関係は，すでにストライキ終結の相当以前から，前者の優位が明らかになっていた。その有力な指標は，1984年11月頃からのワーキング・マイナーズ＝ストライキをやめて職場復帰したマイナーズの一貫した増大である。そのうえ，事態を見据えて，イワン・マクレガー（Ian Kinloch MacGegor）NCB総裁は，少なくとも1986年9月の任期切れまで総裁として任にあたると言われている。

　他方，NUMにとっては，とにかくも最悪のケース——例えば組合内の収拾がつかず，今後長い間，足腰も立たなくなる——は免れたとはいえ，今後おそってくるピット閉鎖など"合理化"の嵐に対し，地域（area），炭鉱（colliery），炭坑（pit）などでの個別的分散的な闘争を余儀なくされ，一層，苦しい局面を迎えようとしている。しかも，組織内の大きな対立をかかえながらである。

　以上に述べたような「現況」に鑑み，私は一体，これから何を書こうとしているのであろうか。正直なところ，私の構想の全体像は私自身まだ定かではな

い。つまりは，それほど深く研究が進んだ段階で書き始めるわけではない。むしろ，書きながら全構想を考えつつ，おそらくトライ・アンド・エラーを繰り返しつつ，書いていくことになるであろう。読んでいただく方々には，きわめてありがた迷惑なことに違いないが，その点，なにとぞご容赦をお願いできれば幸いである。

とはいえ，少なくとも以下の諸点は，この連載〔本書〕をつうじて，探求したい課題である。一つは，今回の炭鉱争議にあたり，保守党政府，NCB側から，いかに周到，綿密なNUM対策が，争議前および争議中に展開されたかである。第二に，NUMの組織構造とリーダーシップなど組合側諸事情について，組合組織内（とくにArea）や他組合との関係を含めて検討することである。第三に，この争議経過そのものの追跡および争議過程における諸イッシューについての紹介と検討である。そして，最後の課題として，従来，イギリス労使関係を特徴づけると言われてきた"ボランタリズム"，それについて，サッチャー政権下で次々に展開されている労使関係法制および炭鉱争議対策との関連で，今日，どのように考えたらよいかが課題となる。以上が，考察課題のあらましである。

もちろん，それらを考察するにあたり，今日のイギリスの政治，経済，とくに労働経済，あるいはエネルギー問題などの全体構図とそこに含まれているシリアスな問題を念頭に置かなければならないのは言うまでもない。ただ，どこまで，私の浅い，乏しい研究で論じ，解明できるかは別問題である。

私もやはり，"ミネルヴァの梟"であるのかもしれない。今はその役割さえ，果たすのは容易ではないことを自覚している。だが，この歴史的争議について，たまたまイギリスに滞在していて見聞する"めぐり合わせ"となり，1985年9月末まで見聞できる，一人の幸運な社会政策・労働問題研究者として，出来得るかぎり良く"記録"し，多面的に紹介，考察を試み，それを日本にお伝えすることも一つの大切な責務であるに違いないと考え，敢えて挑戦することにしよう。

以上，大変，長い前置きになってしまったが，以下，とにかくも本論に進むことにしよう。

〔1985年3月18日脱稿〕

〔補記〕

　以上は，当時，連載として始めた「イギリスの炭鉱争議」第1回目の「まえがき」であった。ここで補足したいのは，本書における追加すべき考察課題についてである。本書をまとめるにあたって，三点，追加しなければならない課題がある。

　それは，この「イギリスの炭鉱争議（1984～85年）」の「後日談」ともいうべき課題である。すなわち，この炭鉱争議を経て，(1)イギリス石炭産業，(2)NUMあるいは炭鉱労使関係はどうなったのか，(3)そして現在，どういう問題に直面し，それに対する今後の展望はどうかといった諸課題である。

　その課題を果たすべく，本書では，①第3部　イギリスの炭鉱争議（1984～85年）＝後日談として，第9章　炭鉱争議・UDM（民主炭坑夫組合）結成後の炭鉱労使関係，第10章　石炭産業の民営化と炭鉱労使関係，②「エピローグ」として，イギリスの石炭産業＝その後と現在および展望を補足し，その中で追加した考察課題を解明することにしたい。

第1部
イギリスの炭鉱争議（1984〜85年）
＝発生前史

第1章

政府の国有産業対策と労使関係法制の展開

  はじめに
  1　いわゆるリドレイ・プランについて
  2　サッチャー政権と労使関係法制の展開
  3　イワン・マクレガーの石炭庁（NCB）総裁への就任
  4　良好なタイミングの到来

はじめに

　第1章では，炭鉱争議の一方の当事者である保守党による炭鉱を焦点とした国有産業における争議対策（いわゆるリドレイ・プラン），ついでサッチャー政権による労使関係政策の相次ぐ展開，および経営当局であるNCBのうち，とくにイワン・マクレガーNCB総裁に焦点を当て，炭鉱争議発生以前，いかに周到な準備，対策が行われたかを考察する。

1　いわゆるリドレイ・プランについて

　1984～85年の炭鉱争議，それがマーガレット・サッチャー（Margaret Thatcher）首相が率いる保守党政権の側からしても，アーサー・スカーギルを最高指導者に持つに至ったNUMの側からしても，激突必至の引くに引けない争議であり，それ故，きわめて"政治色濃い対決"となったことは，私の知る

かぎり，すでに二人の日本人研究者によって早くに指摘されている[1]。そうした争議の一つの性格づけについては，それを導き出す脈絡やニュアンスに差異はあるにしても，私も同様に考えている。

そうした労使の"激突"，"対決"が，一方で，保守党政権の側から仕掛けられたものであることは言うまでもない。それを最もダイレクトに証拠づけるものとして，イワン・マクレガーのNCB総裁就任とともに私が重視したいのが，以下に紹介する，いわゆるリドレイ・プラン（以下，リドレイ・レポートと呼ぶ）と呼ばれるものである。

話はさかのぼって，1977年当時，国有産業の今後のあり方に関し，サッチャー保守党党首らによって後押しされ，保守党最右翼の一人であるニコラス・リドレイ議員（Nicholas Ridley MP）を責任者とする国有産業政策グループ（The Nationalised Industry Policy Group，それは Economic Reconstruction Group の中の一グループであった）により，最終報告がまとめられた。その内容はやがて，雑誌 *The Economist*（1978年5月27日号）にリークされた[2]。ただし，*The Economist* のリドレイ・レポートの紹介は未だ部分的であった。いわゆるリドレイ・レポートのうち，同誌によって紹介されているのは，主として「秘密付属文書」（Confidential Annex）であった。

本書をまとめるにあたり，リドレイ・レポートの全容を知りたいと思い，インターネット上でアクセスを試みた。その結果，リドレイ・レポート（最終報告）のフル・テキストがインターネット上から入手できた。それを掲載しているのは，マーガレット・サッチャー財団（Margaret Thatcher Foundation）である。同財団がいかなるものであるかは，注記にゆずることにする[3]。以下，*The*

---

1) 内藤則邦（1984）「英国労働運動の近況」（日本労働協会『週刊労働ニュース』10月29日および11月5日号），大津定美（1984）「ドロ沼化する英国炭鉱スト」（『エコノミスト』10月30日号）。内藤教授は人も知るイギリス労働問題研究の権威であり，その短い論説の中で，簡潔ながら実に要を得た紹介を行っている。大津教授は，「労働運動にはズブの素人にすぎない」と謙遜しながらも，現地調査を含め，多面的に論じた好レポートを書かれている。
2) *The Economist* のリドレイ・プランの紹介は，ところどころ引用符がついており，レポートそのものではなかったと推測される。ただし，秘密付属文書（Confidential Annex）の5点は，ほぼレポートに沿った要約であると思われる。

Economist および入手したフル・テキストに基づいて話を進めよう。

リドレイ・レポートを一見すると，すでにその当時から，今回のような争議の事態に備え，いかに対処すべきかが，実に具体的に検討されていたことがよく分かる。

同レポートによると，①各々の国有産業における達成すべき資本金あたりの収益率を設定すべきこと，②投資規制によって，当分の間，国有産業が新たな領域に活動分野を拡大することを防止すること，③資本金あたりの達成すべき収益率の設定によって，可能な賃金抑制を行うことなどを提言した。④とくに賃金に関しては，高い賃金水準の設定が収益率とぶつかれば，その産業がやせ

3）マーガレット・サッチャー財団は，ウェブサイトの自己紹介によれば，「1991年，政治的および経済的自由の主張を前進させるために設立された」という。そして，「過去30年間のマーガレット・サッチャーと世界の出来事に関する数千のドキュメント——それらの多くはこれまで非公開であった——への自由なアクセスの機会を提供する」と述べている（http://www.margaretthatchar.org，最終アクセス日：2010年5月15日）。その中に，document archiveがある。リドレイ・レポートは，その中に掲載されている。そこでのコメントによれば，*The Economist* にリーク（leak）され，とくにConfidential Annexがかなり論議を招いたとある。

それは，A4版で27頁にのぼるタイプ印刷によるレポートである。左上に「秘密扱い」（CONFIDENTIAL）とタイプされ，中央に Economic Reconstruction Group という主体および Final Report of the Nationalised Industries Policy Groupと題したタイトルが明記されている。日付は1977年7月8日付である。全体は，Part I Running Nationalised Industries, Part II Denationalisation, Part III Summary of Proposals, 最後に Confidential Annex: Countering the Political Threat, 以上の四部構成からなっている。

以下，リドレイ・レポートの紹介は，当初の *The Economist* によるほか，*Final Report* も参照するが，ここでは便宜上，Part III Summary of Proposalsにより，Part I とPart II の summaryをさらに要約し，Confidential Annex をやや詳しく紹介するに留めたい。

なお，上記の全文を掲げたURLは大変，長い。以下に記しておく。http://www.margaretthatcher.org/document/FABEA1F4BFA64CB398DFA20D8B8B6C98.pdf

なお，「リドレイ・レポート」に影響を与えたものとして，あまり知られていないが，マイロン・レポート（Miron Report）がある。このレポートは，ウィルフレッド・マイロン（Wilfred Miron）NCBメンバーが，1973年12月6日付の手紙を付して，当時のデレーク・エズラ（Derek Ezra）NCB総裁に送ったものである。第一次オイル・ショックに際し，石炭の需要が伸び，そのことが労働組合（NUM）を一層，活気づかせたとして，NUM対策の必要性を具体的に検討したレポートである。全文は明らかではないが，その重要な部分については，次の文献に紹介されている。Winterton J. & R.（1989），*Coal, Crisis and Conflict: The 1984-85 Miners' Strike in Yorkshire*（Manchester University Press），9～11頁。

細るか，資産を売却するか，価格を上げるか，いずれかを引き起こすと警告した (Summary of Proposals Part 1)。

また，非国有化 (denationalisation) については，①まず公共部門における「法定上の独占」(statutory monopolies) は立法をつうじてやめさせるべきだと主張し，②ついで，可能なかぎり国有産業を分割し (break up)，それぞれが利潤を稼ぎ得るセンターとしての個々の単位に再組織することであるとしている。さらに，非国有化のやり方として，全体あるいはユニット単位の両方があり得るとし，国有産業によっては，それぞれの会社に分割できること，それらの多くは民間の買い手に売却すべきだとしている。そして，石炭，港湾，空港などの国有産業は，個々の炭坑 (pit)，港，空港ごとに売却するか，労働者協同組合 (workers' co-operatives) を形成すべきだと主張した (Summary of Proposals Part 2)。

以上の本文の叙述を前提にしたうえで，「政治的脅威を迎え撃って」(Countering the Political Threat) と題する秘密付属文書 (Confidential Annex) では，冒頭，「次期の Tory 政府の敵が，この政策を試練に会わせ，打ち破ろうとするのは疑いない。……総選挙後，おそらく6〜10ヵ月の間に，その挑戦を受けるであろう」と述べ，起こり得る「宣戦の口実」(casus belli) として，以下の四点を挙げる。

（a）不当な賃金要求 (an unreasonable wage claim)
（b）解雇または閉鎖 (redundancies or closures)
（c）国有化産業についての我々の政策
（d）その他の政治的争点

そのうえで，「不満をもたらすいくつかの争点が見いだされる。……その場合，共産主義的な破壊者たち (communist disruptors) の全勢力が，その不満感情を利用しようとするに違いない」と警戒の念を強めている。そのうえで，「労働組合の攻撃は疑いもなく，例えば石炭，電力，ドックといった"（我々の側に）弱みがある"産業 ("vulnerable" industry) で生じるであろう」と述べ，それを迎え撃つための戦略 (strategy) として，以下の五点を挙げている。それは，戦略的であるとともに戦術的内容を含んでいた。

①「（我々の側に）弱みがある」産業では，資本収益の数字に比べ，より高い賃金要求に対しても支払えるように考慮すべきである（賃金上の譲歩——引

用者注）。
②我々が勝利できる「弱みのない（non-vulnerable）」産業では，闘いを挑み，引き起こしてもよい。それには，1971年の郵便労働者との闘争で勝利した事例がある。鉄道，B.L.M.C.，公務員（the Civil Service），鉄鋼では勝利できるであろう。我々が選んだ土俵上での勝利は，「（我々の側に）もっと弱みがある」場所での相手側の攻撃力を削ぐであろう。
③電力またはガスでは，労働者を刺激することを避けるように，とくに注意しなければならない。そこでは幸い，解雇の必要性は高くない。
　　最もあり得る闘争領域は石炭である。そこでは，(a) とりわけ発電所（power station）において，可能なかぎり最大限の石炭備蓄を行うこと，(b) 短期間に石炭を輸入できるように，おそらく臨時の計画を立てることが必要なこと，(c) 道路輸送会社による必要な場所への石炭輸送のため，前もって非組合員のローリー・ドライバーのリクルートを手配すること，(d) 全ての発電所において，できるだけ早く，石炭・石油両用の燃焼設備を導入すること（太字および便宜上，(a)～(d) に分けたのは引用者）。
④**ストライキ参加者への金銭供与をカットし，その資金問題を組合財政に転嫁すること**（太字は引用者）。
⑤暴力的なピケッティングに対し，法を守るために装備され，準備された，**大規模な移動可能な警察隊（a large, mobile squad police）を持つことが，暴力的なピケッティングを打ち負かす唯一の方法である。また，輸送会社が，警察の保護によってピケットラインを突破する「良好な非組合員のドライバー達」をリクルートするのが賢明な予防措置**（wise precaution）で**ある**（太字は引用者）。

そして，このConfidential Annexの最後に，「これら5つの対策は，全て適用可能であり，もし統合されて賢明に活用されるなら，見事に強力な防衛措置となるだろう」と結論づけている。

　以上，リドレイ・レポートの主な内容を紹介した。結局のところ，その中身は国有産業，とくに石炭産業を意識していること，それだけでなく，ストライキなど争議が発生する以前および以後の争議対策が具体的に述べられているこ

とが注目に値する。とくに，Confidential Annex 部分である。

しかも，このレポートが1977年，すなわち1979年の総選挙で，マーガレット・サッチャー率いる保守党政権が誕生する以前に，すでに策定されていたことを強調しておきたい。そして，事実，以上に紹介した具体的対抗策が，約1年に及ぶコール・マイナーズのストライキに際し，見事に発動されていたのである。

このように，保守党のコール・マイナーズ（NUM）対策は，きわめて早くから着手されてきた。もちろん，その対策はリドレイ・レポートが全てではない。他方では，もっとフォーマルな対策，つまり労使関係法制の面でも着々と準備が行われてきた。それだけではなく，そのうえで，"攻撃"に打ってつけの人物が，そのための然るべき"席"に就くよう準備し，そして"攻撃"のための良好なタイミングの到来を待っていたのである。

ここでは，次に保守党の労使関係政策（法制）の展開を検討し，ついでイワン・マクレガーという人とNCB総裁就任の意味について述べることにしよう。

2 サッチャー政権と労使関係法制の展開

（1）サッチャー政権による1980年雇用法と1982年雇用法

1979年の総選挙で保守党が勝利した結果，イギリス政治史上，初の女性首相が誕生した。この総選挙における保守党の政策宣言は，その後の労使関係法制の展開に関連し，注目に値する。当面の課題に必要なかぎりで見ておこう。

まず，「インフレを抑制し，労働組合運動における権利と義務の公平なバランスをつくりあげることによって，我が国の経済生活および社会生活の健全さを取り戻すこと」を，コモン・ローの下での個人の自由，議会の統治権（sovereignty）の強調とともに掲げていた[4]。

とくに労使関係については，「イギリス資本（家）の立場を強化する一手段として，労働組合の力を弱めることを，ただひたすら意図するような保守党の労使関係戦略[5]」に沿って，三点にわたるすみやかな変革によって改善が可能

であると述べていた。

　①ピケッティングについて諸制限を課すこと。

　②解雇され、職を失った者への補償とともに、その組合から除名された者の裁判所への提訴の権利を用意すること（クローズド・ショップの弱体化——引用者注）。

　③組合員の一層，幅広い参加を助長するため，秘密投票（secret ballot）への公的資金の提供を準備すること。

　このうち，とくにピケッティングに関する立法は，この79年総選挙の政策宣言で初めて言及された項目であった[6]。そして，これら三つの項目とも，総選挙における保守党の勝利の結果，当時の雇用大臣ジェームス・プライアー（James Prior）を中心とした1980年雇用法（Employment Act 1980）として実際に制定され，その中に盛り込まれるに至ったのである。

　1980年雇用法が，労働組合改革にとっていかに重要であったかは，例えば『サッチャー回顧録』の中でも語られている。すなわち，「労働組合改革の第1歩，1980年雇用法」という小見出しを立てつつ，次のように回顧している。「イギリス経済の状況を改善するためには堅実な財政戦略が必要であった。しかし，われわれは，減税や産業の規制緩和を進めるだけで十分だとは，決して思わなかった。労働組合の支配力という問題に対処しなければならなかっ

4）引用は，Undy, Roger & Roderick Martin (1984), *Ballots and Trade Union Democracy* (Basil Blackwell), 8頁による。Ballotに関し，保守党の労使関係政策との関連で，その形成過程を追い，1980年雇用法，1984年労働組合法（ただし法案の段階まで）のBallot条項まで言及した研究書としては，今のところ，本書が最も新しい〔1985年3月現在〕。そして，結論的に，Ballotは組合民主主義を助長するには不必要と結論づけ，批判的な立場に立っている。なお，以下の叙述にあたっては，とくに断わらないかぎり，同書に依っているほか，新聞記事などによって補完している。

5）前掲Undy, Roger & Roderick Martin書，6頁。ただし，この見解は著者らのものであるが，その前にLewis, Roy & Bob Simpson (1981), *Striking A Balance? Employment Law after the 1980 Act* (Martin Robertson) で示された見解でもある。同書は，1982年雇用法までは言及していないが，まず70年代の労使関係法制の中で，同法を位置づけ，しかるのち，詳しい法の条文解釈に立ち入っている労働法分野の書である。

6）前掲Undy, Roger & Roderick Martin書，9頁。同書によれば，これ以前の保守党の重要文書，*Right Approach: a Statement of Conservative Aims* (Conservative Central Office, 1976) では，まだ言及されていないとのことである。

た[7]。」。

　こうして，サッチャー政権下で，ひとたび導入された労働組合の活動への法的規制は，その後，ジェームス・プライアーの後継者となったノーマン・テビット（Norman Tebbit）を中心とした1982年雇用法（Employment Act 1982）によって一層，強化された[8]。

　これら二つの雇用法をつうじ，いかなる法的規制が導入されたのであろうか。以下，ごく簡潔に箇条書きのかたちで列挙しよう。

① まず，80年雇用法で，秘密投票について，同法に規定された一定の目的要件を充足する場合，公的資金の支払いが用意される旨，規定された。一定の目的とは，例えば，(a) ストライキまたは他の争議行為の呼びかけまたは終了に関し，決定を得るか，組合員の意向を確かめること，(b) 組合規約に基づく選挙を行うこと，(c) 組合規約の改定，その他であった。

② 次に，ピケッティングに関し，ここでは，とくに一般の組合員についてだけ述べると，その参加は自分自身の働く所またはその近く（at or near his own place of work）の場合のみ合法（lawful）とされた。

③ したがって，セカンダリー・ピケッティングについては，これを原則禁止とした。1972年の争議で大いに威力を発揮した移動ピケ隊（flying picket）[9] はここに違法とされた。つまり，これまでの争議における有効な手段が規

---

7) マーガレット・サッチャー著，石塚雅彦訳（1993）『サッチャー回顧録（上）』（日本経済新聞社），128頁。そこでは，労働組合改革の第1歩として1980年雇用法が位置づけられたあと，同法の立案，TUCの対応などを経て，成立に至る経過が具体的に語られている。

8) 前掲Undy, Roger & Roderick Martin書，9頁。なお，1980年雇用法から1982年雇用法に至る詳しい経過（含むTUCの見解，経営者団体CBIの動向）についても同書を参照されたい。
　　近刊の浜林正夫（2009）『イギリス労働運動史』（学習の友社）は，イギリス労働組合の生成期から，2000年代初頭までについて，日本人によるイギリス労働運動通史として，大変，優れた書である。その中で，「サッチャーの労働組合改革」は，最後の第7章第2節として重要な位置づけが与えられている。

9) このフライイング・ピケットは，1955年以来，ヨークシャーの非公認ストライキの際に採用されたのが始まりだと指摘されている。この指摘は，Allen, V. L.（1981），*The Militancy of British Miners*（The Moor Press），191頁による。Allen, V. L. 教授は，リーズ大学産業社会学部教授であるが，イギリスのマイナーズとは20年以上〔1985年当時〕の密接な関係を保ち続けていると言われる事情通の研究者でもある。Allen書については，のちに再三，言及する。

制されてしまった。

④また，争議行為も，二つの雇用法をつうじて大きく制限された。例えば，政治スト，同情ストが事実上，禁止された。

⑤そして，クローズド・ショップ制の著しい弱体化が図られた。

こうして，他組合の支援スト原則禁止など，支援・連帯に大きな制限が加えられたばかりではなく，当該組合内においても，ピケッティングの大幅な制限などをつうじ，その支援・連帯もまた大きく制限されたのであった。

（2）1984年労働組合法

事態は，二つの雇用法に留まらなかった。1984年9月18日に施行された84年労働組合法（The Trade Union Act 1984）は，すでに炭鉱争議の真っ最中であったが，それだけに，ストライキ中のNUMを一層，強く意識した法であった。そのうえで，例えば全国ストライキ決行前には全国投票（national ballot）を実施するとのNUM独特の規約などを巧妙に法の条項に取りこんで，全ての組合に義務づける結果となった。この法の策定時の雇用大臣は，トム・キング（Tom King）であり，80年雇用法（the Prior Act），82年雇用法（the Tebbit Act）にならって，84年労働組合法（the King Act）も，カッコ内のような通称で呼ばれている。以下，同法の主要点を列挙しよう。

①すべての組合に対し，投票権のある主要な執行委員会メンバー（a voting member of the principal executive committee）について，全組合員による秘密投票を義務づけた[10]。80年雇用法では，まだ義務づけられていなかった。

②それだけでなく，再選挙が行われないまま5年以上，その任に留まることはできなくなった。すなわち，5年ごとの全組合員による秘密投票が義務づけられた[11]。

---

10) イギリスの組合では，NUM，AUEW（合同機械工組合）などのように，プレジデントまたは全国役員の選出にあたり，全組合員による投票を組合規約で義務づけているところと，TGWU（運輸一般労組）などのように全国投票によらない場合とがある。したがって，同法による全組合員による秘密投票の全ての組合への法的義務づけは，のちにふれる組合の適法性に関わる重大問題である。

11) イギリスの多くの組合では，委員長または書記長（General Secretary）といった最高責任者は，ひとたび選挙で選ばれると，65歳の退職年齢に至るまで，いわば終身職とな

③次に，争議行為以前（before）における秘密の全国投票が義務づけられた。全国投票なき争議行為は違法とされた。この点，のちに述べるように，NUM自身は，ピット閉鎖反対の全国ストライキにあたり，全国投票を実施しなかったとはいえ，もともと組合規約の中で全国投票を行う旨，規定していた。そのNUMの規定は，84年労働組合法に，まさに取りこまれることとなった。NUMと異なり，そうした規定を持たなかった他のほとんどの組合にとって，事態はきわめてシリアスになった。

④秘密投票は，1913年法，すなわち一定の政治的諸目的のための組合資金の充用に関する制限に基づき，"決議"を行う場合にも義務づけられた。この場合，10年ごとの定期的投票（periodical ballots）が義務づけられた。

⑤以上，三つの場合（役員，争議行為，政治資金）とも，秘密投票の方式，投票用紙の具備すべき要件などに至るまで具体的かつ詳細に規定された。

⑥いま一つ，きわめて重要なのは組合の登録の義務づけである。すなわち，組合員の名前，住所の登録が義務づけられた。その登録は，コンピューターを用いてキープすることまで盛りこまれた。

⑦それだけでなく，このパート（役員選挙，登録）の条項の一つまたはそれ以上の条項に組合が応じなかったと主張する者は誰でも，資格認定官（Certification Officer）または裁判所に申請できる旨，規定された。

⑧上記⑦を含めてのことであるが，いずれにせよ組合の登録，適格性に関わることが，かなり詳細に規定された。

以上が，84年労働組合法の概要である。ここまで，取りあえず，80年と82年の雇用法，84年の労働組合法の要点を見てきた。では，ここで，まとめを兼ね

る（もちろん，AUEWのように，その Engineering Section では，プレジデントについては3年ごとの選挙，他の役員は5年ごとの選挙――後者は，Constructional Section, Foundry Sectionなども同じ――を義務づけているところもある）。

　その終身職制を前提にして言えば，1982年，43歳にして，NUM委員長（President）に選ばれたアーサー・スカーギル（1938年1月生まれ）は，その組合規約によるかぎり，2002年まで委員長職に留まることになる。もっともアーサー・スカーギル自身は，このたった一度の選挙によって，以後，終身職に留まる制度には反対で，組合規約を改正し，5年ごとの再選挙を実施すべきだと主張していると言われている。ところが，組合規約ではなく，法によって全ての組合に義務づけたわけであり，ことはきわめてシリアスである。

て，争議行為の法的免責（immunity）の問題に焦点を当てて，考え方を整理してみよう[12]。

(3) まとめ

まず，80年雇用法であるが，そこでは，とくにセカンダリー・アクションに対し，免責適用の制限を課したのち，82年雇用法では免責が適用されない場合の損害額評価のための機構の確立など，免責適用制限を一層，強化した。

さらに，84年労働組合法では，雇用主との契約違反のうえで雇用者を巻きこんだ争議行為およびあらゆる争議行為に対し，投票による過半数支持の義務づけを行った。投票に関する規定は具体的かつ詳細である。例えば，投票はYesかNoで答えることまで規定している。そして，もし投票が行われなかった場合，争議行為に対する免責は適用されない。経営者は組合に対し，投票を行うかまたは争議行為をやめるか，あるいはその行為を非公式なものと宣言するか，いずれにせよ，ほとんど自動的に禁止命令を発する権利を持つに至った。そして，同法はいうまでもなく，組合規約より上位にあった。

経営者はいまや，同法違反の争議行為に対し，禁止命令を出し，かつ裁判所に提訴し，自らの法的正当性を容易に得ることができる。もし，裁判所の命令に従わなかった場合，今度は法廷侮辱罪の罪で罰金が科され，それが支払われなかった場合は，組合財産の差し押えへと進む。差し押え人または管財人（a sequestrator or receiver）が裁判所によって任命される。それ故，法廷侮辱が続くかぎり，差し押さえも続くのである[13]。

このように，組合活動の法的制限の強化は，裁判所との関係でも重大な留意点を提起した。すなわち，制定法による制限規定の強化は合法，違法の区別をクリアーにし，それにより裁判所による判決の裁量の余地もまた，きわめて狭

---

12) この法的免責について，とくに参照したのは，Lewis, Robin (1984), *Trade union law has proved a gift to employers*（*The Guardian* 11月12日付）である。この筆者は弁護士（a solicitor）である。
13) 以上は，法解釈のうえで，たんに可能性として存在しているのではなく，炭鉱争議などですでに実際に発動されている。

められたのである[14]。

　以上のことから，総じて言えることは，さしあたり三つの労使関係法制の展開をつうじ，組合側の自発的行動（voluntary action）が大幅に制限されたことである。念のために言えば，単に法が存在し，以上に述べた解釈可能性があるから，ここで指摘しているのではない。その法が実際に厳格に発動して機能しているからこそ，ここでとくに強調しているのである。

　以上が，イギリスの炭鉱争議（1984～85年）における労使関係法制上の枠組みである[15]。リドレイ・レポートが，それ以前の非公式な事前対策であったとすれば，80年代初めの労使関係法制は，労働組合の力を弱め，経営者側の力の回復という意味での労使関係における力のバランスの変革を意味していた。そして，その俎上に乗ったのが炭鉱争議であった。

　だが，炭鉱争議それ自体の考察に入る前に，この争議の労使直接当事者についても見ておかなければならない。組合側はあとに回すことにして，イワン・マクレガーNCB総裁について先に述べることにしよう。

---

14) もっとも，戒能通厚（1985）「現代イギリスの社会と法」（名古屋大学法学部『法政論集』第106号）によれば，1970年代の労働党政権時代に，すでに「裁判所の批判的立場の喪失」が進み，炭鉱争議の過程で，その立場を継続したまま，警察の裁量による警備行為を裁判所の裁量の範囲内で妥当だとする判決が出されていることを事例によりつつ解明している。つまり，裁判所で救済されることもかなわない状況にあった。

15) なお，1984年労働組合法は1992年に廃止され，新たに労働組合および労働関係（統合）法（Trade Union and Labour Relations (Cosolidation) Act 1992）に引き継がれた。だが，骨子には変更がなかった。そこに80年および82年雇用法の核心部分も統合された。
　　TULRCA 1992全文は，イギリスOPSI（Office of Public Sector Information）のウェブサイトにあり，インターネット上でもアクセスできる（http://www.opsi.gov.uk）。80年および82年雇用法，84年労働組合法もアクセスできる。
　　なお，OPSIは，国立文書館（National Archives）にあってパブリック・セクターを中心とする情報提供機関である。

3 イワン・マクレガーの石炭庁(NCB)総裁への就任

「一人の輸入された年配のアメリカ人」，1984年9月21日，ダラム(Durham)の司教(Bishop)は，政府，NCBのピット閉鎖に批判的な発言をした際，イワン・マクレガーをそのように評した[16]。

イワン・マクレガーは1921年9月21日生まれ，現在73歳である〔85年3月現在〕。生まれはスコットランドで，グラスゴウ大学を卒業しているが，アメリカでの"活躍"の経験が長い。そして，「アメリカ石炭産業における長い，成功の経歴[17]」をマーガレット・サッチャーに評価され，180万ポンドという莫大な譲り受け費用(transfer fee)の支払いを，彼の関係していたアメリカの投資銀行にサッチャーが約束し，イギリスに招かれた[18]。それ故，先のダラムの司教は，そうした事情を承知したうえで評したと想定される。

イワン・マクレガーが，NCB総裁(Chairman)に就任したのは1983年9月1日である。そのイワン・マクレガー総裁の存在を抜きにして，炭鉱争議は語れない。そこで，しばらくイワン・マクレガーの経歴を追ってみることにしよう[19]。

グラスゴウ大学卒業後，ブリティッシュ・アルミニューム・カンパニーにおいて，マネージャー見習い(trainee manager)として働いたのち，やがて彼はア

---

16) *The Times* 1984年9月22日付。この発言はさらに，イワン・マクレガーはNCB総裁から身を引くべきであると続いていた。そのほかの発言と合わせ，この司教の発言は当時，大いに社会的反響を引き起こした。この点，第2部第4章でより詳しく紹介する。
17) *The Guardian* 1983年3月7日付。
18) 半ば余談だが，この費用の一部は払われたが，まだ全額は支払い済みとなっていない。半ば余談といったが，「輸入された年配のアメリカ人」のために，支払いコストをかけることは，マイナーズ・リーダーの攻撃に火をあおるものだとして，支払いが遅延しているのが真相だと報道されている(*The Guardian* 1984年11月27日付)。
19) 以下，イワン・マクレガーの経歴については，*Who's Who 1984*(ADAM & CHARLES BLACK)およびAllen, Victor (1984), *How MacGregor's men broke the US miner's union* (*The Guardian* 11月5日付), Beynon, Huw and Peter Mcmylor (1985), *Decisive Power: The New Tory State Against the Miners* (in *Digging Deeper*, edited by Beynon, Huw, Verso) などによる。とりわけ，Allen, Victorの論文に負うところが大きい。

メリカに渡った。そして，1966年から77年まで，アメリカの会社アマックス（Amax）の社長兼支配人となった[20]。もっとも，この会社は1974年までアメリカン・メタル・クライマックス（American Metal Climax）と呼ばれ，南アフリカ，ザンビア，ボスワナを含む14ヵ国と，金属，鉱石，鉱物などを取引していた多国籍複合企業であった。

　だが，1969年，イワン・マクレガーは，アメリカで11番目に大きい石炭生産をほこるエイアシェアー炭鉱（Ayrshire Collieries）を手に入れることによって，同会社を石炭生産へと導いていった。そして，1974年には，同会社はアメリカで9番目に大きい石炭貯蔵の会社にまで成長した。

　こうして，イワン・マクレガーは，アメリカの同僚たちの間においてさえ，肝をつぶすような企業家的成功の評価をかち得た。アマックスの売上高は，1966〜77年の約10年間に実に9倍にまで伸びた。なお1973年以降は，とくに西部に生産の拠点を移していた。

　ところが，アマックスが炭鉱を手に入れ，石炭生産へと向かった時，そこの労働者はすでにアメリカ炭坑夫組合（United Mine Workers of America, UMWA）に組織されていた。したがって，アマックス自体も石炭関係の経営者団体のメンバーとなった。だが，遅れて石炭生産の仲間入りをしたアマックスが，飛躍的に伸びていくには，組合の干渉に左右されない，経営の絶対的な権利を確保することが決定的に重要であった。

　1974年11月，組合の影響力を排除しようとする努力が開始された。すなわち，アマックスは，組合との"契約"を拒否したのである。"ノー・コントラクト，ノー・ワーク"を組合の原則としている炭鉱労働者は，1975年1月，ストライキに突入した。組合は，とくに西部で操業している9つの主要会社全てが"契約"にサインすることを望んでいた。

　初めは，全部の会社が，"契約"にサインすることを拒否していたが，75年6月までには，アマックスを除いて，全ての会社が"契約"にサインした。

---

20) 彼が，いつアメリカに渡ったかは分からない。ただ，この会社に入ったのは1957年である。

だが，アマックスは明らかに，組合と"契約"を結ぶということで譲歩するつもりはなかった。それだけでなく，ストライキ中の労働者に，仕事に復帰しない者は解雇する旨，脅した手紙を送った。その手紙には，どうすれば組合から脱退することができるか，そして，どうすれば組合のペナルティなしにストライキから抜けられるか，ということまで"アドバイス"されていた。

　UMWAの努力にもかかわらず，1975年3月，ストライキは敗れ，生産が再開された。この結果は，UMWAにとって深刻であった。アメリカの石炭生産の約60％が，すでに非組合員によって生産されていた。その生産の多くが西部であった。UMWAは，その西部ではわずか25％の組織率であった。

　結論的に言えば，イワン・マクレガーを最高責任者に持つに至ったアマックスは，反組合活動のリーダー的存在となった。そして，アマックスの組合自体が決定的ダメージを受けただけでなく，UMWA自体，この闘争の結果，大きなダメージを受けたのである。

　以上に述べたアマックスの石炭産業での"成功"，反組合活動での"成功"——それらが，イワン・マクレガーの最も重要なアメリカでの「成功の経歴」であった。

　その彼が，再びイギリスに戻ってきたのは1977年であり，77年から80年まで，イギリスの国有自動車会社であるブリティッシュ・レイランド（BL）の副総裁（Deputy Chairman）の任についた。同時に，1978年より，ニューヨークのある投資銀行（Lazard Freres & Co.）の重役（Partner）を兼ねていた。

　1980年のBL争議で，彼がどのような役割を果たしたかはよく分からない。だが，少なくとも争議において，何らか有能な役割を果たしたと推測される。それ故，マーガレット・サッチャーに評価され，1980年初頭，英国鉄鋼公社（British Steel Corporation, BSC）における3ヵ月の長期ストライキののち，生産の復興，公社の立て直し，"合理化"のため，1980年7月，BSCの総裁に就任した。

　マクレガーのBSC総裁への就任が，1980年5月に発表された際，各方面で大きなセンセーションをまきおこした。*Financial Times*は，1980年5月2日付で，「180万ポンドの働き中毒（workaholic），指導の任に」という見出しで報じた。5月1日のイギリス議会は，政府が発表した時，「にわかには信じがたく，笑いののち，やがて怒りが生じた」と報道されている（*The Times* 1980年5月

2日付)。

　就任後,次々に大幅な人員削減,工場閉鎖など"合理化"対策を打ち出し,実施に移した。政府もこれにこたえ,81年2月,8億8千万ポンドの莫大な援助を行うこと,過去の債務を帳消しにするなどの方針を打ち出した[21]。

　1979年9月現在では,まだ16万人いたBSCの労働者は,その後の人員削減の結果,81年9月には9万4千人と大幅に減少し,85年3月現在では約8万人前後までに落ちこんだ。BSCの労働者を含む鉄鋼関係の組合ISTC (Iron and Steel Trades Confederation)も,80年初頭の全国的な長期ストライキとBSC争議を経て,82年現在,組合員が約10万人にまで減った。イワン・マクレガーの実績は,アメリカだけでなく,イギリスでも発揮された。

　組合員数の減少だけでなく,組合の弱体化と体質変化も見のがせない。1914年,鉄道,鉄鋼,石炭の三者の組合間で結ばれた三角同盟 (Triple Alliance) が存在していたが,1984～85年の炭鉱争議では,鉄道労働者の一部を除いては支援がなかった。そのことは,雑誌 *The Economist* によって,無能な同盟 (Cripple Alliance)[22] と皮肉られたが,そのようになった直接の契機は,80年代初め,BSCを中心とする鉄鋼"合理化"に由来すると考えて差し支えない。

　イワン・マクレガーBSC総裁指揮のもとでの鉄鋼"合理化"は,その後の炭鉱争議との関係で見れば,その前段の重要な礎石となったことは間違いない。やがて,鉄鋼で使命を果たしたイワン・マクレガーは,1983年9月1日,NCB

---

21) 浜野崇好 (1981)『イギリスの経済事情』(日本放送協会) は,イギリス滞在中の見聞記の一コマとして,BL争議と鉄鋼争議についてふれている (14～18頁)。なお一つのケース・スタディとして,80年代鉄鋼争議に的をしぼった優れた研究書として,Hartley, J., Kelly, J., Nicholson, N. (1983), *Steel Strike* (Batsford Academic and Education Ltd) がある。Hartley, J. はウォーリック大学・労使関係部門の研究員 (Research Fellow),Kelly, J. はロンドン大学LSE・労使関係部門の講師 (Lecturer),Nicholson, N. はシェフィールド大学・応用心理学部門の上級研究員 (Senior Research Fellow) である。
　戸塚秀夫・兵藤釗・菊池光造・石田光男 (1988)『現代イギリスの労使関係 (下)』(東京大学出版会) は,日本人研究者によるイギリス鉄鋼産業の労使関係についての実態調査に基づく優れた研究書である。その終章で,1980年の鉄鋼争議について考察している。
　さらに,山崎勇治 (2008)『石炭で栄え滅んだ大英帝国』(ミネルヴァ書房) では,その第10章の補注で,この鉄鋼争議について,簡潔で的確に叙述している。
22) *The Economist* 1984年5月12日号。

総裁に就任した。

　もっとも，彼のNCB総裁への就任は，先のBSC総裁への就任に比べ，それほどセンセーショナルではなかった。ただ，*Financial Times* が，9月1日付のLabour 欄（毎日，新聞の1つの面をとっている）で，「マクレガーのターゲット——石炭に収益性を」という見出しで，紙面の4分の1ほどをとって報じているのが目立った。後にも述べるが，彼がNCB総裁に就任した時，すでに石炭産業合理化の大まかな青写真は，前任者などによって作成済みであった。イワン・マクレガーに課された課題は，その青写真をもとに，より具体的かつ当面および中期の計画を固め，断固，実行することにあった。

　Financial Times の先の記事も，そうした前提で書かれていた。「政府によって設定された期間中に，石炭に収益性をもたらすこと，国の助成金の必要を除去することにおいて，彼はよりよく成し遂げることができるか」と疑問形で，すでに"合理化"の必要が課されていることを示唆し，「過剰設備の除去と非経済的なピット閉鎖との取り組みにおいて，彼は，NUMの全国執行委員会におけるアーサー・スカーギルと何人かの彼の同僚たちという，労働運動の最も戦闘的なリーダーシップと真っ向から立ち向かうことになる」とすでに予想していた。

　こうして，石炭産業合理化の課題を託され，他方で，NUMのリーダーたちに大きな不安と強い警戒心を抱かせつつ，イワン・マクレガーはNCB総裁に就任した。

4　良好なタイミングの到来

　1926年のゼネラル・ストライキ以来，炭鉱労働者は久しく全国ストライキを実施できなかった。しかし，1945年1月に結成されたNUMは，戦後，石炭産業の国有化以後も，地域ごとにバラバラであった賃金，労働諸条件について，とくに1960年代の闘争をつうじ，しだいに統一化に成功していき，それと同時に組合の組織的整備も進んだ。そうした実績に立って，1972年および74年の賃金闘争において，全国ストライキを実施し，いわゆるフライング・ピケット

を有効に使いつつ，"勝利"をおさめた[23]。とくに74年の闘争における"勝利"は，エドワード・ヒース（Sir Edward Richard George Heath）保守党政権崩壊の直接の要因となった。

　保守党とNUMの"宿命的な"対立が，この74年の炭鉱争議に由来しているのは言うまでもない。その後，労働党政権下では顕在化しなかった"対立"は，79年の保守党政権の誕生によって顕在化した。その場合，二度にわたるオイル・ショックをつうじたイギリス経済の一層の衰退，労働運動の高揚に対処するため，一方で「小さな政府」＝マネタリズム（緊縮的財政政策），他方で強硬な労使関係政策という二本柱の政策が実施された。そのどちらの回路からしても，「公共部門」の縮小，組合抑制に帰結するのは不可避であった。

　とくに国有企業に関して言えば，その立て直しと経営の効率化が緊急の課題であった。1980年のブリティッシュ・レイランド（BL）と鉄鋼の二つの争議は，その二本柱の政策の貫徹に関わって発生したものであり，誕生して間もないサッチャー政権にとって不退転の決意で臨んだ闘争であった。かくして，強引に押し切ったのである。

　次のターゲットは，石炭産業の"合理化"とNUM対策にあった。1981年，NCBはいったん2年間で25ピット閉鎖，約3万人の人員整理などの"合理化案"を提示した。だが，この時は，いくつかの地域などで，すぐに非公認ストライキが始まり，NUM本部も後を追うかたちで，ストライキを構えることを指示し，セカンダリー・ピケッティングを強化するなど闘争の決意を固めたため，NCBは当初の提案を撤回した。

　かくして，石炭"合理化"の推進は，とりあえず後に回された。つまり，イワン・マクレガーBSC総裁のもとで，"鉄鋼合理化"を先行させた。そして，良好なタイミングの到来を待った。一方で，石炭ストックを蓄えながらであ

---

23) コール・マイナーについては，これまでページ・アーノット（Page Arnot）をはじめ，多くの研究がある。72年および74年の争議に関しては，ここでは，McCormick, B. J.(1979), *Industrial Relations in the Coal Industry*（Macmillan）を挙げるに留める。とくに同書の6 The Big Strikeは，第二次大戦後の地域ストライキから，74年の全国ストライキまでを扱っており，概観には有益である。

る[24]。

　1983年総選挙での労働党の大敗，80年代に入って，TUCの組織率の著しい低下もカウントできる好条件であった。そして，83年9月1日，イワン・マクレガーがNCB総裁に就任した。もちろん，それですぐに"合理化"をめぐる労使の争いがおこったわけではない。当初，賃上げをめぐって，NCBの提案を不満とするNUMは，83年10月31日，無期限残業拒否闘争に突入した。これが84～85年炭鉱争議の前段にあった。

　1984年3月6日，NCBは，当面1年以内に，20ピット閉鎖，2万人の人員削減（退職奨励金つき）などの"合理化"提案を正式に提示した。それ以前，ピット閉鎖などのインフォーマルな情報が流れていたばかりか，地域によってはピット閉鎖問題に直面していたところもあって，ヨークシャー，スコットランドなどの地域（Area）では，すでに地域ストライキに入ることを決め，NUM本部に承認を申請していた。

　1984年3月8日，NUM全国執行委員会（NEC）は，ヨークシャー，スコットランドのストライキを正式に承認し，なおかつ，他のいかなるエリアも同様な行動を行うことを事前に承認し，ストライキを全国に押し広げることを決めた。かくして，歴史的な大争議の幕開けとなった。

　時に，サッチャー政権，NCBにすれば，石油備蓄は十分であり，しかも夏場に向かうが故に石炭需要は増大しないという点でも良好なタイミングであった。

24）この点，リドレイ・プランを想起されたい。
　　なお，サッチャー首相が，炭鉱争議をどう予感していたか，イワン・マクレガーのNCB総裁就任をどう評価していたかは，今日，その『回顧録』で明らかにされている。以下，二つの部分を引用しておこう。いずれも，マーガレット・サッチャー著，石塚雅彦訳（1993）『サッチャー回顧録（上）』（日本経済新聞社）による。
　　「私は1970年から1974年にかけての保守党政権の歴史から推測して，炭鉱ストに対処すべき時が来ることをほとんど疑っていなかった。1981年にスカーギル氏がNUMの指導者に選ばれた時点で，それを確信したといってよい」（422頁）。
　　「イワン・マクレガーは9月1日にNCBの総裁に就任した。ブリティッシュ・スティール（BSC）会長として並々ならぬ手腕を発揮し，1980年の，3ヵ月に及ぶ打撃の大きかったストライキの後，鉄鋼業界を好転させた経歴をもっていた。イギリスの石炭産業が，社会福祉の一制度としてではなく産業として繁栄するためには，彼こそ，経験と決断力を備えたふさわしい人材であった。」（424頁）。もっとも，労働組合との交渉など「駆け引きにかけては不思議なくらい無能」（同頁）であり，かなり心配したとも述べている。

今度こそは,サッチャー政権,NCBとも,断固とした不退転の決意を持って臨んだのであった[25]。

---

[25] 良好なタイミングの到来は,以上に限定されるものではない。この点,第3章4「再び,良好なタイミングの到来について」で再論する。

第2章

経済・労働関係指標とエネルギー・石炭政策,労使交渉機構

はじめに
1　炭鉱争議に先立つイギリス経済・労働事情
2　エネルギー戦略と石炭政策
3　石炭庁（NCB）の組織と交渉,協議機構

はじめに

　本章では,炭鉱争議それ自体の考察に入る前に,炭鉱争議のバック・グラウンドについて考察することを主にする。すなわち,まず炭鉱争議に先立つ時期のイギリス経済および労働事情について,ついで保守党政権,NCBのエネルギー戦略と石炭政策について概観する。そのあと,NCBの組織と交渉機構を考察し,労使交渉・協議機構の解明を行うことにする。

1　炭鉱争議に先立つイギリス経済・労働事情

　第二次大戦後,1950年代まではひとまず順調に経済成長を続けたイギリス経済は,1960年代以降,経済成長の停滞が目立ち始め,国際競争力は低下し,輸出の減少,輸入の増大によって,国際収支は悪化した。とりわけ1973年の第一次オイル・ショックによって,経済の停滞と物価上昇が共存する,いわゆるスタグフレーションに陥った。そうした経済と社会の停滞状況は,やがて"イギ

リス病"と呼ばれるまでに至った[1]。経済停滞は，一方で生産性の伸び悩みを意味したが，他方で高い失業率，失業者の増大を招き，職場では労働者の勤労意欲の低下をもたらした。

1970年代，イギリス経済の立て直しのため，ヒース保守党政権は賃金抑制政策を貫こうとしたが，労働者側の反発を招き，1974年の炭鉱ストを契機に退陣を余儀なくされた。その後，労働党政権のもとで，経済再建が図られたが，有効な回復がないばかりか，経済成長および生産性の停滞が続いた。労働党政権と労働組合側との"社会契約"（所得政策）は失敗し，物価は上昇し，賃金水準は低下した。

こうしたイギリス経済，社会状況の行き詰まりに対し，1979年の総選挙で保守党が勝利し，マーガレット・サッチャー率いる保守党政権は，いわゆるサッチャリズムと呼ばれる経済諸政策を基調に，強いイギリスの復活を意図した。その政策の基調は，マネー・サプライの厳しい抑制政策＝「マネタリズム」（緊縮的貨幣政策）として知られ，1980年代，インフレ抑制，財政支出の削減，各種の規制緩和，国有企業の効率化と民営化，そして，それらの経済諸政策とセットのかたちで労使関係改革が実行された。

では，そうしたサッチャー政権下にある1980年代前半を中心に，若干の経済・労働関係指標を見ておこう[2]。

経済成長の回復と工業生産の停滞

まず，表1-1　経済成長と工業生産の動向を掲げよう。経済成長について見ると，GDPは，1980年を100とすると1981年は98.3と下回ったが，82年100.3，83年103.3，84年105.5と一定の回復基調にある。83年と84年を四半期ごとに見

1）この点，さしあたり参照。A. グリン，J. ハリスン共著，平井規之訳（1982）『イギリス病』（新評論）。以下のサッチャリズムの叙述にあたっても同書を参照している。
2）以下の諸統計では，資料出所として，一番元のものを掲げた。ただし，実際には以下のものによっている。CSO (1985), *Annual Abstract of Statistics, 1985 Edition* (HMSO), CSO (1985), *Monthly Digest of Statistics* (HMSO, No.470, February), Department of Employment (1985), *Employment Gazette* (*esp.*, *January, February*)。なお，注は，とくに断わらないかぎり，原注を訳したものである。

表1-1　経済成長と工業生産の動向

(1980年＝100)

	GDP	工業・建設
1981年	98.3	95.6
1982年	100.3	97.6
1983年	103.3	100.9
1984年	105.5	―
1983年第1四半期	101.9	99.4
1983年第2四半期	102.2	99.2
1983年第3四半期	104.1	102.1
1983年第4四半期	104.9	102.9
1984年第1四半期	105.3	101.8
1984年第2四半期	105.0	101.2
1984年第3四半期	106.0	101.9
1984年第4四半期	107.1	

出所）中央統計局（CSO）調べ。

ると，その回復傾向は一層，明らかである。

　だが，工業・建設業を見ると，相変わらず生産の停滞傾向が目立っている。この間，経済成長への寄与の大きかったのは農林漁業，その他サービス業であった。とくに後者であり，肝心の工業・建設業といった経済の基幹産業部門では，いまだ生産は停滞していた。

　もっとも，「マネタリズム」は，産業，企業に自力で競争力をつけさせるため，マネー・サプライを厳しく抑制する政策であり，短期的には経済の基幹産業部門がただちに上向きになるとは言えない政策でもあった。

租税および物価動向

　表1-2によって，租税および物価を合わせた指標を見てみよう。指数は1978年1月＝100のため，83年，84年を見ると，1.7，1.8倍と，ここ5～6年の間にかなりの上昇を示している。ただ，対前年同期比で見ると，80年から82年にかけて，2ケタないしほぼそれに近い上昇率を示しているが，83年および84年については，3～4％台と上昇率はかなり沈静気味である。それにしても，インフレ状況を克服したとは，まだとても言い切れない状況にあった。マネー・サプライの抑制をつうじたインフレ抑制政策が，さらに継続されなければならなかった。

収入（earnings）

 雇用されている者の実収入（earnings）の動向はどうであろうか。表1-3 主要産業全雇用者の平均収入によって見てみよう。基本的な動向は，先の租税および物価動向に類似している。ただ，ここでは1980年＝100のため，租税および物価動向と厳密な比較はできない。実質賃金の動向など，他の統計をもって補うべきであろうが，入手できていない。対前年同期比を比較しても，基準年が違うため，何ともはっきりとは言えない。それ故，きわめて当たり前の結論であるが，租税および物価動向と実収入の動向がほぼパラレルの関係にあるのは確かである。ここでは，この程度の指摘に留める。

高まる"高失業"の圧力

 経済成長はやや回復傾向を示しているが，失業の動向は改善されるどころか，むしろ一層，悪化の傾向を示している。表1-4 失業者数および失業率を参照されたい。このデータは，北アイルランドを含む United Kingdom 全体のものである。

 工業生産の停滞とも関連して，失業者数，失業率とも，年々，一層，悪化の傾向を示している。1981年に全体の失業者数が252万人，失業率10.4％と2ケタを記録したあと，1983年には310万人に増えた。失業率は，1983年の12.9％から1984年には13.1％と13％台を記録した。とくに1985年1月に入り，全体の失業者数は前月に比べ，12万人増大し，失業者数は341万人にのぼり，失業率も13.9％とほぼ14％台に近づいた。学卒者を除いても，失業者数は1985年1月現在で313万人，13％台に達した。ポンド・スターリングの長期低落傾向とともに，"高失業"はサッチャー政権下にあって，一向に改善されていないのは確かである。

 むしろ，サッチャー政権下にあっては，「マネタリズム」をつうじて，産業における非効率的な企業は淘汰され，効率的で生産性の高い競争力ある企業のみが繁栄するのであるから，一方では失業者がたえず生み出されるのは必然であった。そうした"高失業"の圧力によって，賃金・労働諸条件の向上は阻まれ，ひいては労働者の「組織力」の強化もままならなかった。労使関係法制の展開が，それに拍車をかけた。

表1-2 租税および物価動向

	指数(1978年=100)	対前年同期比
1980年	132.8	17.3
1981年	152.5	14.8
1982年	167.4	9.8
1983年	174.1	4.0
1983年第3四半期	175.1	3.6
1983年第4四半期	177.4	4.1
1984年第1四半期	178.7	4.3
1984年第2四半期	179.5	4.1
1984年第3四半期	181.3	3.5

出所）CSO調べ。

表1-3 主要産業全雇用者の平均収入

	指数（1980年=100）	対前年同期比
1980年	111.4	
1981年	125.8	
1982年	137.6	
1983年	149.2	
1983年 7月	150.3	7.7
8月	150.2	8.4
9月	150.7	8.5
10月	152.0	8.7
11月	152.1	7.3
12月	153.4	8.0
1984年 1月	154.7	7.1
2月	155.6	5.7
3月	154.4	5.5
4月	155.8	6.0
5月	156.0	5.0
6月	156.0	5.3
7月	158.2	5.3
8月	159.0	5.9
9月	160.2	6.3
10月	164.5	8.2
11月	162.0	6.5
12月	163.4	6.5

出所）CSO調べ。
注）1980～83年の指数は，月平均の実際指数である。1983～84年の毎月の指数は，季節調整済の指数である。

表1-4　失業者数および失業率

	失業者数（千人）	失業率（％）	新規学卒を除く失業者数（千人）	同失業率（％）
1980年（月平均）	1,664.9	6.8	1,560.8	6.4
1981年（〃）	2,520.4	10.4	2,419.8	9.9
1982年（〃）	2,916.9	12.1	2,793.4	11.5
1983年（〃）	3,104.7	12.9	2,969.7	12.3
1984年（〃）	3,159.8	13.1	3,046.8	12.7
1983年 7月	3,020.6	12.6	2,957.3	12.3
8月	3,009.9	12.5	2,940.9	12.2
9月	3,167.4	13.2	2,951.3	12.3
10月	3,094.0	12.9	2,941.0	12.2
11月	3,084.4	12.8	2,938.5	12.2
12月	3,079.4	12.8	2,946.1	12.2
1984年 1月	3,199.7	13.3	2,976.0	12.4
2月	3,186.4	13.2	3,005.1	12.5
3月	3,142.8	13.1	3,011.6	12.5
4月	3,107.7	12.9	3,010.9	12.5
5月	3,084.5	12.8	3,027.9	12.6
6月	3,029.7	12.6	3,038.0	12.6
7月	3,100.5	12.9	3,054.6	12.7
8月	3,115.9	13.6	3,073.9	12.8
9月	3,283.6	13.4	3,096.5	12.9
10月	3,225.1	13.4	3,099.7	12.9
11月	3,222.6	13.4	3,101.6	12.9
12月	3,219.4	13.4	3,108.2	12.9
1985年 1月	3,341.0	13.9	3,126.4	13.0

出所）雇用省，経済発展省（北アイルランド）調べ。
注）学卒者を除く失業者数のうち，1980～84年平均のものは季節調整を経ていない。毎月のものは季節調整済である。

　それ故，イギリスのマスコミが再三，指摘しているが，こうした"高失業"の圧力は，一方で，炭鉱労働者が，もしピット閉鎖によって職を失えば，再就職がほとんど絶望的なことを自覚させるのに役立っており，かくして強固な抵抗の有力な要因ともなっている。
　だが，他方，他産業の労働者をして，容易にはストライキング・マイナーズ支援に立ち上がれないようにした有力な要因も，サッチャー政権下でもたらされた，この"高失業"の圧力であった。それは，しかも第1章で考察したサッチャー政権下における労使関係法制の展開と相関連していた。例えば鉄道労働者が，石炭輸送拒否，支援ストライキに立ち上がろうとすると，たちまち解雇

の警告が発せられた[3]。

　また実際，NUMの活動家が，工場の門の所で他産業の労働者に向かって演説すると，"我々はあなたたちと一緒にストライキはできない。我々の工場は決して安泰ではないからだ。300万人の失業者が外にいる。石炭を我々に与えてほしい。もし石炭が手に入らないと，生産を続けることができない。その時は，我々の工場の生産物マーケットを失い，工場を閉鎖されてしまうからだ。"そうした強い訴えが，逆にはね返ってきたという[4]。

　このように，強まる"高失業"の圧力は，一方で，NUMの引くに引けない戦闘性を高めたが，他方で，また別な反作用をもたらしていた。その両面を見ておかなければならないであろう。

　そうした失業者数の増大は，雇用状況が依然として改善されていないことを意味していることはいうまでもない。しかも1980年から1984年の5年間に，失業者数は増える一方であり，ますます深刻の度を深めている。このような雇用情勢の悪化は，次に見る労働組合の組織状況においても，組合員数の減少，組織率の低下など，むしろ深刻な悪影響をもたらしている。

労働組合と組合員数の減少，組織率の低下

　ここでは，70年代と80年代前半の事態の推移を見やすくするため，1973年から1983年までの11年間について掲げた。表1-5　労働組合，組合員数，組織率の推移がそれである。

　まず，組合数の最高は，1973年の519が最高であるが，1983年には393にまで減少した。組合員数は1979年に1,328万9千人を最高に，1983年には1,133万8千人と約195万人減少した。対前年同期比で見ても，1979年までの組合員数は増加していたが，1980年以降，年々，減少している。組織率も同様で，1979年までは増加傾向にあったが，1980年以降は年々，減少している。

　このように，明らかにサッチャー政権以前と以後とでは，労働組合数，組合

3）現に，輸送拒否を行った一部の鉄道労働者が行政処分を受けている。
4）*The Miners' Strike: A Balance Sheet—A Roundtable Discussion*, in *Marxism Today* (April, 1985), p.25.

表1-5 労働組合,労働組合員数,組織率の推移

	組合数（各年末）	組合員数（各年末,千人）	組合員数の対前年同期比（％）	推定組織率**（％）
1973年	519.0	11,456.0	+0.9	44.7
1974年	507.0	11,764.0	+2.7	45.8
1975年	501.0	12,193.0	+3.6	47.1
1975年*	470.0	12,026.0	—	46.5
1976年	473.0	12,386.0	+3.0	47.5
1977年	481.0	12,846.0	+3.7	49.0
1978年	462.0	13,112.0	+2.1	49.8
1979年	453.0	13,289.0	+1.3	49.9
1980年	438.0	12,947.0	−2.6	48.3
1981年	414.0	12,106.0	−6.5	45.3
1982年	408.0	11,593.0	−4.2	43.3
1983年	393.0	11,338.0	−2.2	42.3

出所）雇用省調べ。
注）＊前に,組合組織とみなされていた31組織が,75年から除かれた数である。
　　＊＊組織率は,全雇用者数と失業者数の合計を分母とし,組合員数を分子として,早川が試算したもの。

員数,組織率は,それ以前の増加傾向から減少傾向へと逆転しているのが分かる。こうした組織労働者の"数の力"の減退は,注目に値するばかりか,むしろ容易ならぬ事態でもある。

　その要因は,もちろん複合的であろう。GDPは前年比増ではあるが,製造業など工業生産は依然として停滞しているばかりか,サッチャー政権下で企業経営の効率化志向が一段と強まり,コスト軽減のために雇用が抑制されている。そのうえ,年々,失業者数,失業率とも増大,悪化の方向をたどっている。そうした雇用の伸び悩み,"高失業"の圧力のほかに,重要な要因として,ここではデータを挙げていないが,産業構造および雇用構造の変化が考えられる。すなわち,イギリスにおける労働者階級の内部構成の変化,例えば技術者,ホワイトカラーの増大,製造業の停滞のもとでのマニュアル・ワーカーの減少,サービス産業における労働者の急増,とりわけパートタイマーの増大や移住労働者を中心とした不安定労働市場の拡大などが背景にある。

　そうした諸状況の変化に対し,既存の労働組合の組織化努力をもってしては,十分に対応しきれていないことも見のがせない要因として存在している。

表1-6　労働争議

	同盟罷業件数	参加人員（千人）	労働損失日数 （全体）（千日）
1976年	2,034	668	3,284
1977年	2,737	1,166	10,142
1978年	2,498	1,041	9,405
1979年	2,125	4,608	29,474
1980年	1,348	834	11,964
1981年	1,344	1,513	4,266
1982年	1,538	2,103	5,313
1983年	1,364	574	3,754
1984年	1,169	1,405	26,564

出所）雇用省調べ。

労働争議の動向

　吟味すべき経済，労働関係指標の最後に，労働争議について見てみよう。表1-6　労働争議を参照されたい。

　同盟罷業件数は，70年代に比べ，80年代に入り，減っている。この点，炭鉱争議が起こった84年も例外ではなく，争議件数としては前年よりさらに減っている。ただし，参加人員は争議件数ほどには顕著に減っていない。ただ，83年は争議件数の割には，参加人員はきわめて少なかった。84年は炭鉱争議の年であるが，争議件数および参加人員ともに，とくに多いわけではない。だが，労働損失日数は2,656万4千日で，1979年の2,947万4千日につぐ損失日数となった。

　この表では省略したが，この84年の労働損失日数を産業の内訳で見ると，炭鉱など（coal, mineral oil and natural gas）が2,265万5千日を占め，それを除くと，残りは429万9千日となり，ほぼ81年の全損失日数に近いから，とくに多いわけではない。

　84年の炭鉱争議によって，労働損失日数が断然，突出していたことが分かる。以上が，争議動向である。

　さて，これまで主に炭鉱争議に先立つイギリス経済，労働事情について，いくつかの指標に基づきながら検討してきた。まとめてみると，次のように言うことができる。

　第一に，経済成長は80年代に入って，ある程度，回復傾向にあった。だが，

製造業など工業生産は停滞気味であり，イギリス経済が本格的回復の軌道に乗ったとはまだ言えなかった。本格的回復は，むしろこれからの課題であった。

　第二に，とはいえ，租税・物価動向と雇用者の実収入の動向は80年代に入って，比較的に安定的であった。言いかえれば，労働者・国民の生活は，"失業"に巻きこまれないかぎり，脅かされていたわけではなかった。この点は，組織労働者と一般の勤労国民との関係を考える場合，とくに重要である。

　第三に，しかしながら，工業生産の停滞と関係し，"高失業"の圧力は，80年代に入って著しく高まった。この点は，とくに強調が必要である。比較的に安定的な労働者生活といっても，"失業"に巻きこまれれば，その"安定性"は失われる。

　第四に，それだけでなく，"高失業"の圧力は，労働運動にとって，雇用されている現状を守る場合には強い抵抗の力となった。だが，それを守ろうとする労働者を支援しようとする場合は，労使関係法制上の制約が課されるか，あるいは自分の属する産業・企業・工場の利害関係と衝突するか，いずれにしても逡巡を余儀なくされ，連帯・支援はその逡巡の分だけ，割り引かれる結果になった。

　第五に，労働組合員数と組織率は，80年代に入って，顕著な減少，低下傾向にあり，労働者の"数の力"は弱められていた。

　最後に，労働争議の状況を見ると，80年代に入り，争議件数は70年代と比べ，かなり減少していた。"労働攻勢"の強かった70年代に比べ，80年代前半，サッチャー政権による労使関係政策などの展開のもとで，労働側は明らかに"守勢"に立たされていた。

　概ね，そうした状況のもとで，炭鉱争議が発生した。したがって，争議統計上においても，とくに労働損失日数において炭鉱争議が突出することになった。

　以上に吟味した諸経済，労働諸事情に，第1章で述べた保守党政府の労使関係法制の展開をはじめとした周到，綿密な政策的対応，イワン・マクレガーのNCB総裁就任といった適切な人物の配置，石炭備蓄強化などの準備を含んだ良好なタイミングの問題などを想起し，重ね合わせれば，炭鉱争議の舞台装置はかなり明らかになるであろう。

　だが，それで争議それ自体を語るには，まだ不十分である。この歴史的大争

議の全体像を考察するには,さらに,第一に,当面するエネルギー戦略とその中での石炭政策,第二に,NCBという組織機構と労使交渉,協議機構をあらかじめ解明しておくこと,第三に,争議発生以前の,とくにNUMを中心とした組合の組織構造,これまでの闘争経過,NUMにおけるリーダーシップの問題などを考察し,「再び,良好なタイミングの到来について」,再吟味が必要である。そうした第一点と第二点目は,なお本章の課題であり,第三点目は,次章の課題である。

2 エネルギー戦略と石炭政策

1984年3月6日,石炭庁(NCB)によって提案された"合理化案"は,当面1年以内に20ピット閉鎖(2万人減),助成金削減による生産調整などを内容としていた。だが,その程度の"合理化"なら,これまでも進展してきたのであり,それだけで全国的な大争議に発展したわけではなかった。問題の核心は,当面の"合理化案"は,さらに中長期の大規模な産業合理化プランに連動していく十分な可能性を有していたことにある。それ故,NUMも引くに引けないものと受けとめ,当面の提案に反対し,全国的な闘争に立ち上がったのであった。

このような石炭産業の合理化政策は,当然のことながら,中長期的なエネルギー戦略と不可分のものである。そこで,しばらく保守党政府のエネルギー政策と石炭戦略について見ておくことにしよう。

(1) エネルギー戦略

保守党政府の中・長期的なエネルギー戦略については,いくつかの報告書やパンフレットが出されている[5]。その中のある紹介パンフレットによれば,そ

---

5) 例えば,Central Office of Information reference pamphlet 166 (1982), *Britain's Energy Resources* (HMSO), The Commission on Energy and the Environment (1981), *Coal and the Environment* (HMSO), The Monopolies and Mergers Commission (1983), *National Coal Board. A Report on the Efficiency and costs in the development, production and supply of coal by the NCB.* 2 Volumes. Cmd 8920 (HMSO) である。

表1-7 第一次エネルギー消費割合の推移 (%)

	1970年	1980年	1990年	2000年
石炭	46.6	36.9	33.7 (33.7)	36.0 (32.1)
石油	44.6	37.0	34.9 (34.0)	28.8 (28.6)
ガス	5.3	21.5	22.4 (22.8)	14.4 (17.3)
原子力, 水力	3.5	4.6	8.9 (9.2)	20.7 (22.1)

出所) エネルギー省調べ。
注1) ただし, 1990年, 2000年は, エネルギー省による*Energy Projection 1979*による。
注2) 1990年, 2000年とも, エネルギー需要が高いケースと低いケースに分けられている。カッコ内が低いケースの場合の予測である。

のエネルギー戦略は, ほぼ以下の6点に要約される[6]。

①エネルギー供給の安定性と有効性を確保すること。

②石油, ガスを最適な割合で利用すること。

③コスト, 生産性で競争力のある石炭生産を開発すること。

④原子力利用計画を拡大すること。

⑤新たに使い得るエネルギー資源の研究を奨励すること。

⑥エネルギーの管理保存を助長すること。

そのうち, 当面の主題との関係でいえば, 以上6点のうち, ②③④が中心となる。すなわち, 中長期的には, 原子力利用を拡大し, 石油とガスとを併用し, 競争力ある石炭の利用に主眼が置かれている。この点, 日本の1960年代の石炭から石油への全面的転換といったドラスティックなエネルギー転換とは異なっており, 石炭から石油への全面的転換を意味しているわけではない。

ちなみに, 第一次エネルギー消費割合の推移を過去, 現在, 将来予測とつなげて一覧表にすると, 表1-7のようになる。同表によると, 1990～2000年に向かって, 石炭, 石油エネルギーの消費割合は少なくなり, とくにガス, 原子力利用の割合が大幅に伸びると予測している。ただ, この予測数値が, そのまま政策誘導数値となり得るかという疑問は残る。だが, 先の6点にわたる保守党

---

6) 前掲 COI reference pamphlet (1982), *Britain's Energy Resources*, 1頁による。

のエネルギー戦略に沿って言えば、中長期的な戦略とも方向性では一致している。

したがって、全体として言えば、保守党のエネルギー戦略は、中長期的にはガス、原子力利用の拡大に依存しつつ、同時に石油、石炭も併用し、エネルギー利用の選択的多様化を志向する戦略だといって差し支えないであろう[7]。

では、そうしたエネルギー戦略のもとで、中長期的には石炭産業政策をどのように位置づけているかを次に見てみよう

（2）石炭政策（1）――石炭生産と消費の推移状況

イギリス石炭産業は、第二次大戦後、1946年の石炭産業国有化法（the Coal Industry Nationalisation Act 1946）に基づき、1947年、全国石炭庁（National Coal Board, NCB）が設立され、そのもとで、これまで国有産業として展開してきた。だが、ここでは歴史的経過はひとまず省き、上述したエネルギー戦略との関連という当面の問題に焦点を当てることにしよう。

まず、1970年代以降の石炭生産と消費の推移状況を見ておこう。表1-8　石炭生産と消費状況の推移を参照されたい。

1970～71年から1980～81年にかけての推移では、まず労働者数が28万7,200人から22万9,800人と約5万7,000人減っている。操業中の炭鉱（collieries in operation）の数も、同じ時期に292から211へと減少している。

他方、石炭生産量は、1970～71年の147万5千トンから、1980～81年に128万4千トンと漸減してはいるが、一人当たり生産高では、同時期に全体で2.24ト

7）なお、エネルギー問題については、注（5）に掲げたほか、多くの政府関係資料がある。また、最近〔1985年4月〕の研究書としては、Lawrence, Robert ed. (1979), *New Dimension to Energy Policy* (Lexington Books), Tempest, Paul ed. (1983), *Energy Economics in Britain* (Graham & Trotman)、最も新しいものとして、Bending, Richard and Richard Eden (1984), *UK Energy* (Cambridge University Press) がある。その他、国有化産業論の一環として、エネルギー問題に言及した最近の文献としては、Redwood, John (1979), *Public Enterprise in Crisis* (Basil Blackswell), Prike, Richard (1981), *The Nationalized Industries* (Martin Robertson) などが目についた文献である。

なお、TUCも、別に (1981), *Review of Energy Policy* を出しているが、その中には、*Congress Resolution on Energy Policy 1979* が所収されている。

表1-8 第一次エネルギー消費割合の推移 (%)

	1970−71年	1975−76年	1979−80年	1980−81年
生産量（千トン）	147.5	126.9	125.1	128.4
うちNCB	144.0	125.2	122.7	126.0
労働者数（千人）*	287.2	247.1	232.5	229.8
一人当たり生産高（トン）*				
地下	2.9	2.9	2.95**	2.94**
全体	2.2	2.3	2.31**	2.32**
操業炭鉱数（各年末）*	292.0	241.0	219.0	211.0
消費量（千トン）				
発電所	74.7	75.9	89.1	87.8
コークス炉	25.1	18.6	14.4	11.3
産業用	18.7	9.3	8.9	7.4
一般消費	18.8	11.3	10.3	8.5
その他国内消費	13.3	7.2	5.7	5.3
全国内消費量	150.6	122.3	128.4	120.3

出所）エネルギー省およびNCB調べ。
注）*は、NCBのみの数値である。
　　**は、1970〜71年、1975〜76年と直接比較可能な数値ではない。

ンから2.32トンへとやや上昇し、生産性は向上している。

　次に、消費状況の推移を見ると、全体の消費量は、1970〜71年の150万6千トンから、1980〜81年には120万3千トンと減少しているが、これは同時期の石炭生産量の減少とほぼパラレルである。その中で、圧倒的部分が電力生産用に振り向けられている。これには、とくに1960年代、石炭需要が極端に落ちこんだ際、電力生産への石炭消費を政策的に誘導したこととも関連している。

　なお、データは省略するが、1980〜81年、NCBは純赤字を計上していた。しかも、地域ごとに優良炭鉱と低生産性で、非経済的な（uneconomic）炭鉱などの地域差が大きかった。そうした中で、ピット閉鎖問題も発生しているわけであるが、それはのちに述べる。

（3）石炭政策(2)——MMC報告とNCBの"合理化案"

　さて、では、先のエネルギー戦略の中で、中長期的には、石炭産業をどのように位置づけているかが次の問題である。

その点で，1974年，当時の労働党政権下で策定された"*Plan for Coal 1974*"と，1980年，保守党政権下で制定された石炭産業法（The Coal Industry Act 1980）とでは，すでに大きく異なっていた。この点，保守党政権下の"*Coal and Environment*"（1981，注5参照）では，後者を支持する立場からであるが，要約的に以下のように記述している。そのことによって，1980年石炭産業法の政策的意図が一層，明らかとなっている。

① "*Plan for Coal 1974*" は，古くなった非経済的な設備能力の縮小を続行しながら，しかし新しいピットおよび既存の主要なピットの改善の両者について，大きな投資を行うことによって一層，バランスをとることを本質的特徴としていた。そして，1985年までに，70年代初めと同じ割合で生産を維持すること，その場合，よりましな生産性と労働諸条件とすることを内容としていた。

②1980年の石炭産業法では，新たな競争価格のもとにおいて，経済的効率的に生産される場合にのみ，石炭の潜在的可能性が実現できるとの観点に立つこと，すなわち石炭産業における十分な競争力の確保が重視された。そして，同法では，NCBの借り入れ限度額を引き上げること，生産は新たなピットなどにおいて，引き続く投資によって維持され，拡大されることなどを内容としていた。

　言いかえれば，1980年石炭産業法においては，古い，枯渇したピットなどへの助成はもはや主眼ではなく，したがって，いずれピットは閉鎖となることが暗示されていた。石炭産業における競争力強化は，"economic or uneconomic" の区分によって，おのずから選択，ふるい分けが随伴することを意味していた。

　そうした1980年石炭産業法の政策的意図をより一層，明らかにし，のちの炭鉱争議に至るNCBの石炭政策の基礎を据えたのが，1983年6月23日に発表された前掲 MMC（The Monopolies and Mergers Commission），*National Coal Board*（注5参照）である。

　MMCは，1982年3月，エネルギー大臣によって課題を出され，この報告書を取りまとめた。NCB，なかでもイワン・マクレガー総裁は，この報告書を「バイブルのごとく，採用し」，この報告書の結論を「彼にとっての導きの星」

(his guiding star) としたと言われている[8]。

　同報告書は2巻にわたっており，第1巻が本報告で384頁，第2巻がAppendicesで213頁，計約600頁という膨大なものである。そこでは，中長期的な方針として，以下の諸点を打ち出した。

①新たな炭鉱および既存の優良炭鉱を一層，開発し，他方，枯渇しつつある古い低生産性の炭鉱を減らすことによって，石炭産業を再編すること。

②新たな設備能力への個別投資または取り替え得る設備能力への個別投資は，適切な財政上のテストを充足させて続けるべきこと。

③重点的投資と技術的進歩をつうじて，長期的に低コストのピットにおける生産高，生産性を最大限にもっていくこと。

④以上の長期的方針に沿って，(a) 例えば，賃金については，賃金コストを抑制し，合理性のない増額を避けること，(b) 財政に関しては，厳格なコントロールを実施し，高コストの設備能力を縮小することなどを強調した。

　かくして，石炭産業政策の方向性は，いまやハッキリしている。すなわち，スクラップ・アンド・ビルド政策をつうじて，優良鉱を開発し，低生産性・高コストの炭鉱を閉鎖し，賃金を抑制し，財政を立て直し，石炭産業の競争力を強化することにあった。

　そのうえで，例えば毎年10％の設備削減により，年300万ポンドの節約が可能であること，「年10％の設備削減，とりわけピットに集中して」など多くの勧告を行った。同報告書が，のちのNCBによる1984年3月6日の"合理化案"（当面1年）の理論的，実際的基礎になっていたことは明らかである。

　これに付け加えて言えば，イワン・マクレガーNCB総裁が，争議中に再三，言明しているが，南アフリカ，オーストラリア，アメリカのカリフォルニア炭など，良質で低コストの輸入炭を増やすこと，石炭産業をやがて"民営化"することである[9]。いわば石炭産業の一大再編であり，長期的方針として，それを遂行しようというわけであった。

8）Lloyd, John (1985), *Understanding the Miners' Strike* (The Fabian Society), 18頁。

1983年11月3日，NCBは，BACM，NACODS，NUMの三つの組合に対し，1974年のPlan for Coalの新改定版である石炭産業合理化のドラフト案を提示した。アーサー・スカーギルNUM委員長は，それを見て，石炭産業の将来は，まさに"破局的"(catastrophic)になることが証明されたと述べたことが報道されている[10]。

　さらに，1984年1月11日，NCBは，先のドラフト案の詳細について発表した。その内容は，①生産高年1億トン前後で安定化，②年800万トンに相当するハイ・コスト設備の近い将来の閉鎖，③高賃金政策の維持と余剰人員の退職にあたっての高額支払い（退職割増制），以上の3点を骨子としていた。

　①は，1980～1981年のNCBの石炭生産高が1億2,600万トンであるから，その約5分の1の切り捨てを意味する。ピットによって生産高が異なるが，ピット数で単純計算すれば約70ピットになる。②は単純計算で約20ピットになる。

　以上，NCBの"合理化案"としては，しだいに具体的な内容が明らかにされつつあった。そうした経緯を経て，1984年3月6日の当面1年間の"合理化案"の提示に至った。それには他方で，NUMの戦闘的なリーダーシップ排除が不可欠だと想定されていた。その意味で，労使激突はもはや避けられない状況にあった。

9）この安い海外炭輸入と民営化の必要について，イワン・マクレガーNCB総裁は，日本人研究者のインタビューに応じて答えている場面がある。当時の貴重な証言なので，ぜひ参照されたい。山崎勇治（2008）『石炭で栄え石炭で滅んだ大英帝国』（ミネルヴァ書房），とくに228, 232頁。

　なお，石炭の輸入は1982年頃から増えていたが，とりわけ急増したのは，むしろ2000年代に入ってからのことであり，そこにはかなりのタイム・ラグがあった。"民営化"もすぐにではなく，1994年の石炭産業法（Coal Industry Act 1994）の制定を契機に，NCBのあとを継いだBCC（British Coal Corporation）が廃止され，Coal Authorityが設立された。そのもとで"民営化"が進められた。この"民営化"および石炭輸入という二つの点は，本書第3部および「エピローグ」で具体的に述べる。

10）*Financial Times* 1983年11月4日付。

3 石炭庁(NCB)の組織と交渉,協議機構

次に,全国石炭庁(National Coal Board)とその組織および組合との交渉,協議機構についてふれておこう。

NCBの設立

NCB が設立されたのは,第二次大戦後,クレメント・アトリー(Clement Richard Attlee)首相率いる労働党政権下の1947年であった。労働党は,1945年総選挙における選挙綱領『未来に立ち向かおう』の中で,完全雇用のための計画化,社会保障,住宅政策などと並べて,公有化ないし公営化を打ち出した[11]。

「国の直接的サービス部門においては,公有化と公営化の機の熟した,あるいは機の熟しすぎた基礎産業がある。よいサービスを提供している多くのより小さい企業は,そのままでその有益な事業を継続することができる」。

「公有化の機は熟していないが,それにもかかわらず建設的な監督を必要とする大規模産業がある」。

その中でも,電力と並んで,石炭産業の公有化が,政策の核心部分に位置づけられていた。「イギリスの最も貴重な国家的原材料を生産する石炭産業は,四分の一世紀の間,何百もの独立会社の所有下に,混沌としてもがいてきた。公有化の統合は事業運営上,大きな経済性をもたらし,生産方法の近代化と国内のすべての炭坑の安全基準の引き上げを可能ならしめるであろう[12]」。

1946年,石炭産業国有化法(Coal Industry Nationalisation Act 1946)が制定され,1947年1月,全国石炭庁(National Coal Board, NCB)が設立された。石炭産業の国有化は,公営化(public ownership)計画の核心となる重要な位置にあった。

NCBの監督権限は,燃料動力省(Department of Fuel and Power)にあり,NCBの議長およびボード・メンバーの指名権は燃料動力大臣にあった(第2条)。そ

---

11) ティヴィ,L. J., 遠山嘉博訳(1960)『イギリス産業の国有化』(ミネルヴァ書房),53頁。
12) 前掲ティヴィ,L. J. 書,54頁。

図1-1　NCBの組織図

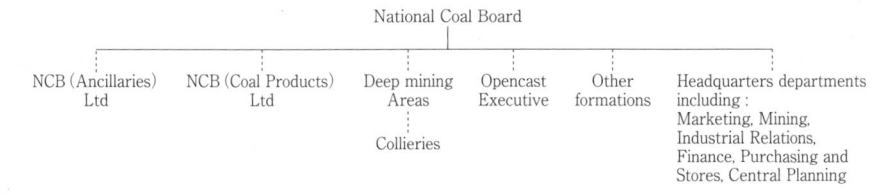

```
                        National Coal Board
  ┌──────────┬──────────┬──────────┬──────────┬──────────┬──────────┐
NCB(Ancillaries) NCB(Coal Products) Deep mining  Opencast   Other    Headquarters departments
    Ltd              Ltd           Areas       Executive  formations including:
                                     │                               Marketing, Mining,
                                  Collieries                         Industrial Relations,
                                                                     Finance, Purchasing and
                                                                     Stores, Central Planning
```

出所）NCB．但し，Monopolies and Mergers Commission, *National Coal Board, Vol. 2* による．

れまで民間業者がそれぞれ所有していた資産などは，一定の補償をもってNCBに移管され，NCBは石炭の採掘および取得を独占する権利を有したが，国有化後でも，小さな炭鉱は，NCBの許可のもとに民間業者による経営が認められた．1994年に設立された Coal Authority の統計によれば，1947年末，認可民有業者による石炭生産量は全体の1.1％，炭鉱労働者数は1,600人で，全体の0.2％に過ぎなかった[13]。

NCBの組織機構と指揮，命令系統

NCBの組織機構は，設立後，何度か形を変えているが，指揮，命令系統は，NCB本部から，地域（area）のマネージャー（ないしダイレクター），そして炭鉱（collieries）へという点では変わっていない．いまNCBの組織図を示すと，図1-1のようになる．

一番右が，NCB本部にある労使関係部局を含む各部局（departments）である．なお左側に示されるように，石炭生産とその他の付随的業務が，それぞれ分離されている．

なお，中央本部理事会メンバーは，エネルギー省大臣によって任命される．その中には，パートタイム・メンバーも含まれる．1984年3月末現在で11名で

---

[13] Coal Authority, *Summary of UK coal production and manpower from 1947* による（http://www.coal.gov.uk）．

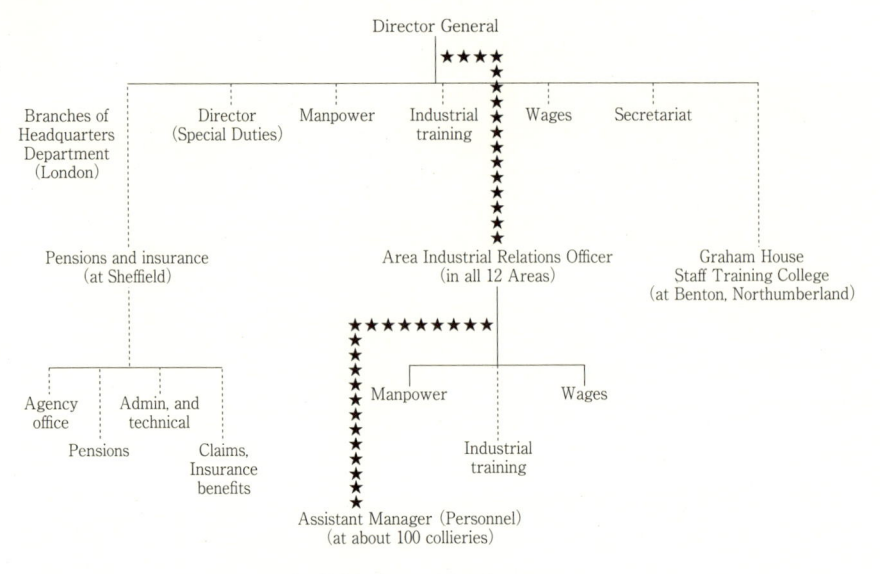

図1-2 労使関係部局の組織と指揮・命令系統図（1981年12月）

```
                          Director General
                              ★★★★
                                ★
    ┌──────────────┬──────────┬──┼───┬──────────┬──────────┐
Branches of      Director   Manpower Industrial  Wages    Secretariat
Headquarters   (Special Duties)      training
Department
(London)                              ★
                                      ★
                                      ★
                                      ★
        ┌─────────┐                   ★
Pensions and insurance       Area Industrial Relations Officer    Graham House
  (at Sheffield)                 (in all 12 Areas)           Staff Training College
                                                        (at Benton, Northumberland)

                              ★★★★★★★★★
                              ★       ★
    ┌────────┐               Manpower  Wages
 Agency   Admin, and           ★
 office   technical            ★     Industrial
    Pensions   Claims,         ★     training
              Insurance        ★
              benefits         ★
                     Assistant Manager (Personnel)
                      (at about 100 collieries)
```

出所）NCB．但し図1-1に同じ。星印は機能上のリンクを表わす。

ある。実はもともと，そうしたメンバーのうち1名が，労使関係担当の代表理事（Director General of Industrial Relations）である。だが，1985年2月半ば，ネッド・スミス（Ned Smith）がその職を去って以来，空席となっている。新聞報道によれば，その任は格下げになり，Director General ではなく，たんなる部局の長（Head）に移されたと報道されている[14]。

次に，図1-2として，NCBの労使関係部局の組織と指揮，命令系統を示して

---

14) *The Times* 1985年2月9日付。その確たる理由は定かではないが，NCBの組織替えを見越してのものだと推測される。*The Times, The Guardian, Financial Times*, 各3月28日付によれば，NUMのストライキ中止，4月2日，NUM代表者会議での残業拒否解除などを見据えながら，近くNCBとして，大規模な組織替えが計画されているとのことである。例えば，地域（Area）の統合，ストライキ中も生産を続行していた地域のマネージャーないしダイレクターのNCB全国理事への登用などを含む案が検討されているという。

おこう。

　この図の★印の線は，賃金および直接的な労働条件といった重要事項を扱う場合の指揮，命令系統を意味しているが，NCB本部と12の地域の労使関係オフィサー，その下でのアシスタント・マネージャー（約100炭鉱）までが表示されている。すなわち，本部—地域（area）—炭鉱（collieries）までで，ピット関係までは表示されていない。

　では，そうしたNCBと労働組合側との団体交渉，労使協議機構について，以下，ごく簡潔に見ておこう。もっとも，それには順序として，労働組合組織について先に見ておくべきかもしれない。だが，ここでは便宜上，一定の組合組織の存在を前提として，交渉，協議機構を先にふれることにする。

労使交渉，協議機構

　イギリス石炭産業においては，いくつかの労働者グループ，職種，グレード，カテゴリー別に組合が存在している。いわゆる複数組合制（multi-unionism）である。それに応じて，特定の組合が唯一の交渉権を有している場合，または複数関連組合が合同して交渉権を有している場合とがある（この点，具体的には第3章1，とくに表1-9　労働者グループと関連代表組合，本書53頁を参照されたい）。ただし，労使協議制度は，団体交渉とは異なって，各組合代表とNCBとの合同協議制をとっている（図1-3）。

　次に，交渉レベルとしては，全国，地域，炭坑（pit）という三つのレベルがある。そのうち，労使の直接的な全国交渉が不調に終った場合，ACAS（Advisory, Conciliation and Arbitration Service, 諮問・調停・仲裁サービス）が紛争処理機関として存在している。地域レベルの紛争については，地域調停委員会（District Conciliation Board）が設けられている。同委員会の委員は，労使双方から受け入れられ，仲裁者の役割を演じる者を指名することになっており，その意味で三者構成である。ピット・レベルでは，地域調停委員会によって指名された合同調停委員会による6段階にわたる苦情および紛争処理手続きが設けられている。そして，ピット・レベルで解決できなかった問題や，ピット・レベルを超える問題は，地域レベルに移されることになる。

　ところで，全国レベルと地域レベルおよびピット・レベルの交渉事項では，

図1-3　合同協議制度

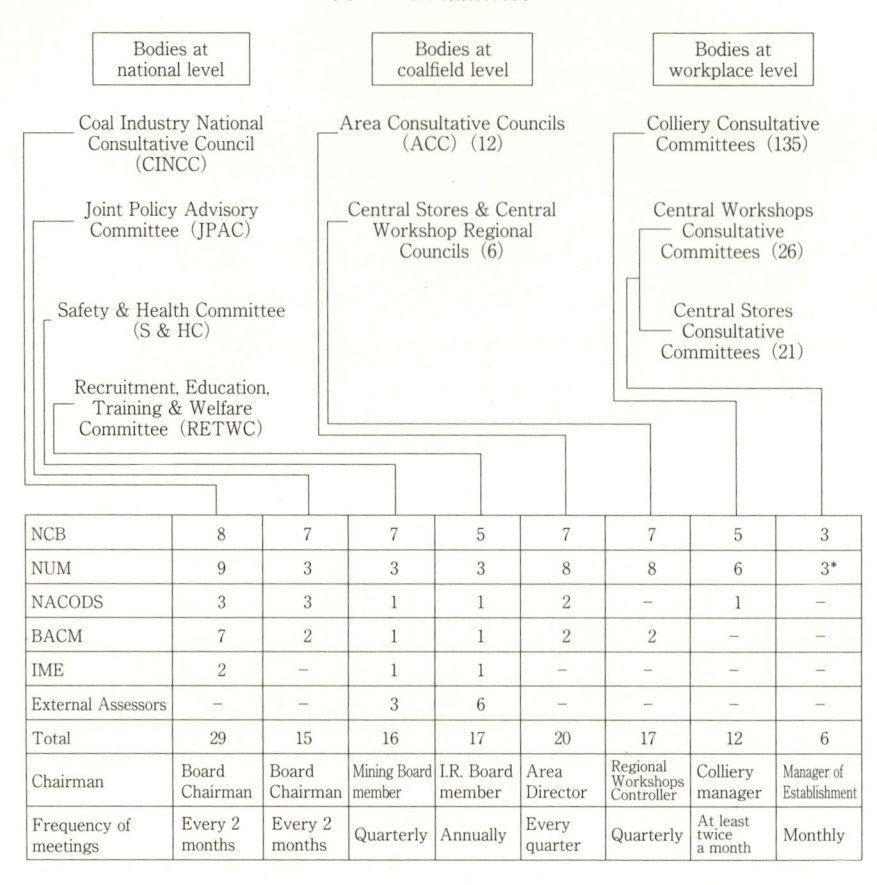

- Bodies at national level
  - Coal Industry National Consultative Council (CINCC)
  - Joint Policy Advisory Committee (JPAC)
  - Safety & Health Committee (S & HC)
  - Recruitment, Education, Training & Welfare Committee (RETWC)
- Bodies at coalfield level
  - Area Consultative Councils (ACC) (12)
  - Central Stores & Central Workshop Regional Councils (6)
- Bodies at workplace level
  - Colliery Consultative Committees (135)
  - Central Workshops Consultative Committees (26)
  - Central Stores Consultative Committees (21)

	CINCC	JPAC	S&HC	RETWC	ACC	CS&CW	CCC	CW/CS
NCB	8	7	7	5	7	7	5	3
NUM	9	3	3	3	8	8	6	3*
NACODS	3	3	1	1	2	–	1	–
BACM	7	2	1	1	2	2	–	–
IME	2	–	1	1	–	–	–	–
External Assessors	–	–	3	6	–	–	–	–
Total	29	15	16	17	20	17	12	6
Chairman	Board Chairman	Board Chairman	Mining Board member	I.R. Board member	Area Director	Regional Workshops Controller	Colliery manager	Manager of Establishment
Frequency of meetings	Every 2 months	Every 2 months	Quarterly	Annually	Every quarter	Quarterly	At least twice a month	Monthly

出所）NCB, 但し図1-1に同じ。

　1960年代と1970年代とくに1972年以降とではかなり異なる[15]。

　とくに1972年以降，賃金について，全国レベルで処理されるようになった。この場合，NCBとNUMとの全国交渉機構は，JNNC（The Joint National Negotiating Committee, 全国合同交渉委員会）と呼ばれている。地域レベル，ピット・レベルでは，全国協定の実施過程で生じた問題およびローカルな問題を主として取り扱うようになった。

もっとも，そう書いてしまうと，ことはきわめて単純に聞こえるが，それには1960年代から1972年に至る，NUMの賃金平準化闘争があってのことである。だが，賃金が全国レベルで交渉されるようになっても，1977年以来，出来高払い制の一種である割増賃金制度（incentive scheme）が導入されたことにより，地域レベルの交渉のウエイトが再び増大した。この点，のちにふれるが，NUMにおける全国と地域との関係といった組合組織内部問題としても一つの留意点でもある。

　次に，合同労使協議制度としては，1974年に創設されて以来，形を変えながらも，現在〔1985年4月〕，CINCC（The Coal Industry National Consultative Council, 全国石炭産業協議委員会）――その重要なサブ・コミッティとして，JPAC（The Joint Policy Advisory Committee, 合同政策諮問委員会）その他がある――が設けられている。この点，図1-3を参照されたい。

　この合同協議機関も，全国，地域およびピット・レベルの3段階になっている。この協議機関は，安全，健康，福祉，アブセンティーズムや新しい機械の導入など産業上の組織や行動，調査，その他の労使双方の利害に関わる全ての問題――賃金，労働諸条件に関わる問題を除く――を取り扱う。そして，事実，1984年3月6日，NCBの当面する"合理化案"は，このCINCCの席上で提案された。その提案が，大争議の発端となった。

　とはいえ，その炭鉱争議それ自体の考察に入る前に，いま一つ，とくにNUMという組合組織，その構造とリーダーシップなどについて，争議以前の状態を考察しておかなければならない。それが，次章の課題である。

---

15) 1960年代～72年までの賃金平準化など NUM の闘争および割増賃金制をめぐっては，Allen, V.L. (1981), *The Militancy of British Miners* (The Moor Press) および McCormick, B.J. (1979), *Industrial Relations in the Coal Industry* (The Macmillan Press) に詳しい。

第3章

石炭産業における労働組合とNUM
（全国炭坑夫労働組合）

はじめに
1　石炭産業における労働組合
2　NUMの組織，闘争，リーダーシップ
3　アーサー・スカーギルNUM委員長
4　再び，良好なタイミングの到来について

はじめに

　第1章では，炭鉱争議の一方の当事者である保守党とサッチャー政権，石炭庁（NCB）の労使関係政策およびNUM対策などについて考察した。第2章では，炭鉱争議以前および当時のイギリス経済，労働事情およびエネルギー戦略と石炭政策といった，いわば争議のバック・グラウンドを概観し，さらにNCBの組織と労使交渉機構，労使協議機構について考察した。

　第3章では，炭鉱争議の他方の当事者である労働者側，とくにNUMを中心に考察したい。したがって，1984年3月に始まる炭鉱争議そのものに進む前に，本書の叙述はなお迂回することになる。

　最初に，①石炭産業における労働組合全般について概観し，②次に，石炭産業における中心的組合であるNUMの組織，これまでの闘争およびリーダーシップについて考察を進める。そのうえで，③炭鉱争議における組合側の最高指導者であるアーサー・スカーギルNUM委員長に焦点を当てることにしよう。そうした考察の結果を踏まえ，第1章4で論じた「良好なタイミングの到来につ

いて」，ここで再び，新たな観点を踏まえて論じることにしたい。

1 石炭産業における労働組合

イギリス石炭産業における労働組合は，言うまでもなくNUMだけではない。複数組合制は，石炭産業といえども例外ではない。石炭産業における各種の労働者グループに対応し，いくつかの労働組合が存在し，または介在している。その概観のため，表1-9 各種労働者グループ別と関連する代表組合の対応関係を掲げよう。

そのうち，コークス労働者に関わる一般労働者組合であるGMWU (General and Municipal Workers' Union)，事務および下級監督スタッフに関わるホワイトカラー・ユニオンであるAPEX (Association of Professional, Executive, Clerical and Computers Staff) は，それぞれ石炭産業以外に主な組織がまたがっている産業別横断組織なので，ここではひとまず除くと，残りのNUM，BACM，NACODSは石炭産業の中で組織されている労働組合である。そこで，NUMについては，次項でやや詳しく分析することにし，ここでは先に，BACM, NACODSについて，ごく簡潔に述べることにしよう[1]。

BACM (BACM-TEAM)

BACMの前身は，1940年代，ヨークシャーで結成されたYACOS (Yorkshire Association Colliery Officials and Staff) に始まり，やがてエリアが拡大するとともに，BACOS (British Association of Colliery Officials and Staff) に発展した。そして，1947年5月，石炭産業の国有化にともなって，名称をBACM (British Association of

---

1) 以下，主としてEaton, Jack & Collin Gill (1983), *The Trade Union Directory* (Pluto Press, *1983 Edition*), The Monopolies and Merger Commission (1983), *National Coal Board*および若干の新聞記事による。ただし，BACMの前身およびBACM-TEAMについては，BACM-TEAMのウェブサイト (http://bacmteam.org.uk) による。BACM-TEAMの組合員数は，TUC, *Report 2009* (http://www.tuc.org) による。

表1-9 各労働者グループと関連する代表組合

労働者グループ	労働組合
1 一般の労働者 地下の労働者，地上労働者，地下の技能労働者，地上の技能労働者	NUM*
2 週給の産業スタッフ（石炭） 一定の監督職員，安全及び訓練職員を含む	NUM*
3 炭鉱区監督者（監督代理及び職場頭）	NACODS*(1)
4 コークス労働者（全て日給者）	NUM及び何人かが GMWU (2) から選ばれる
5 週給の産業スタッフ（コークス及び副産物）（職長）	NUM*
6 事務及び下級監督スタッフ	NUM（COSA）(3)，APEX (4)
7 管理及び下級技術スタッフ	BACM*(5)
8 その他 (6)	―

出所）ACAS（1980），*Industrial Relations Handbook*（HMSO），p.105より作成。
備考）*は，左の労働者グループに対し，右の組合が唯一の交渉団体であることを示す。
　　(1) NACODS（National Association of Colliery Overmen, Deputies and Shotfiersの略。通称 Deputy Union）
　　(2) GMWU（General and Municipal Workers Union）
　　(3) COSA（Colliery Officials and Staff's Associationの略。NUMに含まれる。）
　　(4) APEX（Association of Professional, Executive, Clerical and Computer Staff）
　　(5) BACM（British Association of Colliery Management）
　　(6) ふつう，同産業または他の適当な産業での妥結内容にしたがう傾向にある。

Colliery Management, イギリス炭鉱管理者組合）に変更した。

　イギリス石炭産業または関連産業における専門的，技術的，管理的スタッフをもって組織されており，NUM, NACODSとも姉妹関係の組合といってよい良好な関係にある。組合員数は1981年末で16,770人（男性組合員16,170人，女性組合員600人）で，1977年にTUCに加盟している（なお，1998年，BACM-TEAMとなり，その単位でTUCに加盟している）。

　BACMの本部はノッティンガムにあり（のちサウス・ヨークシャーのドンカスター），5つの地域（region）組織と14の支部（branch）を持っている。組合の基本方針としては，基本的には，その仕事の高度の専門性や監督的性質などに由来する賃金，労働諸条件などで，他の炭鉱労働者たちとの優位な差を維持することが主な関心事であるといって差し支えない。1953年，NUM, NACODSとBACMの三つの組合で，いわゆる仕事の管轄問題（demarcation problem）をめ

ぐって協定を結んでおり，これまで問題は発生していない。また，NCBとはクローズド・ショップ協定＝サラリー，雇用条件，争議などに関する包括的な協定を結んでいる。

このBACMが，1984〜85年の炭鉱争議の過程で，何らかマスコミのニュースになることは，まずなかった。その意味でも，きわめて穏健で，目立たない組合だと言うことができる。

なお，BACMは，1998年，TEAM（Technical, Energy and Administrative Management）と合流し，BACM-TEAMを名乗るようになっている。組合員数は，2008年末現在，男性2,509人，女性155人，計2,664人である。BACMが伝統的に石炭産業に限られていたのに対し，TEAMはそれよりも幅広い分野を組織していた。現在の組合員の分野別内訳は，石炭など（Mining）40％，製造・物流（Manufacturing & Distribution）16％，環境・コンサルタント（Environment & Consultancy）12％，財務・監督（Finance & Administration）11％，機械工事（Engineering）7％，技術，エネルギー・関連（Technical, Energy & Utilities）14％となっている。石炭を中心としつつ，環境およびエネルギー関連の専門的監督的組織となっている。

NACODS

NACODS（National Association of Colliery Overmen, Deputies & Shotfirers, 全国炭鉱監督者組合）は，元は1910年，別な名称で結成された古い歴史を持つ組合である[2]。第二次大戦後の1947年，石炭産業の国有化にともない現在の名称になった。NUM，BACMと同様，TUC加盟組合である。組合員数は1981年末で18,575人であり，全て男性組合員で女性組合員はいない。組合員数は1965年には31,471人であったが，石炭産業における労働者数の減少の影響を受けてやはり減っている。

ただ，組織しているのは下級監督者（under-manager）以下の職場長（Overman）

2）初めは，General Federation of Fireman's, Examiners' and Deputies' Association of Great Britain と名のったという。前掲Eaton, Jack & Collin Gill（1983）書，21頁。

図1-4 炭鉱 (Colliery) 組織一覧図

```
                                    Colliery manager
    ┌──────┬──────┬──────┬──────┬──────┬──────┬──────┬──────┬──────┐
Mechanical Electrical Store   Deputy  Safety  Surveyor Surface  Administrative Assistant
engineer  engineer  keeping manager engineer         superintendent officer    manager
                                                                              (Personnel)
Deputy    Deputy                                     Coal                    Training
mechanical electrical                                preparation              officer
engineer(s) engineer(s)
Assistant  Assistant                      Safety              Traffic  General
engineers  engineers                      officer             foreman  foreman

                        Under-manager          Under-manager
                        Part of mine 'A'       Part of mine 'B'
              ┌──────┬──────┬──────┐  ┌──────┬──────┬──────┐
           Overman Overman Overman    Overman Overman Overman
           Deputies Deputies Deputies Deputies Deputies Deputies
```

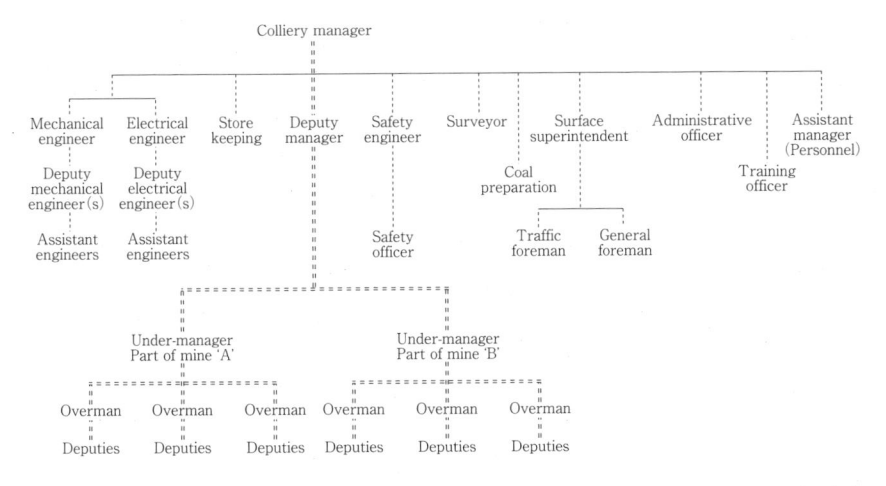

出所）NCB調べ，但し The Monopolies and Mergers Commission, *NATIONAL COAL BOARD, Vol. 2* による。

および副職場長（Deputies），炭坑発破における点火係（Shotfirers）などであり，石炭生産現場の第一線に立つ監督者などの組織である。図1-4　炭鉱(collieries)組織一覧図を参照されたい。そこには点火係（Shotfirers）は出ていないが，それにしても，下級監督者以下で生産現場の第一線監督者たちであることは一見して明らかであろう。

このNACODSは，NUMと同じく，ストライキの実施にあたっては全国投票（national ballot）を行う旨の規定を有している。だが，NUMが，1984年4月19日の特別大会で，それまでの55％から，単純過半数（50％）の賛成をもって，全国ストライキが実施できるように変更したのに対し，NACODSの組合規約では，3分の2以上の多数の支持がなければストライキには入れない。もっともNACODSは，その結成以来，1984～85年の炭鉱争議の過程でも，ストライキを経験したことはなかった。

だが，イギリスの炭鉱法規では，仮に生産現場に炭坑夫がいても，監督者が就業しないかぎり，保安上，安全上，炭鉱は操業してはならないと決められて

いる。したがって，もしNACODSの全組合員がストライキに突入すれば，ワーキング・マイナーズが仮にそこにいても，何の意味もなさず，石炭生産は全面的にストップしてしまうことになる。

　実際，1984～85年の炭鉱争議の過程で，NACODSは初のストライキ突入の寸前にまで至った。結局，ストライキ突入予定の直前，NCBとNACODSの合意が成立し，ストライキは回避された。すなわち，1984年8月15日，NCBは，一方で，ストライキ中のNUMのピケッティングに従って就業しない（ピケットラインを越えない）監督者たち約3,000名に対し，ピケットラインを突破するよう命令を発しつつ，他方で，ピケットラインを越えない者には給与を支給しないことを決定した。この決定は，とりわけNACODSの組合員の直接的な利害に関わることであり，NACODSを強く刺激した。9月に入り，この決定に対する強い抗議の意思とピット閉鎖による自らの職の不安も重なり，NACODSは実に82.5％の高い賛成率でストライキ権を確立し，10月25日からのストライキ突入を決めた。NUMとは友好関係を保ちつつ，これまで穏健路線で知られてきたNACODSだけに，この投票結果とその後の成り行きは大いに注目を集めた。

　もし，そのとおりにストライキに突入したら，当時，NUMのストライキに参加せず，週40万トンの石炭生産を続けていたノッティンガムシャーの炭鉱エリアでさえ，生産は完全にストップしてしまうことになる。もし，そのとおりに事態が進んだら，炭鉱争議の当時の局面は決定的に変わったであろう。政府，NCB側にとって事態は一挙に不利になり，他方，ワーキング・マイナーズによる石炭生産の継続と他組合の支援不足（とくに電力関係）で，ストライキにもう一つ決め手を欠いていたNUM側にとっては大変な朗報として期待された。

　だが，ストライキ突入を目前にした10月23日，NCBとNACODSの間で合意が成立し，ストライキ前日，NACODSは中止を決定した。合意は次の内容であった。

①NCBは，ピケットライン突破を拒否した者には給与を支給しないとの8月15日の決定を撤回する。

②ピット閉鎖の決定にあたっては，独立した第三者機関の見解を求めることとする（ただし，最終決定権はNCBにあるとの解釈の余地を残すものであった――引用者注）。

③1984年3月6日のNCB提案については，完全に再考慮する（completely reconsider）などであった。

　政府，NCBが，いかにNACODSのストライキ突入を恐れたかは，その合意における譲歩内容によって察知できるであろう。後に述べるが，この10月末の時点は，争議の帰すうにとって決定的な時点であった。炭鉱争議の局面は，そうした"合意"によって，"窮地"を乗りこえた政府，NCB側にとって，しだいに有利に展開していくようになった。いずれにせよ，NACODSの存在が無視できない所以の一端が，炭鉱争議において示されたのは確かである。

　だが，石炭産業における最大の組合は何といってもNUMである。したがって，以下，項を改めて，NUMについて考察することにしよう。

2　NUMの組織，闘争，リーダーシップ

　炭鉱労働者およびその組合の歴史については，ページ・アーノット（R.Page Arnot）を先駆者として，多くの研究文献がある[3]。ただ，私の短期間のイギリス滞在とその間の勉強で，とうていこなせるものではない。ここでは，第二次

3）ページ・アーノットについては，さしあたり以下の文献を挙げるに留める。
　Arnot, R.P.(1926), *The General Strike May 1926: Its Origin & History* (Labour Research Department).
　――― (1949), *The Miners: A history of the Miners' Federation of Great Britain 1889-1910* (Allen & Unwin).
　――― (1953), *The Miners: The Years of Struggle* (Allen & Unwin).
　――― (1955), *A History of the Scottish Miners from the England Times* (Allen & Unwin).
　――― (1961), *The Miners in Crisis and War* (Allen & Unwin).
　――― (1975), *The South Wales Miners* (Allen & Unwin).
　――― (1979), *The Miners: One Union, One Industry* (Allen & Unwin).
　なお，日本人研究者による優れた研究書としては，相沢与一（1978）『イギリスの労資関係と国家――危機における炭鉱労働運動の展開』（未来社）がある。同書は，1873年恐慌に端を発する19世紀の大不況期から，1920年代とくに1926年の炭鉱ゼネストまでの炭鉱労資関係および炭鉱労働運動の展開を追跡した，それまで日本における唯一といってよいイギリス炭鉱労資関係を対象とした研究書である。

大戦後，しかも1984～85年の炭鉱争議に焦点を合わせ，簡潔に要点を述べるに留める[4]。

(1) 産業別単一組合＝エリア(Area)連合組織体としてのNUM

石炭産業における労働組合運動の歴史は18世紀までさかのぼることができ，大変，古い。いくつかの前身となるエリア別の組合を経て，NUMの直接の前身＝きわめて緩やかな連合組織である Mineworkers' Federation of Great Britain (MFGB) が結成されたのは1881年であった。1926年の炭鉱ゼネ・ストのあと，しばらく経った1942年7月の年次大会（ブラックプール）における単一組合結成の決議のあと，1944年のノッティンガム大会での決定とそれについての全組合員投票による承認によって，1945年1月1日，産業別単一組織としてのNUM (National Union of Mineworkers) が発足した[5]。結成時の組合員数は604,978人であった[6]。なお，当然のことではあるが，1944年のTUC年次大会では，まだMFGB代表の代議員として出席し，1945年のTUC年次大会では，NUM代表の代議員として出席している。

そのNUMは，1984～85年の炭鉱争議直前の1983年12月末現在で，組合員数208,051人である。男女別内訳は発表されていない。ほとんどが男性であるが，食堂や炭鉱事務所あるいはNCBのエリア事務所などで働いている女性組合員がいるが，その数は発表されていない。ただ，1960年代後半から1970年代半ばまでの一時期，公表されたこともあった。それから推測すると，約4,000人前後だと考えられる。

---

4) 以下，とくに断わらないかぎり，主として前掲 Eaton, Jack & Collin Gill (1983) 書のほか，NUM, *Rules, Model Rules*, Derbyshire Area, *Rules*などによる。そのほか，文献としては，Allen, V.L. (1981), *The Militancy of British Miners* (The Macmillan Press), McCormick, B.J. (1979), *Industrial Relations in the Coal Industry* (The Macmillan Press) およびCrick, Michael (1985), *SCARGILL and the Miners* (Penguin Books) などによる。とくにAllen書によるところが大きい。

5) Arnot, R.P. (1979), *The Miners: One Union, One Industry*およびMaksymiw, W. (1990), *The Trade Union Directory* (Longman), Marsh, A. (1991), *Trade Union Handbook* (Gower) による。

6) 正確には1944年12月末の組合員数である。出所はTUC, *Report 1945*による。

表1-10 地域別組合員数と全国執行委員数
(1978年12月末)

Area	組合員数	全国執行委員数
Yorkshire	64,060	3
Nottingham	34,275	2
South Wales	26,092	2
C.O.S.A.	18,980	1
Scotland	16,373	1
Durham	16,258	1
Midlands	13,973	1
Derbyshire	11,617	1
Group No.1	9,471	1
North Western	8,798	1
Northumberland	7,767	1
Cokemen	5,138	1
Power Group	4,982	1
Group No.2	4,638	1
South Derbyshire	3,269	1
Leicester	3,241	1
Kent	2,759	1
Power Group No.2	1,230	1
North Wales	1,052	1
Cumberland	914	1
Total	254,887	24

出所) Allen, V.L. (1981), *The Militancy of British Miners*, 268頁の第2表による。

注1) 左上のAreaは、地理上の「地域」だけでなく、労働者グループを含む概念であり、そのままとして日本語には訳していない。

注2) 元の表は1979年現在となっていたが、組合員数合計は254,887人となり、1978年12月末の発表数と一致するので、1978年12月末と表記した。

　このNUMは単一の産業別組織として結成された。ただ、単一の産業別組織といっても実態的には、14の地理上のエリア (Area)、それに産業上ないし職業上の区分け、例えばコークス労働者 (Cokesmen)、電力関係グループ (Power Group)、ホワイトカラーのCOSA (Colliery Officials and Staffs' Association) をもNUMに含み、さらに二つのローカルなクラフト・ワーカー (Group 1, Group 2) などを含んでいる。その意味で、単一の産業別組織ではあるが、内容的にはエリア別下部組織といくつかの職種別グループと言える区分けの組織をも構成要素とする連合組織体としての産業別組合である。そうした区分けの組織を含め、ここではあくまで便宜上ではあるが、広義の意味で"エリア"(Area) と呼ぶこ

とにする。そうすると，14の地理上のエリアだけでなく，広義のエリアとしては20のエリアになる。この点，表1-10　エリア別組合員数と全国執行委員会委員の数の一覧表を参照されたい[7]。原則として，各エリアから，組合員数に応じ，全国執行委員が選出されていた。

NUM大会と全国執行委員会（NEC）

NUMの大会（Conference）は，正式には代議員大会（the Conference of Delegates）であるが，年次大会は，毎年1回，7月の第1週に開かれる。そのほか，特別（代議員）大会が全国執行委員会によって招集され，必要に応じ，開かれる。大会代議員は，各エリアの組合員数に比例して選ばれる。例外的な事例を抜きにして言えば，組合員5,000人につき2人の代議員，さらに2,500人ごとに1人の代議員が追加して選出される[8]。

大会は最高の議決機関である。なかでもNUM規約改定は，出席代議員の3分の2以上の多数による議決を要する。その大会から大会までの間，執行にあたる機関が全国執行委員会（National Executive Committee, NEC）である。NECメンバーのうち，委員長と書記長は全組合員投票で選出され，副委員長は年次大会で選出される。その他の執行委員は，表1-10に示された人数が各エリアで選出され，NECの構成メンバーとなる。つまり，エリアが選出権を持っている[9]。したがって，NECはいわゆる委員長など三役のほかは，各エリア代表から構成され，NECの中の確執は，しばしばエリア間の確執を反映したものとなるケースが多い。そこで，次にNUMの地理上のエリア組織について考察しよう。

7）もっとも，Allen, V.L. がこの表を使って述べていることは，組合員数に比べ，NECメンバー数が不平等だということである。それには，歴史的な経緯がある。同じことは，大会代議員数についても言えるが，ここでの課題ではないので，これ以上は言及しない。
8）前掲 Eaton, J & C. Gill 書による。もちろん，当時の規約による人数である。
9）ただし，全国執行委員の解任権はエリアにはない。この点，第7章で，1985年7月のNUM年次大会におけるノッティンガムシャー・エリア選出の全国執行委員の解任についてふれる際，そこで述べることにする。なお，NECの構成メンバーには，ほかに労働党MP〔当時2名〕がいる。

NUMのエリア（Area）組織

　NUMは、エリアのモデル規約（Model Rules for Area）を示しているが、それにならいつつ、エリアごとに独自の規約を持ち、一定の自律性（autonomy）を有している。各エリアはそれぞれエリア執行委員会を持っている。エリア執行委員会は、エリアの選挙で選ばれたフルタイムのエリア委員長および書記長のほか、そのもとにエリア内の各地区（district）の投票で選ばれたフルタイムの執行委員らによって構成されている。さらに各エリア内で支部（branch）を形成している。この支部に支部執行委員会がある。

　エリアおよび支部の自律性のうち、最も目立つのは財政上の自律性である。組合費の一定割合が各支部および各エリアに保障されるが、それだけでなく、ほかにエリア、支部独自の財源などを合わせ、実際にはエリアや支部が財政上、相当な自律性を持っていると言われている。この点、規約上でも、各支部および各エリアが、一定率の組合費再配分のほかに、独自財源を持ってよいこと、そして完全な自律性を有していることが規定されている（NUM, *Rules 32*, 1978）。

　今回の炭鉱争議の過程を追ってみると、実は各エリアがかなりの独自資金および資産を持っていることの一端がうかがえる。ただし、ここではエピソード的な話を二つ紹介するに留め、この財政問題の追究が本書の課題ではないので、それ以上には立ち入らないことにしよう。

　いま手元に、*STRIKINGBACK*（1985）という一冊の本がある。出版は、The Welsh Campaign for Civil and Political Liberties & NUM（South Wales）による。この本の内容は大変、貴重で、1984年から85年のストライキ中の期間を中心に、サウス・ウエールスの400名以上の炭坑夫たちと主婦など女性の闘争経験を率直かつ正確に記録したものである。

　この本のもう一つの重要さは、その収益の一切がサウス・ウエールスの炭坑夫とその家族に還元されることにある。1冊2.75ポンド、183頁のペーパーバックであるが、収益はNUM本部ではなく、サウス・ウエールス・マイナーズらに還元され、その生活福祉資金となる。それは事実上、エリア管理の資金になるわけである。

　もう一例を紹介しよう。1985年5月中旬、シェフィールドに行き、ダービシャー、ヨークシャーなどの炭鉱を案内してもらう機会があったが、その途

中，ノース・ダービシャー・エリアのNUM事務所に立ち寄り，そこの会計部長（Treasurer）に会った。話を聞いてみると，争議期間中，彼は単独で日本に行ったことが分かった。そして，多くの資金カンパを得たほか，日本の各組合の団結・連帯の旗，腕章を示し，とても喜んでいた。この場合も，彼の得た資金カンパはエリアに帰属するということであった。

以上はエピソードに過ぎない。これをもって決定的論拠とするには難があることは承知している。ただ，エリアにおける財政上の自律性の大きさ，その一端はうかがい知ることができるであろう。

そのうえで，エリアごとに独自の規約を持ち，それに基づいてエリア執行委員会があり，エリアNCBとの間で，エリア交渉・協議機構を持っている。そして，エリアに独自の問題や全国交渉の結果のエリア別具体化にあたるわけである。

なお，エリアの規約の改定は，そのエリアの年次大会によってのみ行われる。NUM全国規約とエリア規約との関係では，そこに対立や疑問がある場合，全国規約が優先するか，あるいはNECの決定が優先する。ただし，その決定にあたっては，全国規約第30条によって，エリアからはアピールする権利が付与されている。

以上が，エリア組織のあらましである。そうした各エリア間には，その沿革に沿って，様々な運動路線上の違いあるいは時によって対立がある。この点はのちに述べるとして，以下，1960～70年代の闘争の歴史に眼を転じよう。

（2）賃金の全国的平準化と全国執行委員会(NEC)の権限強化──1960～70年代初めの闘争

イギリスの石炭産業はもともと，民間所有，個人所有から出発し，第二次大戦後の1947年に国有化された。とはいえ，国有化以前はもとより，国有化以後も，賃金，労働諸条件はエリア，炭鉱などによって，かなりに異なっていた。例えば，早い話，炭鉱労働者の出来高賃金制が日給制に切り替えられ，賃金の平準化への重要な一歩を踏み出したのは，やっと1966年であった[10]。賃金の平準化には二つの契機，すなわち，この日給制への切り替えと，次に述べるNPLAが大きかった。

この1966年，いま一つ重要な協定が成立した。NPLA（The National Power

Loading Agreement）と呼ばれる全国協定の成立である。切羽における石炭の動力積込機オペレーターを対象とした全国協定である[11]。ただし，全国協定は成立しても，すぐに全国的に賃金率が統一されたわけではなかった。しかし，協定成立6年後の1972年には全国一律の賃金率が実現した。表1-11は，地区別の動力積込機オペレーターの賃金率とその変化を示したものである。1966年6月の賃金率は，その後の改定をつうじて何度か調整されていき，最終的には1972年に共通の賃金率に統一されたことが分かる。

この協定のもう一つの重要な意義は，この全国協定の成立をつうじて，賃金交渉について，ピット・レベル，エリア・レベルの交渉のウエイトが低下し，全国交渉のウエイトが決定的に重要となったことである。別に言いかえれば，NECの権限の決定的強化を意味した。

しかし，同時に逆説的ではあるが，この全国協定以来，NECはピット・レベルとのよい緊密なリンク――エリアの組合を脇に追いやり（by-pass），ヨークシャーのようなエリアでは非公式グループを復活させ――を必要とするに至った。また，ピット・レベルでは，賃金交渉に代わって，仕事のやり方（methods of work）――その一環としての重要事項は安全問題であった――に関することが，経営側の意思決定への組合員（rank and file）の影響力を行使できる基本事項に据えられた。

そうした1960年代以降の闘争をつうじ，戦闘性を強化したNUMは，権限を強化したNECの指導のもとで，やがて1972年および74年の争議へと至る。

（3）1972年，74年争議，割増賃金制をめぐる闘争

1972年争議

1972年1月9日，NUMは，1926年の炭鉱労働者のゼネ・スト以来，初めて

---

10) 前掲Allen, V.L.書，87～89頁に詳しい。もっとも誤解のないように言えば，それ以前に日給制の労働者が全くいなかったわけではない。NCB調べによれば，1955年当時，日給者は約29万5,000人，出来高払制の労働者は約23万5,000人で，前者のほうが数は多かった。この点は前掲McCormick, B.J.書，77頁による。
11) 以下，NPLAについては，前掲McCormick, B.J.書，125～129頁による。

表1-11 地域別の動力積込機オペレーター賃金率の変化

(1966〜1972年)

Wages district	June 1966 Rate £	Nov 67 £	Nov 67 %	Nov 68 £	Nov 68 %	Increase Nov 69 £	Increase Nov 69 %	Nov 70 £	Nov 70 %	Dec 71 (Parity) £	Dec 71 (Parity) %	1972 Rates £
Scotland												
Durham												
Cumberland	22.50	0.55	2.4	0.60	2.6	1.20	5.1	2.37½	9.6	2.77½	10.2	30.00
N. Wales												
S. Wales												
S. Staffs & Shropshire	22.50	1.10	4.9	0.75	3.2	1.20	4.9	2.37½	9.3	2.07½	7.4	30.00
N. Staffs	23.07½	0.82½	3.6	0.75	3.1	1.20	4.9	2.37½	9.2	1.77½	6.3	30.00
Cannock	23.85	0.50	2.1	0.50	2.1	1.20	4.8	2.37½	9.1	1.57½	5.5	30.00
Northumberland	24.30	0.42½	1.7	0.42½	1.7	1.20	4.8	2.37½	9.0	1.27½	4.4	30.00
Leicestershire	23.77½	0.90	3.8	0.75	3.0	1.20	4.7	2.37½	8.9	1.00	3.4	30.00
Yorkshire	24.75	0.40	1.6	0.40	1.6	1.20	4.7	2.37½	8.9	0.87½	3.0	30.00
Warwickshire	24.95	0.40	1.6	0.40	1.6	1.20	4.7	2.37½	8.8	0.67½	2.3	30.00
S. Derbyshire	24.92½	0.42½	1.7	0.42½	1.7	1.20	4.7	2.37½	8.8	0.65	2.2	30.00
Lancs & N. Derbyshire	25.32½	0.35	1.4	0.35	1.4	1.20	4.6	2.37½	8.7	0.40	1.4	30.00
Notts	26.02½	0.30	1.2	0.30	1.1	1.00	3.8	2.37½	8.6	−	−	30.00
Kent	26.82½	0.17½	0.7	0.17½	0.6	0.45	1.7	2.37½	8.6	−	−	30.00

出所) NCB調べ。ただし、McCormick, B.J. (1979), *Industrial Relations in the Coal Industry* (The Macmillan Press), 127頁による。

の全国ストライキに突入した。要求は賃金引き上げであり、最低賃率では週26ポンドを要求していた。なお、1971年の年次大会で、全国投票にあたって、それまでの3分の2から、55%を得ればストライキを実施できるよう改定されていた。この72年の全国ストライキは、賛成58.8%、反対41.2%で、賛成票が僅差で55%を上回った。

時に、ストライキ開始前の石炭備蓄量は前年より多かったが、発電所でのピケッティングが燃料の流れを止めた。さらに、移動ピケ隊 (flying picket) が、ヨークシャーを中心に効果的に組織された[12]。アーサー・スカーギルが当時33歳の若さながら、がぜん頭角を現わしたのは、この1972年の争議、とりわけピケッティング戦術の駆使をつうじてであった[13]。

このストライキは，2月28日の生産再開まで50日続いた。そして，NUM側は，賃上げ要求を完全獲得し，5日間の特別個人休暇などをはじめ，大幅な譲歩をかちとり，96％という圧倒的な受諾賛成投票をもって，勝利のうちに幕を閉じたのであった。

1974年争議

1974年の争議も賃金争議であった[14]。すでに，1972年の争議を経験したNUMは，80.99％という高率のストライキ賛成票を得たが，行動は慎重であった。一つには，時の保守党ヒース政権が，NUMに対し，"アカ攻撃"を含んだ強固な態度で臨んだことも手伝って，72年の争議以上に政治色の濃い争議となったからであった。

NUMは，74年2月9日からのストライキ突入を予告した。ところが，2月7日，エドワード・ヒース首相は，2月28日に総選挙を行うと発表した。"誰が，イギリスを支配しているか"（"Who Governs Britain?"），ヒース首相はそれを国民に問うとして総選挙に打って出た。こうして，事態はたんに政治がらみというよりは政権を争う選挙がらみとなった。スライキそのものは，別に政治的に動機づけられたものではなかったが，保守党ヒース政権によって政治的に意味づけられたのである。

この総選挙によってストライキの通常の実施が妨げられ，NCBとNUMの交渉も進まなかった。選挙結果は労働党301，保守党296，自由党14，その他23となり，保守党ヒース政権は崩壊し，労働党ウイルソン政権が誕生した。この選挙ののち再開された労使交渉で，組合要求に近い線で妥結に至った。

12）Allen ,V.L. 書191頁によれば，移動ピケ隊は，1955年以来，ヨークシャーで非公認ストライキの際に採用されていたという。ただ，当時は人の移動手段としての自動車の普及がまだ十分ではなかったが，1972年争議の頃は自動車が十分に普及しており，移動には有効に使われたという。
13）前掲Allen書，189～191頁。なお，1972年争議についても同書が詳しい。
14）前掲Allen書，240頁以下。
　　なお，鈴木ふみ（1974）「1973,74年のイギリス炭鉱ストとヒース政権の敗北」（所収，労働運動史研究会編『労働運動の新段階』労働旬報社）は，日本における数少ない研究論文である。

結局，保守党ヒース政権は，コール・マイナーズとの"政治的対決"において敗れたのであった。しかし，これ以来，保守党にとって，NUMは"宿命的な敵"と見なされるに至ったといっても過言ではない。そのことは，1976年4月に誕生したジェームズ・キャラハン（Leonard James Callanghan）労働党政権下では顕在化しなかった。だが，労働党政権とTUCなど労働組合によって，"イギリス病"対策の一環として行われた"社会契約"が失敗に帰したことを一つの重要な契機としつつ，マネタリズムの採用と労使関係改革を掲げた保守党が，1979年の総選挙で勝利したことによって，"宿命的な敵"との"対決"は，早晩，顕在化する成り行きにあった[15]。

そうした"顕在化"＝"1984～85年の炭鉱争議"に進む前に，なお考察しておかなければならないことがある。1977年末に導入された割増賃金制とその影響，NUMにおけるリーダーシップ問題などが，以下の考察課題である。

割増賃金制の導入とその影響

1977年末に導入された割増賃金制（incentive scheme）は，NCBによって1960年代末から検討されてきたものであるが，それは生産性と賃金との結びつけ方において重要な意味を持つものであった。1974年のNCBから提案された際の内容は，以下のようなものであった[16]。

まず，各々の切羽において標準課業（a standard task）を設定することから始まる。そして，その75％が基本的課業（basic task）とされた。割増賃金は，あるマイナーが標準課業を100％達成した時，2ポンド50ペンスの付加給を支給される。そのことは，切羽労働者にとって，週45ポンドの基本賃率に加えて，

---

15) 1970年代後半，労働党政権による物価・賃金政策，経済政策などの展開と結末については，A. グリン，J. ハリスン共著／平井規之訳（1982）『イギリス病』（新評論）で実証的に述べている。

16) 以下，前掲Allen書273頁による。ここに示された金額は，1974年当時のNCB提案の金額である。77年には，考え方は同様でも金額は改定されていた。
　なお，割増賃金制を出来高給の復活として捉え，その算定方法や支給水準を解明し，機械化との関連を論究したものとして，木村牧郎（2005）「機械化の進展と雇用・労務管理の変化――イギリス石炭産業の事例」（名古屋市立大学『オイコノミカ』第42巻第2号）がある。

週12ポンド50ペンスの付加給を得ることを可能にした。そうした割増賃金比率は，他の地下で働く労働者および地上で働く労働者にも適用されるというものである。

　この提案は，NEC内部で，ノッティンガムシャーを始めとする優良鉱のエリアと他の諸エリアとの利害関係の相違を反映し，重大な意見の対立をもたらす結果となった。

　「割増賃金制に反対する全国執行委員会のメンバーらは，自分の炭鉱エリアだけでなく，伝統的な右派のエリアにまで，きわめて強力なキャンペーンを開始した。利益のあがらないサウス・ウエールズおよびスコットランドの炭鉱エリアでは，割増賃金制からは何も得られなかった。ヨークシャーは，NPLAによって，ヨークシャー内部における統一および他の炭鉱エリアのマイナーらとの連帯をもつくり上げたとの理解に立って，割増賃金制に反対した。過半数が，割増賃金制に賛成している利益のあがる炭鉱エリアといえども，その賛成がいつも揺るぎないとはいえなかった[17]」。

　上記の記述は1977年当時の事態についてであるが，1974年のNCB提案後，事態は組合内部の対立のもと紆余曲折をたどった。しかも，イギリス産業の生産性停滞を打破したいキャラハン労働党政権の意向も働いたと言われている。結局，エリア的対立が解消できないまま，ジョー・ゴムレイ（Joe Gormley）NUM委員長が率いる当時のNECは，割増賃金制の導入を決めた。

　だが，これを契機に，エリア間対立を反映したNEC内部における左右対立は深まった。割増賃金制は，エリア間の賃金格差問題だけでなく，エリア間の対立自体を深め，NUMにおけるリーダーシップをめぐる問題に深刻な影響を及ぼした。こうした割増賃金制の導入とその結果として強まったエリア間対立は，1984〜85年の炭鉱争議におけるストライキング・マイナーズ・エリアとワーキング・マイナーズ・エリアとの併存，対立の遠因となったものとして見逃すことができない。

---

17) 前掲 McCormick書，230頁。

（4）エリア間の運動路線上の相異

　エリア間の運動路線上の相異とリーダーシップについては，炭鉱争議の過程できわめて鮮明になった。もちろん，それは前からあった相異が争議過程で一層，鮮明化し，顕在化したものである。その問題に入る前に，先に掲げた表1-10　各エリア別組合員数とNECの構成メンバー数を参照されたい（59頁）。これによって，以下に述べる各エリアの組合員数の分布状況が分かるであろう。

　ところで，NUMの戦闘的左派を代表するエリアといえば，スコットランド，サウス・ウエールズ，ヨークシャー，ノース・ダービシャー，それに数は少ないがケント・エリアである。このうち，アーサー・スカーギルNUM委員長の出身エリアであるヨークシャーは，1960年代から70年代にかけて，右派のリーダーシップから左派のリーダーシップへと実権が移っていった。

　スコットランド，サウス・ウエールズ，ケントはコミュニストの影響力の強いエリアとして知られている。ヨークシャーは，コミュニストおよび労働党の戦闘的左派が分けがたく入りまじっていると言われている。ノース・ダービシャーは，労働党左派の領袖，トニー・ベンの選挙区がそこにあることも手伝って，労働党左派の影響力が強い。

　次に，NUMの右派を代表するエリアと言えば，何といってもノッティンガムシャー，それにレスターシャーおよびイギリス北西部に位置し，表1-10ではNorth Westernの中にくくられているランカシャーなどである。

　表1-10の組合員数でみると，ヨークシャーが最も多い約64,000人，ついでノッティンガムシャー約34,000人であるが，左派のヨークシャー，サウス・ウエールズ，スコットランドだけで約106,000人，右派のノッティンガムシャーとレスターシャーが約38,000人で，組合員数では左派がかなり上回っている。

　こうしたエリア別の違いがなぜ生じているかは，一概には言えない。いくつかの複合的要素によって相異が生じているとしか言いようがないし，また状況はヨークシャーのように時によって可変的でもある。右派が支配的なエリアは炭鉱としても優良であり，良質の石炭を多く産出できること，近代的な坑法の導入にともない，生産性も高いことが指摘されている。もっとも，それにはNCBの投資がこれらエリアに偏重しているなど政策的要素も作用していると考えられる。それに加えて，前に述べた割増賃金制のエリア別効能の相異，エリ

アの組合自体の歴史的経緯，エリア組織におけるリーダーシップなどが複合的に絡み合って相異が生じている。ここでは，その程度の指摘に留めておく。

では，以上に述べたNUMの60〜70年代の闘争およびNUMエリア間の運動路線上の相異を念頭に置きつつ，以下，NUMにおけるトップのリーダーシップについて考察しよう。

(5) NUMにおけるリーダーシップ問題

NUMにおけるリーダーシップの問題は，つまるところ，NECにおける委員長，書記長問題に集約されて現われる。

NUM規約によれば，委員長（President）と書記長（General Secretary）が地位・権限において重要な職にあるが，もちろん委員長の地位・権限が上位にある。副委員長（Vice President）も規約上，設けられているが，その任務についての具体的規定はない。なお，委員長が，ひとたび選挙で選ばれると終身職であることは第1章2で述べた[18]。

アーサー・スカーギルNUM委員長の前は，ジョー・ゴムレイ委員長であった。ジョー・ゴムレイは，ノース・ウエスターン（North Western）エリアのランカシャー出身で，エリアの書記長を務めたあと，1971年のNUM年次大会で委員長に選ばれ，1982年の大会まで委員長職にあった。したがって，先に述べた1972年と74年の争議および1977年の割増賃金制の導入は，ジョー・ゴムレイ委員長のもとで行われた。

1971年の委員長選挙で，委員長の座を争ったのは，スコットランド出身でイギリス共産党幹部として名を知られていたミック・マクガーヒイ（Mick McGahey）であった。この選挙では，ジョー・ゴムレイが，117,663票のうち92,883票という圧倒的な票を獲得して委員長に当選した[19]。

その後，1973年，ミック・マクガーヒイは副委員長に選ばれた。ところ

---

18) なお，1984年の労働組合法で，5年ごとの再選挙を義務づけたことについても，そこで述べた。
19) 前掲Eaton, J. & C. Gill書による。以下の叙述も，とくに断わらないかぎり，同書によっている。

が，1978年，NUM年次大会では，それまで60歳以上は全国およびエリアの組合役員選挙への立候補資格がないとする年齢制限を55歳以上に引き下げる旨，規約を変更した[20]。この規約変更当時，ミック・マクガーヒイは53歳であり，ジョー・ゴムレイ委員長が2年以内に辞めないかぎり，委員長候補にはなれないことを意味していた。

この規約変更前，ミック・マクガーヒイは，左派の唯一の候補としてか，あるいはおそらくは（possibly），アーサー・スカーギルと競合してか，いずれにせよ委員長選挙に出るであろうと言われていた[21]。

この規約変更のあと，ミック・マクガーヒイは，NUM委員長選挙におけるアーサー・スカーギルの"king maker"の一人となった。さらに，1980年，ミック・マクガーヒイが，TUC一般評議会（General Council）の「席」を得るチャンスに恵まれた時，ジョー・ゴムレイの票により否決されたことを契機に，アーサー・スカーギルとミック・マクガーヒイをして結びつけるよう推進する左派の力が一層，働いたと言われている[22]。こうして，アーサー・スカーギルが，1981年末の委員長選挙に立候補して当選し，1982年の年次大会から委員長に就任する以前，NUM左派はすでに結束を固めていた。

そこで，話を1984～85年炭鉱争議におけるNUM側の最高指導者であるアーサー・スカーギルに移し，NUM委員長になるまでの経歴を簡潔に追ってみよう。

---

20) この規約変更はCrick, Michael (1985), *Scargill and the Miners* (Penguin Books) によれば，次のような理由によるという（79頁）。当時，NUMは60歳早期退職制を要求していた。そして，組合内では60歳退職を一つのオプションとして認めていた。ところが，55歳以上で役職に就いて60歳で退職した場合，年金保険料5年分払い込みの必要性を充たさないではないかというのが規約変更の理由であった。公式の理由は，これ以上には明らかではない。
21) 前掲Click, M. 書，79頁。さらに同書によれば，多くのNUM右派の指導者らは，ジョー・ゴムレイが急いで規約変更を進めることは，NUM左派におけるミック・マクガーヒイの主要なライバルであるアーサー・スカーギルに出番を与えることになるとして容認しなかったという。実際，年齢制限によって，右派指導者の中でも予期しない人の入れ替えが生じた（79～80頁）。
22) 前掲Eaton, J. & C. Gill書，31頁。もっとも，それ以前から，スコットランド，サウス・ウエールズ，ヨークシャーなどで左派の連携が進んでいた。

3 アーサー・スカーギルNUM委員長

　アーサー・スカーギルは1938年1月11日生まれ，1982年，NUM委員長に就任した時はまだ43歳の若さであった[23]。以後，20年にわたりNUM委員長として活動し，2002年に65歳でリタイアーし，名誉委員長（Honorary President）となっている[24]。

　彼が生まれたところは，サウス・ヨークシャーにあるバーンズレイ（Barnsley）[25]の南2マイルの小さな村であった。彼の父親は同じく炭坑夫であった。コミュニストであり，組合の活動家でもあったが，組合の役職に就いたことはなかった。

　アーサー・スカーギルは，15歳で中等学校（secondary school）を卒業したあと，バーンズレイの北側にあるウーリィ炭鉱（Woolley Colliery）に入った。1955年，彼は労働党に加入しようと思い，手紙を出したが返事がなかった。怒った彼は，共産党の機関紙 The Daily Worker に手紙を出したあと，1955年3月31日，バーンズレイの青年共産主義者同盟（the Barnsley Young Communist League, YCL）に入った。それからしばらく，彼のYCLでの活動が続く。やがて，ヨークシャー・エリアでのYCL議長となり，同時に反核キャンペーン組織（CND）の議長にも選ばれた。この当時，共産党の党学校などにも積極的に出席し，勉強した。彼の理論的基礎的素養は，この頃のYCLおよび党学校などで得られたと言われる。

　1962年後半か1963年，彼はYCLを離れた。その理由は諸説あるが，どれが正

---

23) 以下，主として前掲Crick, Michael書による。
24) 2002年にリタイアーし，名誉委員長となったことについては，NUMのウェブサイト http://www.num.org.ukによる。
25) このバーンズレイには，労働者教育のためのカレッジとして，Ruskin College（Oxford）などとともに有名なNorthern Collegeがある。そこでは，各種の労働者教育を行っている。NUMはもちろん，多くの組合から受講生が参加している。私自身，1985年5月9日，訪問の機会を得て，そこにいたNUMの若い組合員らと話をし，また講義を聞くことができた。

しいかは定かではない。また彼が、当時、共産党員であったという説、否定説もあるが、これもここでは決着がつけがたい[26]。それはともかくとして、では眼をNUMにおける彼の活動に転じよう。

　NUMヨークシャー・ウーリィ支部は右派勢力の強い支部であり、アーサー・スカーギルは初めは役職から排除されていた。だが、やがて支部委員会のメンバーに加わり、1964年には支部代議員にも選ばれた。ウーリィ支部代議員として、彼が初めてNUM全国大会で発言の機会を得たのは、1966年2月の臨時大会においてであった。当時の労働党政権による石炭産業の縮小政策を黙認するNECを追及し、ピット閉鎖に反対する発言であった。1966年7月の全国大会で、彼は代議員として二回目の発言を行った。ピット閉鎖に反対し、石炭産業を復興させなければ、多くの若者が去ってしまうと訴えた。この彼の発言は、代議員に大きなインパクトを与えた。

　こうして、スカーギルは、NUM左派の中でしだいに頭角を現わし始めた。1967年、ヨークシャー左派の人たちは、バーンズレイ・マイナーズ・フォーラム（Barnsley Miners' Forum）を結成した。この組織はアーサー・スカーギルの発案で、彼がそこの書記（Secretary）となった。その集会には、全国的なNUM左派の指導者たちがスピーカーとして招かれた。例えば、ミック・マクガーヒイ（スコットランド）、ローレンス・ダリィ[27]、その他、ウエールス、ケントなどの左派指導者たちであった。ということは、すでにこの頃、スコットランド、ウエールス、ケントなどの左派リーダーたちと連携がとれていたことを意味していた。

　アーサー・スカーギルが、真に頭角を現わしたのは1972年の争議であった。ストライキが始まった時、ヨークシャーNUMの委員長、書記長は病気で十分働けず、副委員長はリーダーシップをとる能力を十分には持たなかった。他

---

26) 現在〔1985年5月〕でも、彼が"非公然"のコミュニストだという説と労働党員だという説（後者のほうが証拠を挙げているが）とがある。これも、ここでは決着がつけがたい。
27) ローレンス・ダリィ（Lawrence Daly）はスコットランド出身で、年齢および活動歴はアーサー・スカーギルより古く、1968年にNUM書記長に選ばれ、アーサー・スカーギルがNUM委員長に選出された時も書記長であった。前掲Allen書、Eaton, J. & C.Gill書などによる。

表1-12　1981年のNUM委員長選挙結果

候補者	役職	得票数	%
Arthur Scargill	Yorks, President	138,803	70.3
Trevor Bell	COSA, Gen.Sec.	34,705	17.3
Ray Chadburn	Notts., President	17,979	9.1
Bernard Donaghy	Lancs, President	6,442	3.3

出所）*The Yorkshire Miners*, Jan 1982. ただし、以下の論文（16頁）による。Campbell, Adrian and Malcolm Warner (1985), *Changes in the Balance of Power in the British Mineworkers' Union: An Analysis of National Top-Office Elections 1974-84*, in *British Journal of Industrial Relations* ,Vol.23, No.1.

の役員も死亡したり、すでに退職したり、とにかく指導力にこと欠いていた。ヨークシャーの左派の組合員らは、そうした指導の空白を埋め、ストライキ中の方向づけを与える人および組織を求めていた。そうした中で、ウーリィ支部の代議員であるアーサー・スカーギルは際立っていた。この争議で、彼は疑いもなく、ピケットのコントロールなどで卓越した力を発揮し、優れた資質の持ち主として知られるようになった[28]。

こののち、アーサー・スカーギルは、まさに全国的に知られた存在となっただけでなく、ヨークシャーのリーダーシップを左派へ転換させた立役者となった。1973年、アーサー・スカーギルは35歳の若さで、ヨークシャーNUMの委員長に選出された。続く書記長選挙などでも左派候補者が勝利し、ヨークシャーNUMのリーダーシップはいまや完全に左派が掌握した。

6万人以上というNUMエリア組織で最多の組合員数を擁するヨークシャーでの左派リーダーシップの確立は、他のエリアにおける左派との連携をつうじて、NECにも波及し、NEC内部における左派の進出を推進する原動力となった。先に述べた、1973年におけるミック・マクガーヒイの副委員長への当選はそのシンボル的意味を持っていた。

だが、そこでアーサー・スカーギルにとって幸運な意味を持つのが、1978年の規約改定——役員立候補資格年齢の60歳以上から55歳以上への引き下げ——

28）前掲Allen書、189頁。

であった。これによって，ミック・マクガーヒイは委員長への可能性を絶たれた。しかも，左派の全国的連携はかつてなく強まっていた。その結果，左派からの委員長候補はいまや，アーサー・スカーギル一人になった。

ジョー・ゴムレイ委員長の引退にともなう1981年末の委員長選挙の結果は，表1-12のとおりである。アーサー・スカーギルは，他の三人の右派候補を断然引き離し，197,299票のうち138,803票，全体の70.3％を占めて圧勝し，委員長に選出された[29]。時に43歳であった。1982年年次大会から，彼はNUM委員長に就任したが，このことはNUMにおける左派リーダーシップの確立，つまり左派がNUMの主流派になったことを象徴する意味を持っていた。この翌年の1983年，NUMは本部をロンドンからヨークシャーの中心都市シェフィールドに移し，より一層，生産現場の組合員（rank and file）に密着した組合に，"remodel"することを目指した[30]。

ヨークシャーなまりのある英語で，しかし立て板に水のごとく理路整然としゃべりまくり，アジテーションの実にうまい彼の演説を聞いて，組合員らは"カリスマ的魅力"を感じたに違いない。しかも従来のユニオン・リーダーと違って，テレビなどマス・メディアにもよくマッチしており，一般大衆の支持を引きつけることができた。また，イギリスの歴史における伝説の英雄，アーサー王にちなんで，彼はしばしば"King Authur"と呼ばれ，自らもそれを好んだと言われている[31]。

---

29) なお，1981年のNUM委員長選挙および1984年の書記長選挙（当選したのは，前ダービーシャー・エリア委員長のピーター・ヒースフィールド，Peter Heathfield）の事例を中心に，NUMにおける「力のバランス」の変化を研究した文献としては次のものがある。それによっても，1981年委員長選挙の分析結論は，NUM内外の歴史的諸要因の複合結果として理解されている。Campbell, Adrian and Malcolm Warner (1985), *Changes in the Balance of Power in the British Mineworkers' Union:An Analysis of National Top-Office Elections 1974-84, in British Journal of Industrial Relations*, Vol.23, No.1.

30) もっとも，彼の意図はともかく，1982年および83年の賃上げ闘争の際，ストライキ行動についての全国投票で，賛成票がストライキ実施に必要な55％に達せず，闘争は後退を余儀なくされた。ただ，これで左派のリーダーシップがゆらいだわけではなかった。

31) この点，参照。Routledge, Paul (1993), *SCARGILL: The Unauthorized Biography* (Harper Collins Publishers)，29，96頁。
　実際，ロンドンで支援資金カンパを訴えているNUM組合員らが，彼を"King Authur"と呼んでいるのを聞いたことが何度かあった。

アーサー・スカーギルは，1984年の炭鉱争議が始まると一躍，時の人となり，一方の英雄的存在となった。彼を反サッチャーの象徴的存在として，自己を投影したイギリスの労働者，勤労国民諸階層も多かったに違いない。それほど大きな存在となった。

反対に，そうした彼を指導者に持つに至ったNUMは，サッチャー政権の政策の貫徹に真っ向から対峙する存在として，保守党サッチャー政権の側からすれば，もはや我慢のならない存在でもあった。

4 再び，良好なタイミングの到来について

サッチャー政権，石炭庁（NCB）にとって，自分たちの選択した土俵の上で，もちろん有利な条件を整備しつつ，一気に攻撃に転じる良好なタイミングの到来が必要であった。この点，本書第1章および第2章で考察した。だが，ここで，これまでの考察とそれへの補足を含みつつ，イギリス炭鉱争議（1984〜85年）の前提的枠組的条件，歴史的背景のまとめの意味で，再び論じておくことにしよう。

第一に，イギリス経済の立て直し，再活性化の一環としての国有化産業政策は，1960年代終わりの保守党政権以来，造船，自動車をはじめ手がけられてきたが，とくにサッチャー政権下で，ブリティッシュ・レイランド（BL），鉄鋼，ドックなど急速な産業合理化が推進された。また，公務部門（public service）でも，予算カット，キャッシュ・リミット（cash limit）を有効に使った人員削減，あるいはレイト・キャッピング（rate-capping）などが進められた[32]。そうした中で，石炭産業は，エネルギー政策との関連において，遅れていた産業合理化を急いで進めなければならない産業として位置づけられた。

第二に，そのことと労働組合弱体化政策との関わりである。経済不況，失業

---

32) 簡単に言えば，キャッシュ・リミットは公共投資の支出削減策の一種であり，レイト・キャッピングは地方税の上限規制による収入面の規制策である。

者増大の中で，労働組合員数も減少した。

　サッチャー政権下の労使関係政策の展開は，ただでさえ後退を余儀なくされていた労働組合に対し，確かに有効な法的措置となり，自発的行動（voluntary action）は著しく制限されることになった。例えば，マス・ピケッティングの警察隊による抑圧，組合資産の裁判をつうじた凍結などは，炭鉱争議に先立つ1983年のNGA（National Graphical Association，全国印刷工組合）争議[33]でほとんど発動済みであり，炭鉱争議が初めてではなかった。

　加えて，GCHQ（The Government Communication Headquarters，政府通信本部）における組合承認問題では，政府の認めない組合を断固禁止し，TUCや公務員組合などの強硬な反対を押し切り，ILOの批判を受けてもなお禁止方針をあくまで貫いた[34]。このことも含め，労働組合弱体化政策は強硬に実施されていた。

　第三に，そうした労働組合弱体化政策との関係に，石炭およびNUM対策という特有な事情がからまっていた。すでに述べたように，イワン・マクレガーという労働組合抑圧では練達の実業家を鉄鋼公社総裁からNCB総裁に据え，"人"を得た。そして，春から夏へと石炭需要が落ちこみ，石炭備蓄にとって最も都合の良い時期が選ばれた。

---

33) NGA争議（いわゆるthe Messenger Dispute）は，現在〔1985年5月〕も続いている。なお，"graphic"ないし"graphical"は，新聞では「図版作成」に関わる用語であるが，新技術の普及によって，それは印刷産業の中に位置づけられている。それ故，訳語も「印刷工」とした。
　NGA争議を含めた印刷工組合の歴史に関する研究書として，Gennard, John（1990），*A History of the National Graphical Association*（London: Unwin Hyman）がある。日本では，小島弘信（1985）「労使紛争と労働法」（『日本労働協会雑誌』5月号，第312号）で，NGA争議が紹介されている。

34) GCHQは電波傍受・解読を行う情報機関でイギリス外務省に属する機関であるが，1984年1月，イギリス政府は，その機関の中の組合員に対し，組合を抜けるかあるいは他の外部の組合に移ることを希望するか，そのどちらかを3月1日までに選択しない場合は解雇すること，GCHQの職員は政府が承認する職員組合（a staff association）以外への加盟は認めないと発表した。以後，GCHQにおける団結権，結社の自由の問題が浮上した（TUC, *Report* 1984による）。
　ちなみに，当時のレン・マレー（Len Murray）TUC書記長が，1984年9月の大会を最後に，任期を残しつつ，辞めたのは，実はGCHQ問題で勝利できなかった責任を感じての辞職だと言われている（新聞報道による）。

その攻撃にあたり，NUMの出方などは1972年争議以来，すでに熟知し，研究済みのことであり，労使関係法制およびリドレイ・プランなどをつうじて対策が打たれた。法的規制をともなったTUCなどの支援・連帯の弱さ，また実際，NUMとTUCのあまり良くない関係も周知のことであった。

　第四に，1974年の炭鉱争議すなわち保守党ヒース政権時代と決定的に異なる，もう一つの枢要な問題は，1975年に生産を開始した北海油田の存在である[35]。仮に，石炭備蓄が足りなくなっても，石油が国際的にだぶついている折でもあり，そのうえ，サッチャー政権は北海油田というエネルギー上の有力な武器を手中にしていた。

　第五に，北海油田とともに，サッチャー首相にとっての"強運"ともいうべき，一連の出来事があった。1981年，チャールズ皇太子とダイアナ妃との結婚（王室ブーム），1982年における"フォークランド紛争"におけるイギリスの勝利（強いイギリス）であった。国内経済が依然として停滞し，高失業が続いていたとはいえ，そうした"出来事は"，「ナショナリズム」を一気に高揚させ，1983年の総選挙で，世論調査を覆し，サッチャー保守党政権が地滑り的な大勝利をおさめた要因ともなった[36]。

　サッチャー政権は，自分たちの選択した土俵上で，すでに十分な準備と有利な条件を整えていた。しかも，ことは賃上げではなく，ピット閉鎖であった。この争議以前にも，すでに一大"合理化"の噂は流されており，しかもピット閉鎖がエリアによってかなり異なることもすでに明らかになりつつあった。

---

35) この点，本書第2章〔元の連載（2）〕におけるエネルギー問題の考察では，まだ私自身，炭鉱争議との関係における北海油田の存在の重要な意味について全く留意が不足していた。1985年5月8日，元ウォーリック大学教授，ロイドン・ハリスン（Royden J. Harrison）氏（シェフィールド在住）へのインタビューをつうじ，この点の重要性を教えられた。

36) ここに挙げた二つの"強運"は，北海油田と合わせ，"いくつかの偶然と幸運"として，すでに指摘されている。当面のテーマには外在的ではあるが，歴史では，そうした外在的要素との関わりへの着目も重要であろう。山崎勇治『石炭で栄え滅んだ大英帝国－産業革命からサッチャー改革まで』（ミネルヴァ書房，2008年），194～195頁。
　前掲『サッチャー回顧録（上）』でも，フォークランド戦争について，「フォークランド戦争が意味するところはとても大きかった。イギリスの自信にとっても，われわれの世界における立場にとってもである」と述べている（218頁）。

NUMエリア間の違いがこれに加わり，NUM内部の足並みは乱れていた。石炭産業の"合理化"遂行，そのためにもアーサー・スカーギルを最高指導者とするNUM，戦闘的左派のリーダーシップとの対決はもはや不可避であった。

　時は完全に熟した。1984年3月6日，NCBによる当面1年間の"合理化案"が提示された。NUMはエリアのストライキを先行させつつ，全国ストライキへと進み，ここに歴史的大争議が始まった。その追跡が，以下の課題である。

第2部
イギリスの炭鉱争議（1984〜85年）
＝発生，展開，終焉

第4章

全国ストライキ突入，労使交渉の重大な決裂
（1984年3月～84年10月）

はじめに
1　イギリス炭鉱争議（1984～85年）をめぐる時期区分
2　石炭庁（NCB）の"合理化案"とNUMの全国ストライキ突入
3　ピケッティング，移動警察隊，裁判所の禁止命令
4　他組合の支援，連帯問題（3～4月）
5　NCBとNUMの話し合い決裂（1984年7月）
6　ワーキング・マイナーズの動向
7　二度にわたる全国ドック・ストライキ
8　TUC年次大会（1984年，ブライトン）
9　NCBとNACODSの合意，NCBとNUMの決定的決裂（1984年10月）

はじめに

　本書では，第1部　イギリスの炭鉱争議（1984～85年）＝発生前史として，主として1984～85年の炭鉱争議発生前の事態を中心に第1部を構成し，これまで第1章から第3章まで考察してきた。そうした，これまでの考察を前提にして，第2部　イギリスの炭鉱争議（1984～85年）＝発生，展開，終焉として，いよいよ，これから1984～85年の炭鉱争議を追跡していくことにする。
　その争議追跡の方法は，大きく分けて二つである。第一に，争議の時系列的な追跡であり，争議の時期区分と関わって，これが以下の各章構成および叙述の基本に据えられる。第二に，争議過程で生じた争点ないし論点についての考察である。第4章～第7章の争議過程における争点ないし論点についての叙述は，主として，その争点ないし論点が，当面する争議の展開において，どうい

う意味を持ち，争議にどう影響したかを中心に取り上げ，そのかぎりで考察を行うこととする。そうした第4章〜第7章を経て，第8章でもう一度，まとめて総括的に整理することを行いたい。

なお，争議の考察にあたり，できるかぎり典拠資料を掲げることにする。ただ，これまでもそうであるが，本論でとくに典拠資料を示さないで事実経過を書いている場合には，*The Times, The Guardian, Financial Times* のいずれか，またはその3紙の記事によっていることをあらかじめ，お断わりしておきたい。

1　イギリス炭鉱争議(1984〜85年)をめぐる時期区分

1984〜85年の炭鉱争議については，以下のように時系列的な時期区分を行うこととする。その根拠は，それぞれの時期区分におけるタイトルに表記されている。大きく，四つの時期に分けることにしたい。

（1）全国ストライキ突入，労使交渉の重大な決裂（1984年3月〜84年10月）

この時期は，争議の発生および展開過程（その1）であり，1984年3月から始まり，労使交渉が1984年10月に行われ，NCBとNACODSの間では合意したが，NCBとNUMの間では決定的な決裂に至る時期である。

（2）労使交渉の決裂から1984年末まで（1984年11月〜12月）

この時期は争議の展開過程（その2）であり，労使交渉の決裂から1984年年末までの時期である。

（3）ワーキング・マイナーズの増大とストライキ中止，職場復帰(1985年1月〜3月)

この時期は，争議の展開過程（その3）とストライキの中止までであり，ストライキ終結という意味で炭鉱争議が終結した時期までである。

（4）ストライキ中止，85年7月のNUM年次大会（1985年3月〜85年7月）

この時期は，全国ストライキ中止後，1985年7月のNUM年次大会までであり，

争議終結後の事態収拾の時期を意味している。

　もっとも，争議がいつ終わったかを時期的に確定するのは，どの争議であれ，異論なく簡単に確定できる場合もあるが，そうでない場合のほうがむしろ多い。本書では，1985年のストライキ中止，職場復帰をもって，争議の終結として一応，確定しておきたい。ただ，その後の賃金交渉の妥結や無期限残業拒否の解除など，この争議に関わる事態収拾的な事柄がいくつか残されていた。そして，1985年7月のNUM年次大会で，この争議の総括が行われた。そのあと，85年10月，NUMが分裂し，UDMが結成された。したがって，この第2部のタイトルは，イギリスの炭鉱争議（1984～85年）＝発生，展開，終焉とし，その85年10月あたりまでの時期をイギリスの炭鉱争議（1984～85年）として，以下，追跡することにしたい[1]。

---

1) 日本人研究者によるイギリス炭鉱争議（1984～85年）に関する一冊のまとまった本はない。ただ，イギリス炭鉱争議に関する論文は，ルポルタージュ風のものを含め，数多くある。ここでは，それぞれにコメントすることはせず，列挙するに留める。なお，第1章注(1)の内藤論文，大津論文はここでは省略する。
　　風間龍（1985）「358日間のイギリス炭鉱ストライキについて」（関東学院大学経済学会『経済系』第144集）
　　小島弘信（1984）「戦後最長となった炭鉱ストとその背景」（日本労働協会『日本労働協会雑誌』第303号，7月号）
　　坂口明（1985）「現地ルポ　英炭鉱スト358日」（日本共産党『世界政治』3月下旬号）
　　鈴木ふみ（1985）「イギリス炭鉱労働者のたたかい」（統一労組懇国際交流委員会編『世界労働情報』第2号）
　　内藤則邦（1985）「イギリスの炭鉱ストライキ」（日本労働協会『日本労働協会雑誌』第309号，2月号）
　　松村高夫（1991）「イギリス炭鉱ストにみる警備・弾圧体制」（『大原社会問題研究所雑誌』第309号，5月号）
　以上のほか，それぞれの著書の中で，独立の章として，イギリスの炭鉱争議（1984～85年）を扱っているものとして，次の二冊がある。
　　田口典男（2007）『イギリス労使関係のパラダイム転換と労働政策』（ミネルヴァ書房）
　　山崎勇治（2008）『石炭で栄え滅んだ大英帝国』（ミネルヴァ書房）

2　石炭庁（NCB）の"合理化案"とNUMの全国ストライキ突入

（1）石炭庁（NCB）の"合理化案"とNUMの全国ストライキ突入

　1984年3月6日，NCBは，CINCC（Coal Industry National Consultative Council,全国石炭産業協議会）の席上において，当面1年以内における"合理化案"を提示した。すなわち，400万トンの石炭生産減による需給バランスの回復，それにともなう20ピットの閉鎖，2万人削減（退職奨励金つき）が，その骨子であった。閉鎖予定の20ピットの名が公表されたわけではなかったが，サウス・ウエールスのコートンウッド（Cortonwood）をはじめ，五つは事前に明らかになっていた。同時に，20ピットのほとんどが，ヨークシャー，スコットランド，サウス・ウエールスなどNUMの三大拠点にあることも明らかになっていた。

　そうした当面1年間の"合理化案"は，すでに第2章2で述べた，石炭産業合理化の中長期計画に沿った当面の案であり，NUMにとっては，とうてい受け入れがたいものであった。

　この"合理化案"の提示に先立って，NUMは，すでに1983年10月21日の特別代議員大会で，賃上げ要求に対する回答を不満とし，さらに当時，すでに明らかになりつつあったピット閉鎖に反対し，83年10月31日からの無期限残業拒否を決めて闘争に入った[2]。

　それに先立つ10月20日，NUM，NACODS，BACMの組合間で，石炭産業を守り，三者で合意した内容に基づいて，政府との共同の話し合いを進めようという重要な合意が成立した。イワン・マクレガーNCB総裁のもと，当面および将来のピット閉鎖への懸念がそれほど強いことを意味する合意であった。

　さらに，1984年1月11日，NCBの"合理化"ドラフト案の発表が行われた[3]。その翌日の1月12日，NUM全国執行委員会（NEC）は，右派，左派ともども一

---

2) この残業拒否闘争は，1985年3月のストライキ中止後も続き，1985年4月2日，NUM代議員大会で，争議中，延期されていた賃金交渉を再開し，妥結に至る見極めがついた段階で解除された。実に長い残業拒否闘争であった。
3) その内容は，第2章2を参照されたい。

致して，投票（ballot）なしで無期限残業拒否闘争を続けることを決めた。

この時期，NUM内部では，一方でballotを要求し，また残業拒否をやめた少数ではあるが現場の動きがあり，他方でピット閉鎖の懸念から，非公認ストライキに入るケースが共存していた。例えば，84年1月13日，シルヴァーデール炭鉱（Sirverdale Colliery，ウエスターン）で，投票により職場復帰（残業拒否解除）を決めた。1月17日には，バーシャム炭鉱（Barsham Colliery，ノース・ウエールス）で無期限ストライキ，ヨークシャーの三つのピットで24時間ストライキが行われた。1月19日，NCBは19,000人に及ぶレイ・オフを要請したが，それがローカルな争議に一層，拍車をかけた。

だが，NUM全国ストライキ突入の直接のきっかけとなったのは，ヨークシャーのコートンウッド炭鉱およびスコットランドのポルメイズ炭鉱（Polmaise Colliery）の閉鎖問題であった。3月1日，ヨークシャーのNCBエリア責任者は，コートンウッド炭鉱が，非採算的な炭鉱であり，生産を中止すべき炭鉱であるとして，4月にエリアの労使協議機構の中で議論したい旨の提案を行った。この提案後，3月5日には，いくつかのピットでピケッティングが行われ，3月6日，同エリアでは，全面ピケッティングまたはストライキが行われた。また，3月5日，ヨークシャー・エリアの全支部責任者による特別会議が行われ，3月9日より，ヨークシャー全域のストライキ突入を呼びかけた。

3月8日，NUM全国執行委員会（NEC）が開かれた。このNEC内部の議論は，NUM右派＝反主流派で，全国執行委員であったロイ・オッテイ（Roy Ottey）が，その著書の中で，発言者名を挙げて具体的に叙述している[4]。全国投票（National Ballot）を行うべきであるとする意見は，ロイ・オッテイなど右派役員から提起されたが，全国投票をめぐっての態度決定はなく，規約第41項により，ヨークシャーおよびスコットランドから出されていたエリアのストライキの承認および他のエリアにおける同様の行動を事前に承認する決定が21対3で行われた。3人の全国執行委員とは，COSA（炭鉱事務グループ）のトレヴァー・ベ

---

4) Ottey, Roy (1985), *The Strike: An Insider's Story* (Sidgwick & Jackson), とくに The Fateful Meetingを参照されたい。ロイ・オッテイは，1966～1984年，NUM全国執行委員および発電所グループ（Power Group）書記長を務めた。

ル（Trevor Bell），ノース・ウエールスのテッド・マッケイ（Ted Mckay），電力グループのロイ・オッテイであった。

　こうして，ヨークシャーおよびスコットランドのストライキ計画を正式に承認した。さらに，以後，ピット閉鎖に反対しての同様な行動がとられるいかなるエリアに対しても，事前に承認する（the previous sanction）ことを決定した。このことは，組合規約第43項に規定する全国投票を行うことなく，第41項の規定によって，エリアのストライキを承認するかたちで，全国規模のストライキに発展させる方式を採用したことを意味した。ただし，全国投票を行わないと，この時点で明示的に決めたわけではなかった。

　こうして，ヨークシャー，スコットランドだけでなく，3月10日には，ダラム，ケントもストライキに入った。3月12日には，スコットランドの全ピットでピケッティングが行われ，3月14日までにそれまでの部分ストライキから全面ストライキに突入した。3月15日，サウス・ウエールスがストライキに加わった。こうして，ストライキおよびピケッティングを合わせ，争議はまたたく間に全国規模に達した。

　ピケッティングの効果もあって，3月下旬には80％以上のピットが稼働しなかった。NUM組合員のうち，14万人がストライキに加わり，ノッティンガムシャーの2万9千人をはじめ4万人が，最初からストライキには加わらなかった。84年12月末に至っても，ストライキング・マイナーズが13万人，ワーキング・マイナーズが4万人で，1万人が動いたものの，大勢はまだ覆らなかった。

（2）NUM規約第41項と第43項

　NECが，規約第43項による全国投票によらず，規約第41項によって，エリアのストライキを先行させ，それを承認するかたちで全国ストライキに発展させる方式を採用したことについては，争議の開始から争議終結およびその後においても，賛否両論を含め，大きな議論の的となった。そこで，以下，全国投票問題を検討するが，その前に，その規約第41項と第43項自体を次に掲げることにする。正確を期するため，日本語訳はつけず，原文を掲げておこう[5]。

5）NUM, *Rules*による。なお，前掲Ottey, Roy書，61頁にもRule 41が収録されている。

STRIKES AND LOCK-OUTS

41. In the event of a dispute arising in any Area or applying in any Branch likely or possible to lead to a stoppage of work or any other industrial action short of a strike the question involved must be immediately by the appropriate official of the Area in question to the National Executive Committee which shall deal with the matter forthwith, and in no case shall a cessation of work or other form of industrial action short of a strike take place by the workers without the previous sanction of the National Executive Committee, or of a Committee (whether consisting of members of the National Executive Committee or of other persons) to whom the National Executive Committee may have delegated the power of giving such sanction, either generally or in a particular case and no funds of the Union shall be applied in strike pay or other trades dispute benefit for the benefit of workers who shall have ceased work without the previous sanction of the National Executive Committee.

NATIONAL ACTION

43. In the event of national action being proposed by the Union in pursuance of any of the objects of the Union, the following provision shall apply: ──

That a national strike shall only be entered upon as the result of a ballot vote the members taken in pursuance of a resolution of Conference, and a strike shall not be declared unless 55 per cent[*] of those voting in the ballot vote in favour of such strike. If a ballot vote be taken during the time a strike is in progress, a vote of 55 per cent[*] of those taking part in the ballot shall be necessary to continue the strike.

If a ballot vote be taken during the time a stoppage is in progress, such stoppage may not be continued unless 55 per cent[*] of those voting in the ballot vote in favour of continuance.

[*] なお, この55％は, 1984年4月19日の特別大会(シェフィールド)で, 'a simple majority' に改定された。55％は, 1971年の年次大会で, それまで3分の2であった規定を改定して以来, 続いてきた。

(3) 全国投票 (National Ballot) 問題

NECが, 規約第43項による全国投票を行うことなく, 第41項によって, エリアのストライキを先行させ, それを是認する方式を採用したことから, 全国投票問題が争議の最初から問題化した。

エリアのストライキ先行方式は，エリアごとに決定させ，それを是認するかたちで，"ドミノ効果を発揮する"（ミック・マクガーヒイ副委員長の発言）ことを意図したものだと言われている。だが，たとえそうだとしても，実際にballotを行わない背景はもっと複雑であった。

一つには，過去2回，賃金闘争のためのballotを行い，失敗した経験があるからでもある[6]。これは，3月8日のNECの決定にあたって，先例として大きな意味を持ったと推測される。しかも，エリアごとにかなり利害の異なるピット閉鎖問題でもあった。二つには，NECが開かれた3月8日以後のことであるが，3月12日から始まる週と翌週にかけて，いくつかのエリアで自主的なballotが行われた。だが，表2-1に示されるごとく，結果はかんばしいものではなかった。

4月12日のNUM特別大会（シェフィールド）で，規約上，全国投票がクリアーすべき水準を55％から単純過半数に変更したが，それでも全国投票で50％を超えるのはきわめて微妙であったかもしれない。それ故，全国投票を回避したというのが，一つの有力な見方である。

実際，ピット閉鎖の危機にさらされているエリアにとって，まずはピット閉鎖が予定されていない安泰なエリアの投票結果によって，ピット閉鎖反対闘争の行方，つまるところ自分たちの職と生活の行方を左右されてはかなわないという気分も強かったであろう。エリア間の事情の相異とエリア間の反目感情が重なり合って，きわめて複雑であったと推測される。

ただ，NECが，3月8日の決定において，全国投票をしないと決定していたわけではない。そのうえで，4月12日の特別大会で，55％から50％へと改定したのであり，そのことから推測すると，全国投票を実施して全国ストライキをオーソライズしたいという意向は持っていたと推測される。だが，事実としては，全国投票は実施されなかった。

ただ，それにしても，全国投票を行うべきであるとする意見が，右派だけで

---

6) 1982年および1983年の賃上げ闘争において，全国投票を実施したが，いずれも55％に達しなかった。すなわち，82年1月は45％，82年10月は39％，83年3月は39％であった。*New Statesman* 1984年3月23日号による。

表2-1 地域別ballot一覧表

(1984年3月)

Area	賛成 (%)	反対 (%)
Cumberland	22	78
North Derbyshire	50	50
Leicestershire	11	89
Durham Engineermen	15	85
South Derbyshire	16	84
Nottinghamshire	27	73
North Wales	32	68
Nothumberland	52	58
North West (Lancs)	41	59
Midlands	27	73
Nothumberland Mechanics	発表なし	発表なし
Durham Mechanics	〃	〃

出所) NCB調べ。ただし、Ottey, Roy (1985), *Strike: An Insider's Story* (Sidgwick & Jackson), 78頁による。
注1) 投票は、3月12日から3月23日の間に行われた。
注2) Yorkshire, South Wales, Kent, ScotlandなどNUM拠点地域はballotを行っていない。
注3) このほか、COSAなど不明のところもある。

なく，左派にあったのも事実である。また，労働党党首ニール・キノック (Neil Kinnock) は，当初，この問題では沈黙を守っていたが，4月13日に至り，全国投票を行うべきである旨，態度表明を行った。

組合内右派の全国投票推進の意見は，当初からストライキに加わらず，エリアのballotでも，ストライキ反対が多かったノッティンガムシャーなどで強かった。そして，時に全国投票を行わない＝規約第43項によって正当化されていないことが，ストライキに入らない口実として使われたりした。

組合内左派の全国投票推進の意見は，この当初の時点では明示的ではなかった。何よりも，すでにストライキが事実として行われていたからでもあるが，しかし存在していたのは事実であろう。この点，ダイレクトな論拠は挙げにくいが，"状況証拠"的なものとして，ストライキ終結直後のある雑誌座談会で，スコットランドNUMの副委員長であるジョージ・ボルトン (George Bolton) が，次のように述べているのが注目される[7]。

---

7) *Marxism Today* 1985年4月号，24頁。このタイミングの重要さについては，同じ座談会でKen Capstick (ある支部の代議員で労働党員でもある) も同調し，「我々は，たぶん機会を逸した」と述べている。

「タイミングが非常に重要である。私の見解では，NUMは，84年4月，シェフィールドでの特別大会の数日以内に手を打っていたら，全国投票に勝つことができただろうと思う。その当時，私は疑いもなく，全国投票はストライキのためには決定的に重要だと思っていた」。

全国投票が成功裡に行われた場合，仮にノッティンガムシャー・マイナーズが，それでもストライキに参加しなくても，組合内の団結強化，他組合への支援・連帯のアピール，あるいはマスコミに対しても，きわめて強い，効果的な説得性を持つことができたであろう。かくして，全国投票問題をストライキの初発から引きずりつつ，長期ストライキに突入していったのである。

3 ピケッティング，移動警察隊，裁判所の禁止命令

(1) ピケッティング，移動警察隊，裁判所の禁止命令

The Guardian 1984年3月12日付の"社説"は，「ピケットライン，それとも投票箱か」という見出しで，全国投票を行うべきだという意見を支持しつつ，「我々は，マイナーズが実際に勝利する争議だとは信じないが故に，マイナーズが加わるべき争議だとは考えない」とNUM側にはきびしい論陣を展開した。

だが，まさにその3月12日を期して，移動ピケ隊 (flying picket) を含むヘビー・ピケッティングが開始された。その結果，スコットランドでは，ただ1ピットだけ稼働，サウス・ウエールズでは32ピットのうち3ピットだけ稼働，ケントでは3ピット全て中止，ヨークシャーでは全53ピットが生産中止になるなど，戦闘的左派エリアではほとんど石炭生産がストップした。

それだけでなく，同じ3月12日，ストライキに加わらないノッティンガムシャー・エリアに対し，地理的にも近いヨークシャーから，約300名の移動ピケ隊が派遣された。もちろん，これに対抗する移動警察隊も動員された。移動ピケ隊に見習った，いわゆるフライング・ポリスマンの活動開始である。

この移動警察隊の派遣，移動などを指示する最高の司令本部は全国情報センター (National Reporting Center, NRC) であり，1984年3月14日に設置（機能再開

された[8]。NRCの起源は，1972年の炭鉱争議にあった。そして，1984年2月9日，内務大臣，検事総長，警察署長の会合において，炭鉱ストが生じた場合の対策が検討され，3月13日，機能再開が決定された。「NRCはこうして内務省と密接な連絡をとりながら（したがって首相に直結しながら），独自の判断で必要地域に警察隊を派遣・弾圧する態勢を整えた[9]」。

3月15日，ノッティンガムシャーのオラートン炭鉱（Ollerton Colliery）でのピケ隊と警官隊の衝突の中で初めて死者が出て，マイナーズにショックを与えた。死者はデヴィッド・ガレース・ジョン（David Gareth Jone）という24歳の青年で，西ヨークシャーに住んでいた。死因ははっきりしないが，ピケ隊と警官隊の衝突の中で発生したことは確かであった。移動ピケ隊と移動警察隊の衝突は時と所は違っても，これ以降，日常的に繰り返された。6月15日には2人目の死者が出た。

1984年3月12日，最初の移動ピケ隊の出現に対するNCB，政府，裁判所の対応もすばやかった。NCBはすぐに，裁判所に禁止命令を出すよう提訴し，3月14日，裁判所は，ヨークシャー・マイナーズに対し，セカンダリー・ピケッティングの禁止命令（injunction）を出した。それはいうまでもなく，1980年雇用法におけるセカンダリー・ピケッティングの禁止，一般組合員の場合の合法ピケッティングを'自分自身の働く所またはその近く'に限定することを法的な根拠としていた。

もっとも，マス・ピケッティングなどセカンダリー・ピケッティングに対する裁判所の禁止命令はこれが初めてではなかった。1983年秋から冬にかけてのNGA争議ですでに出されていた。NGA争議では，裁判所の禁止命令に対し，NGAはこれを無視した。これに対し，一方で警官隊の出動による抑圧，他方で法廷侮辱のかどで罰金を科した。そして，それにも従わなかったことをもって，組合資産の差し押さえ，はてはストライキの中止命令にまで及んだ。そう

8）全国情報センター（NRC）設置の歴史的由来，炭鉱争議において果たした役割などについて，日本人研究者として最も包括的に解明したものとして，松村高夫（1991）「イギリス炭鉱ストにみる警備・抑圧体制」（『大原社会問題研究所雑誌』5月号, No.390）がある。
9）前掲松村高夫論文，21頁。

した点で，炭鉱争議に先立つNGA争議がすでに先例となっていた。

しかし，主要産業しかも国有産業で，全国的な規模に及ぶものとしては，これが初のテスト・ケースであった。だが，この禁止命令は，アーサー・スカーギルNUM委員長によって，いとも簡単に片づけられた。つまり，裁判所の禁止命令は当面，あっさりと無視されたのである。もっとも，それによって，次に重い罰金が科されるのは時間の問題であった。

3月中旬から下旬にかけて，ノッティンガムシャーを中心に，ピケ隊と警官隊の衝突が繰り返された。ピケ隊が強化されたが，警官隊がそれに応じて強化された。しかし，国の資金を使い強化された警官隊，しかも馬を使い，装備された警官隊が，ピケ隊の強化を実力で上回るのは時間の問題であった。NCB側は，3月22日にはノッティンガムシャーなどミッドランド地方の42の炭鉱で生産の維持を確保した。

3月末，ヨークシャーを主とするピケ隊は，"高速道路ピケッティング"という新戦術に出た。車を使い，時に遅く，時に速く運転し，ローリーによる石炭運搬を攪乱するのが目的であったが，それ自体は文字どおり，きわめて"危険な"（dangerous）戦術であり，それも阻止されて立ち消えになった。

この頃，警官隊の暴力問題が発生し，非難されたが，他方でピケット・バイオレンスを非難する声も，保守党，マスコミを中心に強まった。ピケット・バイオレンス問題は，サウス・ウエールズなど全く問題化しなかったエリアと，ヨークシャーのように数多く発生したとして非難されるエリアとに分かれていた。このピケット・バイオレンス問題は，NUM内部および労働党内部でも意見の相異があり，きわめてデリケートな問題であった。

（2）鉄鋼における対照的な攻防戦——レイヴェンスクレイグとオーグリーヴ

ノッティンガムシャーなどへの移動ピケ隊が警官隊の力で抑えられつつあった3月末以降，NUMにとって，ピケッティング，ストライキ強化の重点は，一方で石炭生産のできるかぎりの阻止とともに，他方，ローリーなどによる発電所（power station）への石炭輸送を阻止し，発電所における石炭ストックを極力，減らすことにあった。この点，鉄鋼も同様であった。その鉄鋼への石炭輸送問題で対照的な攻防戦となったのがスコットランドのレイヴェンスクレイグ

(Ravenscraig) とヨークシャーのオーグリーヴ (Orgreave) という二つの鉄鋼工場であった。

電力では，中央電力生産庁 (CEGB) による 3 月末の発表によれば，オランダのロッテルダムにおけるスポット・マーケットにおいて，重油買いつけのため，すでに 5 千万ポンドを使って事態に備えている旨，発表されていた (*The Times* 1984年 3 月 30 日付)。それ故，パワー・ステーションへの石炭輸送の阻止は，一方では実力で排除されるとともに，他方，石炭から石油への切り替えにより，二重の意味で威力を欠いていた。

警官隊の実力でのピケの排除に関連して，サッチャー首相は，この争議における警官の行動を終始，是認していた。例えば 4 月 9 日，議会において，仕事に就くことを希望するマイナーズを守ることにおいて，警官隊の行為は'きわめて多大な成果'であると述べ，警官隊の行為への批判，非難を拒否し，断固，擁護した。

ピケッティングは，4〜5 月，鉄鋼に対しても強化された。例えば，4 月 10 日，サウス・ウエールズのポート・タルボット (Port Talbot) 工場に対し，ピケットが行われた。この当時，スコットランドのレイヴェンスクレイグ製鉄所における事態の成り行きが一つの焦点であった。だが，そこでは，スコットランドの石炭，鉄鋼，鉄道の三角同盟 (Triple Alliance) のリーダーたちによる話し合いの結果，4 月 6 日，ひとまず平穏のうちに石炭供給の協定が成立した。

ポート・タルボットおよびヨークシャーに近いノース・リンカーンシャーのスカンソープ (Scunthorpe) という二つの鉄鋼工場でも，結局，同様な協定が成立した。80 年の鉄鋼争議のあと，イワン・マクレガー BSC 総裁のもとでの鉄鋼合理化の推進により，鉄鋼組合は体質も変わっていた。同時に，鉄鋼の業績がかんばしくない状況のもとで，石炭供給が停止されれば，レイ・オフを行うことがすでに通告されていた中での協定成立であった。

ピケ隊と警官隊の最も激しい闘争が展開されたのは，5 月に入ってからのヨークシャーのオーグリーヴ・コークス工場における攻防戦であり，オーグリーヴからスカンソープなどへのローリーによるコークス輸送阻止闘争をめぐる激突であった。ヨークシャーのピケ隊に対し，馬を使い，重装備の警官隊との文字どおりの激突であった。とりわけ，5 月 29 日の激突がヤマ場であり，8

人が逮捕され，69人の負傷者が出た[10]。5月30日には，アーサー・スカーギルNUM委員長が一時，逮捕されるという一幕もあった。だが，力の激突で優位に立ったのは警官隊であり，ピケ隊は排除された。動員された警察官は，衝突時，1日8,000名強であったという[11]。いずれにしても，この時点で，鉄鋼コークス工場であるオーグリーヴ攻防戦が最大のヤマ場となった。

このように，ピケ隊と警官隊の衝突は，3月中旬から4月，5月と連日のごとく繰り返され，逮捕者が続出した。新聞，テレビは連日のごとく，その模様を報道していた。

4 他組合の支援，連帯問題（3～4月）

NUMの全国ストライキ突入とともに，NUMの他組合への支援アピール，それに対する連帯の問題も重要性を増していった。その中でも，とくに石炭輸送にあたる鉄道，道路輸送，海上輸送関係の組合，それに石炭ないしコークスを大量に消費する鉄鋼，電力関係の組合の支援，連帯の如何がカギを握っていた。その点でまず，NUMにとって痛手となったのは，鉄鋼組合および電力関係の組合の動向であった。

3月22日，電力関係の三つの組合（EETPU, EPEA, GMWU）は，組合員にマイナーズのピケットラインを越えるよう指導した[12]。つまりは，正常に就業せよということであった。この決定は，ピケッティングが発電所の最寄りのピットで成功のきざしを見せ始め，ストライキが広がっていた矢先だけに，NUMにとっては痛手であった。3月末には，発電所に対するピケッティング強化に踏

---

10) Reed, David and Olivia Adamson (1985), *Miners Strike 1984-1985: People versus State* (Larkin Publications) による。
11) 前掲松村論文，21頁。1年近くの間に1日約3,000名強の警察官が動員されたが，このオーグリーヴの衝突時が最高の動員数であったという。
12) 三組合の正式名称は以下のとおり。
　　EETPU (Electrical, Electronic, Telecommunication and Plumbing Union)
　　EPEA (Electrical Power Engineers' Association)
　　GMWU (General and Municipal Workers' Union)

み切ったが、肝心の発電所内部からの呼応はなかったわけである。

だが、他方で、3月29日、鉄鋼、鉄道、運輸、海上など五つの組合リーダーが集まって協議し、ストライキング・マイナーズを支援するため、イギリス中のすべての石炭、コークスの輸送を拒否することを決めた[13]。

ところが、その翌日、ISTC（鉄鋼組合）のビル・サーズ（Bill Sirs）書記長は、「我々はできるかぎり支持することを望んでいる。だが、他の誰かの祭壇上で（on someone else's altar）、鉄鋼産業がさいなまれる（crucified）ことを見る側に私は立たない」と述べ、事実上、NUMの闘争支持を拒否した[14]。4月5日、ISTC執行委員会は、投票の結果、3月29日に合意した石炭供給阻止の五組合の決定から離脱し、ノーマルに就業することを決め、早くも離脱した。

また、この五組合の決定は、組合員（rank and file）を大規模に決起させるには至らなかった。もちろん、ローカルな、したがって小規模な、時には非公式に実施された事例は数多い。鉄道、道路輸送、海員などでの輸送拒否は早くから開始されていた。3月22日、サウス・ウェールズの鉄道機関士たちは、マイナーズのピケットラインを越えることを拒否したため、当局によって自宅に帰されていた。NUS（National Union of Seamen、全国海員組合）は、同じ3月22日、組合員が、ベルギーから運んでくる70ローリーの石炭をズィーブルッゲ（Zeebrugge）、のちにカレー（Calais）でフェリーを停船させ、輸送を拒否したと発表した。とはいえ、こうした具体的支援の動きは、まだ小規模なものに留まっていた。

それにしても、3月29日、五組合の同情的な争議行為の決定は、保守党政府の労使関係法制と不可避的に対立することを意味していた。このため、TGWU（運輸一般労組）などで、労使関係法制との関係から、いわゆる"ブラック・オーダー"も発せられた[15]。

---

13) 五組合とは、ISTC（Iron and Steel Trades Confederation, ISTC）のほか、NUR（National Union of Railwaymen）、ASLEF（Association Society of Locomotive, Engineers and Firemen）、TGWU（Transport and General Workers' Union）、NUS（National Union of Seamen）である。
14) 前掲Reed, David and Olivia Adamson書、17頁。
15) 法との直接の衝突、処分などを回避するための"秘密指令"の意味に近い。鉄道、道路輸送関係で見られた。なお、6月7日には、輸送関係の六つの組合で、発電所への輸送阻止を強化することが申し合わされた。

輸送関係労働者が，きびしい法の制限にもかかわらず行った実際の努力は特筆に値しよう。鉄道では，NURおよび機関士などの組合であるASLEFが，かなり日常的に輸送を拒否していた。海員，ドック労働者も例外ではなかった。とくにTGWUでは，4月20日，もしドック労働者がNUMの闘争を支持し，その結果，レイ・オフされた場合，全国ドック・ストライキを構えることを決め，7月9日からの全国ドック・ストライキへの布石を打ったのが注目される。

　もちろん，政府，NCB側が，ただちに対応策をとったのは言うまでもない。労使関係法制上の対応の一部は，すでに述べた。ここでは石炭輸送および輸入という代替策について述べよう。

　まず鉄道輸送の割合を小さくし，道路輸送（リドレイ・レポートにいう'良好な非組合員のローリー・ドライバーたち'による）への一大転換が行われた。NUMの全国ストライキ中であっても，稼働していたミッドランド地方から，国内の電力生産，工場，一般消費用に80万ローリー以上の秘密輸送が行われたという。ストライキの最盛期には，週2万5千ローリーにのぼったと言われている[16]。さらに，自国船員の輸送拒否は外国船員によって代替された。そして，石炭の輸入だけでなく，石油も輸入され，発電用に使われた。石炭について言えば，1984年1～5月における輸入は，対前年比，アメリカ42.9％増，ポーランド26.4％増であったが，とりわけオーストラリア炭が多く，316.7％増とケタ違いの増加であった。

　なお，1983年における国内での石炭生産高は119,254千トンで，輸入は4,456千トンに過ぎなかった。だが，1984年は，国内生産が51,182千トンと激減し，輸入は14,306千トンとなり，輸入量は前年に比べ3.2倍の急増となった。それでも，石炭供給の総量は前年を下回っていた。その分，ダイレクトに石油に依存していた[17]。

---

16) *The Times* 1985年3月29日付．
17) 以上の諸点については，「エピローグ」で，もっと具体的なデータと資料出所を明記して詳論する．

5 NCBとNUMの話し合い決裂（1984年7月）

　全国ストライキ突入から，ストライキの急速な広がりとピケッティングの強化は，すでに見たように顕著なものがあった。ピケ隊と警官隊との衝突が続いたが，NUMのストライキ体制は強固であり，14万人のストライキ参加，8割のピットでの石炭生産中止は容易には崩れる気配になかった。

　こうした事態の展開と同時に膠着状態の中で，NCBとNUMの話し合いの模索が行われ始めた。4月24日には，NCB側から，ピット閉鎖について可能な再検討を行うとの話し合いの誘いがあったが，アーサー・スカーギルNUM委員長は，この話し合いへの出席を拒否した。

　1ヵ月後の5月23日，NCBとNUMの第1回話し合いがようやく行われた。だが，NUM側の"合理化案"撤回要求に対し，NCB側は休戦提案を出し，それ以上には具体的な進展はなく，むしろ全くかみ合わないまま終わった。

　第2回目の話し合いは，6月8日に行われた。ところが，ちょうどその頃，政府による鉄道賃金交渉と炭鉱争議に対するダイレクトな干渉を意味する秘密メモが，6月6日，デーリィー・ミラー紙にリークされ，議会侮辱だとして大騒ぎになっている最中の話し合いとなった[18]。また，6月7日，輸送関係の組合が，とくに発電所への輸送阻止強化を決めた。同じ，6月7日，アーサー・スカーギルNUM委員長は，このストライキは政府を打ち破る目的のもとで，冬まで続くであろうと述べていた。そうした最中での話し合いであり，話し合いの行方はかなり明瞭であった。イワン・マクレガーNCB総裁は，その席上で"ある程度のリアリズム"を強調し，妥協の用意があることを見せようとした。アーサー・スカーギルNUM委員長は，いかなる妥協もないことは明白だとして，

---

18) 政府メモは，二つの内容からなっていたという。一つは，鉄道の賃上げについて，妥結を遅らせつつ，しだいに'テーブルに現金を増やしていく'こと，二つには，石炭産業における争議の一層の拡大を防ぐため，ストライキング・マイナーズとその家族に対し，長期の仇討ち（vendetta）を続けていくというものであり，炭鉱争議への不退転の決意を示したものであった。しかも，政府みずから，直接に当該労使関係に干渉していたことを示す文書だけに，ことは政治問題化した。

この話し合いは進展がないまま終わった。
　7月に入り，NCBとNUMの話し合いは，一定の重要な局面を迎えた。それは，NCB側が初めて，やや具体的な提案をもって臨んだからであった。7月5〜6日，話し合いは再開され，以後，断続的に続いた。とりわけ，7月18日の話し合いは，12〜13時間に及んだ末，結局，決裂した。
　NCB側は，①年400万トンの生産設備の閉鎖について，もっと時間をかけ，実施を遅らせること，②以前に閉鎖とした五つのピット[19]について，あるピットは執行猶予とするかもしれない可能性のもとで，いま一度，十分な長期の再検討と紛争処理手続きを経て，閉鎖を決める用意があることを明らかにした。こうして，当初案に対し，一歩譲歩の姿勢を示しつつ，しかしながら，③開発しても利益の上がらない炭鉱は，枯渇したものとして取り扱い，閉鎖するという当初案の考え方（formula）は変えないとして譲らなかった。
　こうしたNCB提案について，NUM側が妥協すれば，③をつうじて，①②を事実上，反故にし，結局，大筋において，当初案に沿ってことが運ぶのはあまりにも明瞭であった。NUM側は，この提案を拒否した。
　全国ストライキの高揚，マイナーズ・ストライキと連動するかたちとなった7月9日からの全国ドック・ストライキ，9月のTUCに向けて高まろうとしているNUM支援のムード，そうした中で，当初案の本体部分を活かしつつ，決着の道を探ろうとするのがNCB側のねらいであったと考えられる。しかし，労使対決の根はもっと深いのであり，その程度の妥協案で，ことがおさまるはずもなかった。かくして，84年7月段階における労使の話し合いは決裂し，もはや当分の間，話し合いの気運は遠のいた。
　政府とNCBは，話し合い決裂後の7月20日，アーサー・スカーギルNUM委員長を激しく非難した。実際，ピーター・ウォーカー（Peter Walker）エネルギー大臣は，'アーサー・スカーギルは，イギリスに社会主義国家を樹立する

19）五つのピットとは，ポルメーズ（Polmaise，スコットランド），ハーリントン（Herrington，ノース・イースト），コートンウッド（Cortonwood，サウス・ヨークシャー），ブルクリッフ・ウッド（Bulcliff Wood，ヨークシャー），スノゥドン（Snowdown，サウス・ウエールス）を指していた。

目的でストライキを続けている'とまで決めつけたほどであった。

6　ワーキング・マイナーズの動向

　ここで話題を変え，いったんNUM主流派，すなわちストライキング・マイナーズから離れて，NUM反主流派，すなわちストライキに加わらず，稼働しているエリアのマイナーズたち，いわゆるワーキング・マイナーズの動向を追ってみよう。

　1984年3月8日のNUM全国執行委員会（NEC）で右派の執行委員たちは全国投票を提案したが，取り上げられず，ヨークシャー，スコットランドのストライキを承認し，他のエリアにおける同様の行動を正式に承認することが，21対3で決定されたことはすでに述べた。

　全国投票を要求するのに賛成であったノッティンガムシャーからの2人の全国執行委員であったエリア委員長レイ・チャドバーン（Ray Chadoburn）と同書記長ヘンリー・リチャードソン（Henry Richardson）は反対には回らなかった。ただし，この2人が右派リーダーだったというわけではなかった。とくにヘンリー・リチャードソンは，このあと全国ストライキを支持して活動していた。それ故，全国ストライキ中止後の85年3月，ノッティンガムシャー・エリアにおいて，ヘンリー・リチャードソンは書記長職を解任され，さらに5月には2人とも全国執行委員を解任された。

　このエリアのストライキを先行させるかたちでの全国ストライキへの突入において，ノッティンガムシャーなどの4万人のマイナーズは初めからストライキに参加しなかった。それだけでなく，ワーキング・マイナーズの組織的結集の動きが出始めていた。

　1984年5月25日，ノッティンガムシャーのワーキング・マイナーズは，正式にNotts Working Miners' Committeeを結成した。この委員会結成は，クリス・ブッチャー（Chris Butcher）というノッティンガムシャーのベヴァーコート（Bevercotes）炭鉱のマイナーらによって主導された。彼は，"Silver Birch"（白樺）というマイナーズへのアピール用新聞を発行した（以下，白樺派と呼ぶ）。

それによって，彼すなわち"Silver Birch"は，のちワーキング・マイナーズの全国的なスポークスマンの役割を果たすようになった[20]。このグループはさしあたり，6月に行われるブランチの役員ポストを争うものと見られていた。そして，実際，ブランチ役員選挙では，彼らが圧倒的勝利をおさめた。さらに，7月2日，ノッティンガムシャーのエリア評議会（Area Council）の選挙で右派が優勢となり，右派が主流派となった。

　7月に入ると，NCBが仕事復帰のキャンペーンを強めたのと符節を合わせたように，ノッティンガムシャー・エリアの右派役員を中心に，ストライキング・マイナーズを仕事に復帰させるべく，他のエリアの仲間と会合を持ち始めた。7月24日，各エリアのストライキ反対グループにより，ストライキを終わらせようとする秘密集会には，スコットランド，ケント，イングランドのノース・イーストを除く他のすべてのエリアからのマイナーズが参加した。まだ，全国的な組織結集体の立ち上げには至らなかったが，その準備段階として，事態はそこまで進んでいた。7月24日の集会は，前述のクリス・ブッチャーなど，"Silver Birch"（白樺派）によって主導されたものであった。

　8月7日，ヨークシャーの2人のマイナーズが，クリス・ブッチャーら"Silver Birch"（白樺派）の支援を受け，支部が投票なしでストライキに突入したのは違反だとして，裁判所に提訴した[21]。この提訴を受けて，8月28日，高等法院は，ヨークシャーのストライキは違法だとして禁止命令を出した。だが，NUM本部は，この禁止命令を無視していた。その結果，10月10日，裁判所によるNUM本部に対する20万ポンド，アーサー・スカーギルNUM委員長に対する1,000ポンドの罰金という判決が出され，やがて組合資産の差し押えへと続く，その最初の引き金となった提訴であった。

　9月のTUC大会のあと，ダラムの司教（Bishop）のマクレガー批判，NACODSのストライキを構えながらのNCBとの交渉の動きなど，いろいろな

---

20) Wilsher, Peter, Donald Macintyre and Michael Jones ed. al. (1985), *Strike* (Andres Deutsch), 108頁より。同書は，The Sunday Timesインサイド・チームによるものである。
21) Goodman, Geoffrey (1985), *The Miners' Strike* (Pluto Press), 7頁。著者は，The MirrorのIndustrial editorである。

事態が錯綜し，社会的反響を呼んでいた。そうした最中である9月11日，The National Working Miners Committeeが結成された[22]。委員長はコーリン・クラーク (Colin Clarke) といい，ノッティンガムシャー・エリアの役員であった。この組織は，クリス・ブッチャーらによる"Silver Birch"（白樺派）とは別な組織であった。"Silver Birch"は，この委員会のいわば前走ランナーであった。

この委員会は，その憲章で三つの目的を掲げていた。①NUM組合員の過半数が満足するやり方で，石炭産業における現在の労働争議解決のために活動すること，②NUMの全組合員および関係者の法的諸権利を確保すること，③NUMおよびその構成諸エリアが，組合員によって，そして組合員のために運営されることを確保し，組合およびそのエリアにおける民主的プロセスを保護すること，以上であった。同委員会は，10月5日，*The Miners' Dispute: A Catalogue of Violence* と題する25頁のレポートをまとめ，いわゆるピケット・バイオレンスを告発した[23]。

いずれにせよ，当面，NUM内部において活動を続け，可能ならば過半数を制したい，あるいは少なくとも，アーサー・スカーギル率いるNUM左派＝主流派に対抗する全国組織を目指したい，そのための当面の組織であった。その背後に，NCBが控え，隠然，公然の援助があるのは知られていたことであった。例えば，イワン・マクレガーNCB総裁の長年の友人であるデビッド・ハート（David Hart）は，争議の最中，マクレガー総裁の定例かつ緊密な腹心の友として，同委員会の結成に力を尽くしたという[24]。ストライキング・マイナーズへのNCBの仕事復帰の呼びかけは，日常的に行われており，そのうえで，ワーキング・マイナーズの増大なしに，この組織の発展する余地はなかった。

---

22) 前掲 Goodman, Geoffrey 書，8頁。
23) *The Times* 1984年10月6日付。
24) 前掲Goodman, Geoffrey書，100頁。それだけでなく，同書では，彼が"the money man"として資金援助をしていたことが示唆されている。

7 二度にわたる全国ドック・ストライキ

（1）最初の全国ドック・ストライキ

1984年7月9日から21日まで，最初のドック・ストライキが行われた。それは直接には，ストライキング・マイナーズを支援したものではなかった。しかし事実上，間接的な支援となって連動効果を発揮した。

ことの発端は，イギリス鉄鋼公社（BSC）が，サウス・ハンプシャーのイミンガム・ドック（Immingham Dock）において，鉄道労働者が，ストライキング・マイナーズ支援のため，鉄鉱石の輸送を拒否していたのに際し，スカンソープ鉄鋼工場行きの鉄鋼石の輸送に，非登録のドック労働者を雇い入れたことから始まった。つまり，登録されたドック労働者の仕事を保護する全国港湾労働制度（National Dock Labour Scheme, NDLS）がBSCによって破られたとして，TGWUがストライキ開始を宣言したのが発端であった[25]。もっとも，この登録制度は労働者が働く港を単位としており，したがって，登録港と非登録港とが存在した。

7月10日には，全国ドック・ストライキによって，イギリスの港のほとんどが閉鎖に直面し，港から鉄鋼工場への鉄鉱石と石炭の供給がストップした。TGWUによって，突然開始されたドック・ストライキは，雇用主団体（The National Association of Port Employers）をして狼狽させた。7月9日，同団体の議長であるニコラス・フィニィ（Nicholas Finny）は，'我々は，イギリス鉄鋼用のイミンガム・ドックにおける鉄鉱石の取り扱いに関わるローカル・イッシューに，TGWUが全国ストライキを呼びかけたというニュースに肝をつぶしてい

---

[25] 全国港湾労働制度（NDLS）は1947年に設立された。通常，ドック・レイバー・スキームと呼ばれている。この登録制度は，クローズド・ショップ制の強化，強力な職場委員会組織（shop stewards' organisations）の形成，賃金，労働諸条件の改善，労働組合の交渉力増大の大きな要素となった。この点，Callinicos, Alex and Mike Simons (1985), *The Great Strike: The Miners' Strike of 1984-85 and Its lessons* (A Socialist Worker Publication), 133頁。
なお，この港湾労働制度は，この制度に否定的であったサッチャー保守党政権によって1989年に廃止された。マーガレット・サッチャー著，石塚雅彦訳（1993）『サッチャー回顧録（下）』（日本経済新聞社），268頁参照。

る'と語ったという。実際，7月10日には，全国13,000名のドック労働者がストライキの呼びかけに応じ，他の港や内国水路における他の労働者22,000名の間に支持が広がった。その争議行為によって，イギリスの輸出入の4分の3が，波止場近くで立往生をさせられた。

こうして，炭鉱争議をきっかけに，全国ドック・ストライキが，またたく間に広がったが，NUR（鉄道労組）では，ドック労働者のピケット・ラインを越えないよう指示が出され，さらにNUSは7月11日，13日から出航するフェリーの航行をやめさせることなどを指示した。そのうえ，GMBATU（General Municipal, Boilermakers 'and Allied Trades' Union，一般・都市・ボイラー製造及び関連組合）も，ドックにおける1,500人の組合員に，ドック労働者を支持し，仕事を引き上げるよう呼びかけた。

こうした組合の協調行動は，休日フェリーの運航をストップさせるかもしれなかった。さらに，食料，石炭，石油，鉄鋼石などの輸入や供給にも影響が出た。ドック争議は，そうした点で，炭鉱争議以上に社会的影響が大きかった。この時期，マスコミは連日，大きく取り扱っていた。

7月16日には，ACAS（諮問・調停・仲裁サービス）がドック争議の仲介にのりだした。不発に終わったとはいえ，7月16日には，マーガレット・サッチャー首相が，ドック争議の収拾のため，国家非常事態宣言の可能性を考慮している旨，報道された[26]。

ACASの仲介によって開始された労使交渉は難航した。TGWUのリーダーの一人は，'突き当たっている点は，経営者団体が，今後，ドック・レイバー・スキーム（NDLS）への違反を引き起こさない保障を与えることを拒否していることにある'と語った。争議解決は7月17日，いったん失敗しかかったかに見えた。だが，その後，ドック労働者の統一行動に"分裂"が発生した。

7月18日夜から，大陸フェリー・ポートでの阻止行動が強化された。これは，ドック・ストライキに呼応したローリー・ドライバーたちが，カレー（Calais），ダンケルク（Dunkirk），オステンド（Ostend），ズィーブルッゲ（Zeebrugge）など

---

26) *The Times* 1984年7月16日付。

大陸側のフェリー・ポートでの阻止行動を行ったからであった。

だが、イギリスの非登録港であるドーヴァー（Dover）では警官隊が出動し、ローリー・ドライバーたちの阻止行動は微妙になった。7月19日に至り、ドーヴァーのドック労働者はストライキを中止し、職場に復帰した。これは、ドーヴァーにおける労使交渉が継続していたからであり、まだ妥結に至ったわけではなかった。

ドック争議における事実上の"分裂"は、TGWUにショックを与えた。大陸側のローリー・ドライバーたちの阻止行動も相次いで終わりを告げた。7月20日には、交渉の妥結前にもかかわらず、ドック労働者は六つの主要港で仕事に復帰し始めた。

結局、7月21日、ドック労働者代議員大会で、'経営者側は、今後、ドック・レイバー・スキームを破らないという十分な保障を与える'との和平案を受け入れ、ストライキ中止を決めた。妥結内容について、組合側は満足の意を表明した。だが、全国ストライキが、ドーヴァーを中心に事実上、分裂したことについて組合側には禍根を残した。

（2）ストライキング・マイナーズ支援の全国ドック・ストライキ

1984年8月23日に始まり、9月18日に終わった全国ドック・ストライキは、直接、NUM＝ストライキング・マイナーズ支援の目的を持っていた。

ただ、最初のストライキのあと、すぐに2万5千ポンドの特別退職金支払いを含む任意退職が登録されたドック労働者に呼びかけられ、13,700人のうち1,500人以上が応じた事情もあり、経営者側は最初の予期しなかったドック・ストライキと違って強気になっていた。他方で、雇用不安も手伝って、ドック労働者の側には、闘争を逡巡するムードと一層、先鋭化するムードとが複雑に共存しあっていた。

発端は8月10日、クライド（Clyde）港のハンターストン（Hunterston）・ターミナルにおいて、スコットランドのレイヴェンスクレイグ製鉄所に向けた、87,000トンのコークスを積んだ貨物船オスティア号（Ostia）からの荷下ろし作業の縄張りをめぐる労使交渉が、デッドロックにのりあげたことにあった。すなわち、BSCは、当初、ハンターストン・ターミナルで、タッグボートメンな

しに埠頭に着け，登録されたドック労働者抜きで，BSCの労働者を使って，荷下ろし作業を行おうと意図していた。だが，TGWUのドック労働者たちは，協定化されている従来の労働慣行が破られることに反対していた。

鉄鋼生産を止めようとするストライキング・マイナーズの闘いとレイヴェンスクレイグ製鉄所への輸送の行方に関わり，交渉の成り行きしだいで，荷下ろしができず，輸送はストップするという点で，この交渉が事実上，ストライキング・マイナーズ支援の意味づけを持つことになった。結局，交渉は進まないまま，8月23日，BSCは，従来の労働慣行に反し，BSCの労働者による荷下ろし作業を一方的に強行した。

これがきっかけで，全国ドック・ストライキに発展した。ドック・レイバー・スキームが適用される全国78の港がストライキに見舞われた。イギリスの海上取引の70％が影響を受けた。だが，前回のストライキの経緯から，フェリーは除外された。8月末に至って，ピケッティングが強化された。というのは，他方でストライキ離脱の動きも目立ち始めたからである。9月1日から，TUC年次大会（ブライトン）が始まったが，その間もストライキは継続中であった。しかし，ストライキ離脱ないしワーキング港も多かった。そうした中で結局，9月18日，ストライキは中止された。

成果は前回に比べ，きわめて乏しかった。ストライキの呼びかけに対し，最初から不協和音が大きかった。経営者側はドック・レイバー・スキームに関し，これを一層，形骸化することを決意したかに見えた。政府は，むこう3年以内にドック産業を去る登録労働者をさらに1,000名増やす，きびしい計画の追及に同意を与えた。

だが，それにしても，鉄道，海員の石炭輸送阻止，ストライキング・マイナーズ支援もさることながら，TGWUのドック労働者のストライキによる支援は，炭鉱争議支援，連帯の中で，ひときわ目立ち，実際に輸送への影響力の大きさを示した。

8　TUC年次大会(1984年，ブライトン)

　TUCとNUMの関係は，当初から緊密であったわけではなかった。そのいきさつはさておくとして，NUMの全国ストライキ突入後，TUCが初めて正式な支援の申し出をしたのは7月下旬のことであった。とりわけ，財政的支援であった。それに沿って，7月27日，TUCとNUM役員の初めての正式な話し合いが持たれた。ここでは，具体的な支援の仕方をめぐる話には至らず，具体的な事柄は9月のTUC大会に持ち越された。

　こうして注目されたのが，1984年9月のTUC年次大会（ブライトン）であった。TUCが，NUM支援のために，どのような方針を打ち出すか，加盟組合がどういう反応を示すか，そしてレン・マレー(Len Murry)書記長に代わって，新しく書記長に就任するTGWU出身のノーマン・ウイリス(Norman Willis)を中心に，どう支援を具体化していくかなどが注目点であった。しかも，大会日程の中で，NUM支援に関する動議は初日に設定されていた。

　大会に提出されたTUC一般評議会のNUM支援に関する方針(Statement on Mining Dispute)の要旨は次のようなものであった[27]。すなわち，マイナーズ・ストライキに"total support"を約束し，より具体的には，①ピット，仕事，コミュニティを救おうとするNUMの闘争目的への支持，②炭鉱における生活の困窮を軽減するため，資金を集め，組合の財政を維持するための一致したキャンペーンを行う，③争議を一層，効果的なものにするため，(a)石炭またはコークス，あるいはそれらの代替物としてのオイルについては，NUMの正式なピケット・ラインを越えて移動しないこと，またそうした原料をNUMの正式なピケット・ラインを越えて使用しないこと，(b)石炭の代替物としてのオイルを使用しないこと，以上が"total support"の内容であった。

　この動議をめぐって，初日，次々と加盟各組合代表が発言したが，それはまるで，イギリス労働組合における主要代表人物の顔見せの観すらあった。討論

---

27) TUC, *Report 1984*, 653頁。

では，電気・電子関係の組合（EETPU）および発電所の技術者・管理職の組合（Engineers' and Managers' Association, EMA）の二つの代表が反対したほかは，全て賛成演説を行い，圧倒的多数で一般評議会方針は採択された。

大会では，レン・マレー書記長およびニール・キノック労働党党首による，いわゆるピケット・バイオレンスへの批判も提起され，会場内より野次が飛びかった。それはともかくとして，ことNUM支援の提案は，圧倒的支持のもとで可決され，ノーマン・ウイリス新書記長のもとで，その指導と具体的実行の如何が問われることになった。

10月初めに開かれた労働党大会は，ことNUM支援に関するかぎり，TUC大会の"二番せんじ"の観すらあった。逆に，それだけに，1984年のTUCブライトン大会，とくに初日は迫力があり，インパクトは大きかった。なかでも，アーサー・スカーギルNUM委員長のマイナー争議支援を訴える演説は圧巻であった。

少なくとも，このTUC大会を機に，NUM支援の気運が一層，盛り上がった。そうした盛り上がりの中で，NACODSの闘争気運の増大，そしてNCBとNACODS，NCBとNUMとの交渉気運も増大していった。1984年10月，その二つの交渉の成り行きが大いに注目されることになった。

9　NCBとNACODSの合意，NCBとNUMの決定的決裂（1984年10月）

TUCブライトン大会を機に，他方ではNCBとNUMの交渉気運もまた高まった。だが，その前に，注目すべきはNACODSの動向であった。NACODSは，穏健な組合であるとはいえ，ピット閉鎖は自分たちの職の問題につながる故，重大な関心を持っていた。これまで目立つところはなかったが，1984年9月から10月，一躍，NACODSが注目された。

（1）NCBとNACODSの交渉とストライキ問題，合意成立

NACODSはもちろん，1984年3月6日のCINCCの席に出席しており，NCBの"合理化"提案を受けていた。そのうえで，4月11日，その規約に基づい

て，ストライキの是非を問う全国投票を行った。結果は，ストライキ賛成7,638，反対6,661で，賛成票が反対票を上回ったが，規約では3分の2の賛成を必要とするため，実際にストライキを行うには至らなかった。だが，1984年9月下旬から10月にかけて，一層，闘争気運が盛り上がってきた。

ことの発端は，8月15日，NCBが，ストライキ中のNUMのピケット・ラインを越えない（就業しない）監督者には，給与を支給しない旨，決めたことにあった。このことは，直接の利害関係が最も大きいNACODS組合員を大変，強く刺激した。そのうえ，先のNCBによる"合理化案"提示以来，それまでの事態の展開の中で，みずからの職の不安をかかえて成り行きを見ていただけに，闘争気運が一層，盛り上がったと言えよう。それだけでなく，当時の社会的状況も作用したと思われる。

TUC大会におけるNUMへの支援の意思表示を機に，政府，NCB批判が一定の社会的広がりを見せていた時期でもあった。例えば，9月21日，ダラムの新しい司教 (Bishop, the Rt Rev David Jenkins) は，①「一人の輸入された年配のアメリカ人」であるイワン・マクレガーは，NCB総裁から身をひくべきであること，②政府は，貧困の問題に無関心であり，マイナーズを敗北させることだけを欲していること，③そうした政府は，コミュニティを良くすることができず，我々が直面している，まさに困難な日々に希望をもたらすことはできないこと，④マイナーズは敗北してはならないことなど，その就任の夜のサーモンで激しい政府批判を行い，大きな社会的反響を呼んだ[28]。当時，そうした社会的発言が飛び出すような——もちろん，それへの批判も社会的発言として強かった——特有な"社会的状況"にあった。

そうした中で，NACODSは9月下旬，全国投票を行った。その結果は3分の2をはるかに超える82.5％の賛成という高率で，10月25日からのストライキ実施を決めた。

---

28) *The Times* 1984年9月22日付。のちに，*The Times* のインタビューを受け，カンタベリーの大司教 (Archbishop, Dr.Robert Luncie) も同様の社会的発言を行った (*The Times* 1984年10月8日付)。その中での政府批判の要点は，政府は，コンセンサスを形成する代わりに，対立を助長し，コミュニティを育てず，失業など社会，経済問題を解決できないでいることなどにあった。先のダラムの司教発言と発想，視点で同じ共通性を持っていた。

イギリスの炭鉱法規では，監督者が就業しない場合，炭鉱は操業してはならない旨，安全・保安の観点から決められている。それ故，もしNACODS組合員が，誰もストライキから離脱せずにストライキに突入した場合，ワーキング・マイナーズがいくらいても，石炭生産はストップしてしまう。その意味で，NACODSの動向は，この段階における争議の局面を一気にどちらかに有利に変えてしまう重要な性質を持っていた。

　10月に入り，ACASを間にはさんで，NCBとNACODSの交渉が開始された。他方，ほぼ併行するかたちで，NCBとNUMの交渉も開始された。どちらの交渉も難航をきわめた。事態が先に動き，交渉で合意したのはNCBとNACODSであり，決裂したのはNCBとNUMであった。

　ストライキ突入を間近にひかえた10月23日，NCBとNACODSが合意し，NACODSは24日，ストライキ中止を決めた。その合意内容は以下のとおりであった。

①給与に関する8月15日のNCB決定は撤回する。
②先に五つのピット閉鎖が提案されたテスト・ケースについて，修正された炭鉱再検討手続きに含め，他のすべてのピットと共通に，オープンに検討すべきものとする。
③3月6日提案の"合理化案"は完全に再検討する（"completely reconsider"）。
④炭鉱再検討の手続き（含むピット閉鎖問題）には，独立の検討機関設置を含めた修正を含む（ただし，最終決定権はNCBにあるとの解釈の余地が残されており，それがNUMからの批判を招いた――引用者注）。

　以上であった。NCB側にとっては，何としてもストライキを回避させたいのであり，その意味では，①の全面撤回を始め，②以下も文言上はかなりの譲歩を示してはいた。だが，解釈のあいまいさは残っていた。この点は，NCBとNUMの交渉で問題化する。そして決定的な決裂となった。

(2) NCBとNUM交渉の決定的決裂

　NCBとNACODSの合意は，一時，NUMとの合意の可能性を生んだかに見えたが，結局，次の二点で両者の見解は決定的に対立した。一つは，NCBがピット閉鎖計画を少しも断念していないこと，二つには，独立の検討機関に委ねる

といっても，最終的な決定権の所在はNCB側にあるとの解釈の余地を残していたことにあった。

　この二点を最大の争点に，交渉はなお続けられた。だが，ACASの仲介のもとに行われた交渉は，独立の検討機関設置では合意できても，最終決定権の所在をめぐっては合意に達しなかった。結局，交渉は決裂した。時に10月31日であった。

　この交渉決裂によって，NCBとNUMとの交渉の余地自体が，もはや遠のいたばかりか，その機会が後に実現する兆しも当面なくなった。それ故，これ以後，きびしい対立状態に再び突入した。

　だが，この段階以降，決定的に不利になったのはNUM側であった。労使交渉の決裂によって平和的解決の途がほとんど途絶えたことに加え，10月に入り，二つの事件がさらに重なっていた。一つは，裁判所によるNUMへの罰金と資産凍結命令である。いま一つは，マスコミによって，NUMがリビアのカダフィ大佐から資金援助を受けたと報道され，さらにその後，ソ連からも資金援助を受けたと報道された。前者は，組合財政を窮地に追いつめた。後者は国内問題であるものを外国の資金援助に頼ったとして，非難をあびる結果となった。それらの点を含め，次章で追跡していこう。

第5章

労使交渉の重大な決裂から84年末へ
（1984年10月～12月）

はじめに
1　労使交渉の重大な決裂と新たな局面への突入
2　NUMへの罰金と組合資産凍結問題
3　NUM特別代議員大会（11月5日）とNCBの職場復帰者数の発表
4　クリスマス・ボーナス攻勢と職場復帰者の増大
5　NUM代議員大会（12月3日）
6　ノッティンガムシャー・エリアの規約改定問題
7　小結

はじめに

　前章では，まずイギリス炭鉱争議（1984～85年）の時期区分を行ったあと，その時期区分に沿って，1984年3月のNCB"合理化"提案とそれを受けたNUMの提案拒否，そして地域ストライキを先行させるかたちでの全国ストライキ突入，それに関わる一連の事態の展開を追ってきた。そして，ひとまず1984年10月末におけるNCBとNUMの交渉の決定的決裂をもって，第4章を締めくくった。

　第5章は，したがって，その労使交渉決裂後から1984年12月末までの事態の展開を追うことが課題である。ただ，組合資産の凍結問題など10月時点ですでに発生していた問題もあるので，それらも本章において考察することにしたい。

1 労使交渉の重大な決裂と新たな局面への突入

1984年10月31日，NCBとNUMの交渉は決裂した。NUM側からすれば，①NCBが，ピット閉鎖計画を少しも断念していないこと，②ピット閉鎖などにあたって，独立の検討機関に委ねるとしているが，最終決定権はNCBにあるとの解釈の余地を残している点で，どうしても合意できないものであった。交渉の決裂は，10月31日であった。しかも，当面，両者が交渉を行う予定さえなかった。

この決裂は，NCBとNUMの関係が，もはやのっぴきならないところまで来たことを意味していた。タイムス紙は，11月2日付で，'NCBは，スカーギルNUM委員長と交渉で妥結に到達するのは不可能であろうという事実を理解した。代わって，TUCおよび労働党によるマイナーズへの影響がもたらされることに希望をかけている'としながらも，NCBとNUM交渉の"最終的決裂"と理解し，NCBの戦略の変更を報じていた[1]。もっとも，その後の事態は，NCBのそうした戦略どおりには進展しなかった。

また，TUC，労働党が，NUMの強硬路線に変化を与えるほどの影響力を持っていたわけでなかった。反対に，NUMとTUC，労働党間には，この時点で一定の"へだたり"さえ見られた。

10月2日の労働党大会でのニール・キノック党首の大会演説では，"すべての暴力"（ピケット・バイオレンスを含む）を批判し，NUMの"警察の暴力こそが問題"だとする態度とは大きな違いを示していた。そうしたこともあってか，11月5日のNUM代議員大会には，キノック党首は，"多忙"を理由に出席を断わったため，憶測を呼んだ。

他方，ノーマン・ウイリスTUC書記長は，11月13日のサウス・ウエールスの大衆集会に出席し，そこでピケット・バイオレンス批判を行ったため，野次られるという一幕もあった。TUC大会での炭鉱ストライキ全面支持の決定に

---

1) *The Times* 1984年11月2日付。

もかかわらず，実際にはかんばしくない支援状況への組合員のいら立ちが，ここにはうかがえる。

他方，NCBの事実上の新戦略は，①徹底した強硬路線をとるNUM執行部を相手とせず，②一方で，"違法行為"取り締まりの一層の強化を要請し，③他方で，年末に向かって，生活資金不足から生活難にあえぐ個々の組合員に向けて，後に述べるクリスマス・ボーナスを材料に働きかけて，切り崩しを強め，ストライキを放棄させて職場復帰を図り，もってNUM組織を決定的に弱体化させることにあった。

NCBとNUMののっぴきならない対立という新しい局面のもとで，両者を取り巻く状況では，NUM側にはきわめて厳しい状況になり，苦しい闘争を余儀なくされ始めたということができる。そこに，組合資産の凍結，差し押えという財政面からの追い打ちがかかった。

2 NUMへの罰金と組合資産凍結問題

1984年10月31日，NCBとNUMの交渉は合意に達せず，決定的とも言える決裂に至った。この時点で，著しく苦境に立ったのはNUMであった。そこに，そのうえで組合財政を大きく圧迫する裁判所の厳しい命令が下された。罰金支払い命令と組合資産凍結命令であった。もっとも，その前に地域レベルにおける同様の事例について先に見ておこう。

1984年3月12日に始まったフライイング・ピケットは，3月14日，裁判所によって禁止命令が出された。その先に何かくるかは，労使関係法制のうえからは明らかなことであった。サウス・ウエールズNUMの事例がそうであった。

7月30日，サウス・ウエールズNUMに対し，裁判所は5万ポンドの罰金を科した。セカンダリー・ピケッティングに対する裁判所の禁止命令を無視したとして，法廷侮辱罪に問い，その罰金として科されたものであり，8月1日までに支払われなければ組合資産を凍結するというものであった。4月10日，サウス・ウエールズの2つの道路輸送会社が，サウス・ウエールズ・マイナーズによる"違法な"(unlawful)ピケッティングにより，その業務を妨害されたと

して提訴し，それに対して，ピケッティングの"違法性"の認定のうえに立って禁止命令を出していたのに，それが無視されたことへの罰金であった。

サウス・ウエールスNUMは，この罰金支払い命令には応じなかった。8月16日，裁判所によって任命された資産差し押さえ人は，サウス・ウエールスの組合資産のうち70万7千ポンドを凍結したことを明らかにした。条件は，法廷侮辱を改めるまでの間ということであった。これが，地域としては初のケースであった。

1984年10月に入り，事態はついにNUM本部に及んだ。10月10日，NUM本部に対し20万ポンド，アーサー・スカーギルNUM委員長に対し1,000ポンドの罰金が科された。元は，ヨークシャーの2人の組合員（"Silver Birch"＝白樺派のワーキング・マイナーズ）が，8月6日，Ballotを行わないヨークシャーのストライキは違法だと訴えたことに端を発していた。これに対し，高等法院は，8月28日，ヨークシャーのストライキは違法であり，非公式なものだとする判決を出していた。その無視に対し，法廷侮辱への罰金，という順序であった。そのあと，その支払い拒否，組合資産凍結＝差押えという順序となるのはすでに明白であった。

この場合は，これまでの裁判所の諸禁止命令が，'公然と，繰り返し無視された'ことに対し，NUM本部およびアーサー・スカーギルNUM委員長の法廷侮辱を罰する意味で科されたものであった。これに対し，NUMは声明を発し，イギリスの炭鉱でのストライキ・アクションを改めて公式のものとして宣言した。もちろん，罰金の支払いを拒否した。

NCBとNACODSの交渉が合意し，NCBとNUMの交渉が難航していた10月25日，裁判所は20万ポンドの支払い拒否を理由に，NUMの全組合資産の凍結命令を発した。金額にして1千万7千ポンドであった。4人の差し押さえ人が任命された。もっとも，組合資産のうち，流動資産のかなりの部分は，イギリス国内からスイスおよびアイルランドなどの銀行へ避難措置を講じていたため，実際の凍結がすべて成功したわけではなかった。とはいえ，この資産凍結は，そうでなくとも，ストライキの継続のために，ストライキ資金を必要としていたNUMにとっては痛手であった。しかも，労使交渉が難航し，事実，10月末に決裂したのであるから，より一層，資金を必要としていた矢先であっただけ

に痛手は大きかった。

　同じ1984年10月，*Sunday Times*は10月28日付で，NUMのある執行委員がリビアのカダフィ大佐に資金援助を求めたと報じ，イギリス世論に大きな衝撃を与えた。実際に資金援助があったのかどうか，あったとすればどのくらいか，ことの真相は明らかではない。ただ，国内からの支援および外国の労働組合などからの正当な支援ならとにかく，リビアのカダフィ大佐からということになると話は別で，この話だけでNUM側，アーサー・スカーギルNUM委員長に対してはマイナス・イメージとなった。

　そのうえ，さらに，裁判所からの追い打ちがかかった。11月5日，裁判所は，ストライキが違法であるとして，ノース・ダービシャー・エリアが，これ以降，ストライキ資金を使うことを禁止した。

　同じ11月5日，すでに任命されていた組合資産の差し押さえ人たちが，アイルランドの首都ダブリンの銀行にあるNUM資産の所在を確認したと発表された。11月28日には，ルクセンブルクおよびスイスのチューリッヒの銀行にあるNUM資産の所在も確認された。ただし，外国の銀行口座にあるため，すぐに差し押さえができたわけではなかった。とはいえ，財政面からのNUMへの追い打ちは，ますます厳しさを増した。

3　NUM特別代議員大会(11月5日)とNCBの職場復帰者数の発表

　1984年11月5日，シェフィールドにおいて開かれたNUM特別代議員大会は，先の労使交渉決裂という重大事態のあとの闘争方針を決めるのが主眼目であった。そこでは，一人の反対もなく，ストライキ続行が決定され，戦闘的な強硬路線の継続が確認された。

　同じ11月5日，NCBは，この日，過去1日では最高の802人が職場復帰し，18万人の炭鉱労働者のうち，就労者は5万3,000人，ストライキ中の者は12万3,000人であると発表した。この日を契機に，NCBはひんぱんに，職場復帰者の数を発表するようになった。

　NUMの代議員大会のあった11月5日は，特別な日になった。組合資産の差

し押さえ発表のほか，NCBによる職場復帰者数の発表があった。それだけでなく，イギリス経営者団体の中央組織であるCBI（Confederation of British Industry）は，同日の年次大会においてNCBを完全支持することを表明した。

　この頃から，政府みずから，しばしば表面に姿を見せるようになった。11月5日のNCB発表を受けて，ピーター・ウォーカー（Peter Walker）エネルギー大臣は，'マイナーズ・ストライキは，最終的にくずれつつある'と述べ，やや早目の期待を表明した。

　11月12日，NCBは，この日だけで，さらに1,900人が職場復帰したと発表した。アーサー・スカーギルNUM委員長は，これに対し，NCBの数字は，"調理された"（cooking）ものであり，実際の就労者は約4万人だと反論した。

　その11月12日，ヨークシャーでは，NCB側の職場復帰キャンペーンに対抗し，ピケティングが強められ，警官隊と衝突の結果，45人が逮捕された。新聞報道によれば，ピケ隊からは，警察署および警察の車に向けて，ガソリン爆弾（petrol bombs）が投げつけられるなど，いわゆるピケット・バイオレンスが荒れ狂ったという[2]。

　いずれにせよ，職場復帰キャンペーンの強化，復帰者の増加に対し，ピケティングなど組合側の対抗策も，一部ではしだいに先鋭化していったのは事実であろう。それにしても，NUM側にとって，局面は一層，厳しくなった。それに追い打ちをかけ，職場復帰者の一層の増大へ拍車をかけたのが，NCB側のクリスマス・ボーナス攻勢であった。

4　クリスマス・ボーナス攻勢と職場復帰者の増大

　日本で，大晦日と続く正月が1年の締めくくりと年の初めとして最も大切なことのように，キリスト教国としてのイギリスでは，クリスマスを無事に過ごすのが，年末で最も大切なことであった。まさに，そのクリスマスへ向けての

---

[2] *The Times* 1984年11月13日付。

表2-2 各週別の職場復帰者数

年月日（各週末）	職場復帰者数（人）
1984年11月10日	2,200
11月17日	5,019
11月24日	5,952
12月 1 日	2,158
12月 8 日	667
12月15日	477
合　　計	16,473

出所）NCB調べ。

　NCBの職場復帰対策が，10月末の労使交渉決裂後，すぐに出された。

　11月2日，NCBは，労使交渉におけるこれ以上の譲歩はないこと，そして職場復帰を促進することをつうじ，ストライキング・マイナーズに打ち勝つキャンペーンに踏み出すことを決めて，実行に移した。それがクリスマス・ボーナス作戦であった。この日，18万人の炭鉱労働者の家庭に配布されるNCBの機関紙"Coal News"の特集において，いわゆるクリスマス・ボーナス案が提示された。すなわち，11月19日までの職場復帰者には，650ポンドのクリスマス・ボーナスを支払うというものであった[3]。この話は，テレビ，ラジオのニュースをつうじて全国に流され，11月3日付の新聞でも一斉に大きく報道された。

　それとともに，NCBは11月5日を期しての職場復帰者の数をひんぱんに発表し始めた。表2-2　各週別の職場復帰者数は，それを週別にまとめたものである。マスコミもNCB発表の数字を逐一，報道した。

　当初，その割には，職場復帰者の数は順調には伸びなかった。そこで，NCBは，一方では，クリスマス・ボーナス支給の職場復帰期限を11月19日から延長するとともに，他方で，11月23日には，11月30日までの職場復帰者には，さらに15ポンドを上積みして一律に支給するという2度にわたる追加の復帰奨励措置を講じた。その「成果」が，表2-2のとおりであった。確かに，11月10日か

---

3) その当時，1ポンド＝約300円として，日本円で195,000円見当であった。なお，これには細かい内訳があるが，省略する。

表2-3　就労者・非就労者の総体的状況

(1984年11月18日現在)

エリア	人員	ストライキ中	就労者数
ヨークシャー	56,000	54,500	1,500
サウス・ウエールス	21,500	21,416	84
スコットランド	13,100	12,300	800
ノース・イースト	23,000	21,954	1,046
ケント	3,000	2,878	122
ダービシャー	10,500	7,000	3,500
ミッドランド	13,000	4,200	8,800
ランカシャー	6,500	4,000	2,500
ノース・ウエールス	1,000	350	650
ノッティンガムシャー	30,000	6,000	24,000
サウス・ダービシャー	3,000	330	2,670
レイセスターシャー	1,900	200	1,700
小　　計	182,500	135,128	47,372
ピット以外の職場	9,000	5,000	4,000
コークス作業	4,500	4,300	200
合　　計	196,000	144,428	51,572

出所）NCB調べ。ただし，*NUM, Report 1985*，55頁による。

ら12月1日までに，約1万5千人以上が職場復帰したのであるから，このクリスマス・ボーナス作戦はかなりの「成果」を挙げたと言える。

　ただ，この段階では，まだ大勢が決したわけではなかった。NCBによる11月18日現在のストライキング・マイナーズとワーキング・マイナーズの数を集計した表2-3を参照されたい。この表2-3は，エリアによって，正確な数だと推測されるところとアバウトな数のエリアがある。とはいえ，各エリア別のストライキング・マイナーズとワーキング・マイナーズとの数が分かり，大変，興味深い。ワーキング・マイナーズの数が最も多いエリアであるノッティンガムシャー，それに次ぐミッドランドでも，それぞれ6,000人と4,200人のストライキング・マイナーズがいた。

　総体として言えば，ストライキング・マイナーズが約14万人，ワーキング・マイナーズは約5万人であり，1984年3月末段階と比べ，1万人が動いたが，多数派はいまだワーキング・マイナーズであり，はるかに数が多かった。この日以降，クリスマス・ボーナス支給を受けるべく復帰したマイナーズをカウントに入れても，まだ大勢が覆るまでには至らなかった。

とはいえ，この職場復帰という事実を過小評価するのも，85年1月中旬〜2月の急速な職場復帰者の増大という事実を理解するためには妥当ではないであろう。クリスマス・ボーナス攻勢で復帰した人たちは，当初からストライキに参加しなかったワーキング・マイナーズとは異なり，いったんストライキに参加し，そして職場復帰するという"流れ"を形成した先例としての意味を持つ人たちであった。NUMが，ストライキ中の生活の裏付けとなる資金面や闘争方針の面で，有効な手を打つことができない，厳しい局面の中で発生した"流れ"であった。

その局面転換ができないかぎり，この"流れ"を変えるのも困難であった。その点に関連して，12月3日のNUM代議員大会が注目された。

5　NUM代議員大会(12月3日)

1984年12月3日に開かれたNUM代議員大会は，主として二つの問題を中心議題としていた。一つは，組合の資産問題に関わる裁判所などへの対応であり，いま一つは，TUCのNUM支援をめぐる問題であった。

(1) NUM代議員大会と組合資産問題

大会ではまず，裁判所に対する"抵抗"を決めたことが注目された。すなわち，これまで組合に科せられた20万ポンドの法廷侮辱での罰金支払いを拒否すること，法廷侮辱という考え方それ自体を不当だとして否認すること，資産差し押え人，管財人への協力を拒否することを決めた。もっとも，NUM資産は，差し押えを受ける前に，アイルランドのダブリン，スイス，ルクセンブルクの銀行などに分散して預けられていた。

12月1日，裁判所は，差し押さえたNUM資産の管財人に，保守党員である弁護士ハーバード・ブリュワー(Herbert Brewer)を任命した。彼はさらに，ルクセンブルクの銀行にあるNUM資産463万ポンドを差し押さえようとして，同国に派遣されたが，12月3日，銀行によって差し押さえは拒否された。というのは，ルクセンブルクの銀行や裁判所が，自動的にイギリスの裁判所の決定に

表2-4 管財人確認のNUM資産一覧

Luxemburg	4,900,585.39
Switzerland	217,165.74
Ireland	2,543,704.42
Isle of Man	8,187.45
Insurance refunds	6,957.81
Miners contributions	3,363,633.18
Interest on deposit	620,971.46
Total	£11,661,205.46

出所）裁判所への管財人報告による。ただし，*Financial Times* 1985年11月16日付による。
注）この年月日は，新聞報道以前の日であることは確かであるが，それ以上には明らかではない。

従うはずはなく，自国における正当な法的措置を経なければならなかったからである。結局，この管財人はその任務をまっとうに果たすことはできずに辞任し，12月7日，別の管財人ジョージ・アーノルド（George Arnold）が任命された。だが，彼が，アイルランドのダブリンとルクセンブルクで，それぞれの国の裁判所をつうじて，その任務を遂行できるかどうかは微妙であった。一時，ルクセンブルクからイギリスへの資産移転が可能かに見えた。だが，少なくとも年内にはできず，うやむやのうちに終わった[4]。

もっとも，話はだいぶ先のことになるが，ではNUM資産が，どこに，どのくらい分散して預けられているか――それはやっと，1985年11月段階で全容が明らかになった。参考までに，表2-4として掲げておこう。総額は約1,166万ポンドであるが，これは管財人が突きとめただけであって，この段階で管理下に置いたわけではない。なお，金額もこれまでの叙述と同じではないが，ここではこれ以上，金額を確認する資料がないので，発表どおり表2-4に掲げる。いずれにしても，組合資産の凍結，管財問題は，年を越して，かなり後まで長引いたのである。

---

4) *The Guardian* 1984年12月11日付ほか。

(2) TUCのNUMへの支援問題

　NUM代議員大会は，TUCをNUMの戦略の中に取りこむことを追求していた。すなわち，'イギリス労働運動の自由と独立への，史上最も厳しい脅威を打ち破るため，争議行為に動員する'よう，TUC一般評議会の緊急会議を求めた。

　この要請を契機に，12月6日，TUCとNUMの話し合いが持たれた。だが，TUC側は，加盟組合に対し，NUMの闘争支援のため，何らかの可能な行動を呼びかけようと考えていたわけではなかった。むしろ，NUMの闘争支援にあたって違法行為は行わないこと，法廷侮辱に労働運動を一層，引き入れるような，いかなるステップも踏まないことというTUC側の態度を決めていた。そうした態度のもとで，TUCの主要な努力は，争議解決のため，NCBをして交渉のテーブルにつかせるよう行動する努力を一層，強めることに力点を置くことにあった[5]。

　TUCのそうした努力は，12月中旬になって活発化した。具体的には，ピーター・ウォーカー・エネルギー大臣やNCBへの交渉再開の働きかけであった。だが，それは，たんに交渉再開のために仲介の労をとるというよりは，それ以上のことを意味していた。例えば，12月13日，TUCはエネルギー大臣に対し，"新たなPlan for Coal"を示し，争議解決の途を発見する新たな試みを行った。だが，エネルギー大臣は，TUC提案に懐疑的であった。NCB，とくにイワン・マクレガー総裁は，TUCがNUMを含む事態の一切をリードできるかどうかに強い懐疑心を持っていた。結局，12月17日に至り，TUC自身も交渉再開を断念した[6]。労使交渉再開の年内の可能性はなくなった。炭鉱ストライキは続行のまま，年を越すこととなった。

---

5) 同じ，12月6日，労働党左派の領袖，トニー・ベンは，ストライキング・マイナーズのある大衆集会において，'イギリスにおける自由な労働組合運動，政治的自由，市民的権利を守るため，24時間ないしそれ以上のゼネラル・ストライキを構えるべき'だと訴えていた。TUCとは，対照的な提起であったが，彼の発言は，ほとんど社会的反響を呼ばなかった。
6) *The Guardian* 1984年12月18日付。

6 ノッティンガムシャー・エリアの規約改定問題

　この84年12月，NUMを内部からゆさぶったのが，ノッティンガムシャー・エリアの規約改定問題であった。当初から，全国ストライキに参加しない態度をとっていたノッティンガムシャー・エリアは，NUM本部に対し，一層の自律性を確保することができるよう規約改定を検討中であった。NECは，この規約改定に反対し，ノッティンガムシャー・エリア代表との話し合いをしようとしたが，それは拒否された[7]。NUMは，規約改定のためのノッティンガムシャー・エリアのミーティングを阻止すべく，高等法院に対し，集会の延期を要請したが，12月19日，高等法院はその要請を拒否した[8]。ノッティンガムシャー・エリア評議会では，29対2で，規約改定を決め，12月20日，3万人のエリア組合員のうち圧倒的な支持を投票で獲得し，規約改定を行った。

　改定点のうち，最も中心となったのは，規約第30項，'全国規約と地域規約に対立がある場合，全国規約が適用されること'などの規定を削除したことにあった[9]。このことにより，中央とエリアとの関係を弱め，エリアの自律性を強めることとなった。ただ，この削除が，言葉の正しい意味で，エリアの自律性強化を意味するものでないことは，NUM全国執行委員会（NEC）とノッティンガムシャー・エリアとのこれまでの対立関係に照らして，あまりにも明らかなことであった。

　このことから，ただちにNUM脱退に至らないまでも，当面，ノッティンガムシャー・エリアは，その独自権限を強め，独自行動の自由を一層，広げたことは確かであった。その独自行動に，各エリアがどう反応するか，ワーキン

---

7) Winterton J. & R. (1989), *Coal, Crisis and Coflict; The 1984-85 Miners' Strike in Yorkshire* (Manchester University Press), 228頁による。
8) *The Guardian* 1984年12月20日付。
9) 正確を期すため，削除された第30項の原文を以下に掲げる。
　　In all matters in which the Rules of this union and those of the national union conflict the Rules of the national union shall apply, and in all cases of doubt or dispute the matter shall be decided by the National Executive Committee of the union.

グ・マイナーズの動向がどうなるかは年を越しての注目点であった。

7 小　結

　1984年も，まさに終わろうとしていた。だが，炭鉱争議は，この時点ではまだいつ，どのようなかたちで終結するか，はなはだ不鮮明であった。ただ，政府，NCB側とNUM側とで，どちらが優位にあるかはかなり明瞭になりつつあった。

　労使関係法制の展開とワーキング・マイナーズの増大をバックにして，政府，NCB側の態度は強硬であった。サッチャー首相は，年末のインタビューで，NUMにおけるアーサー・スカーギルの"権力"を打ち砕くことを決意している旨を述べていた[10]。イワン・マクレガーNCB総裁ともども，妥協（compromise）を断固として排除し，NUMを負け戦に追いこみ，それとセットに，石炭産業合理化を推し進めようとする意図に変化はなかった。

　NUM側は複雑であった。増大するワーキング・マイナーズたち，右派エリアの一層の離反，TUCなどの不十分な支援体制などの下で，一層，苦しい局面を余儀なくされていた。しかも，後述するが，年明け早々，NUM内の戦闘的左派からのアーサー・スカーギル批判が表面化した。政府，NCBは別としても，いまや組合内右派だけでなく，左派からの批判が提起された。それだけに，年が明けてからの事の一層の厳しさが予想された。

　1984年3月初旬からの全国ストライキをつうじて，12月1日現在，8,731名が逮捕され，87名が投獄された。死者も出ていた。12月7日現在になると，逮捕者は1万名の大台にのり，1万551名に達した。こうして，1984年は終わり，炭鉱争議は1985年に持ち越された。

---

10)　*The Times* 1984年12月31日付.

第6章

ワーキング・マイナーズの増大とスト中止，職場復帰（1985年1月～3月）

はじめに
1　NUM左派のスカーギルNUM委員長批判の表面化
2　労使予備交渉とその決裂（1月29日）
3　TUCの仲介とNCBの新提案，NUMの新提案拒否（2月20～21日）
4　ストライキング・マイナーズの相次ぐ職場復帰
5　スト中止，無協定職場復帰の動きと特別代議員大会（1985年3月3日）
付録1．1985年2月15日提示のNCB新提案文書
　　2．1985年2月20日提示のNCB修正文書
　　3．イワン・マクレガーNCB総裁のノーマン・ウイリスTUC書記長宛の手紙

はじめに

　本章は，1985年1月から3月まで，すなわち，ワーキング・マイナーズの増大と全国ストライキ中止，無協定のまま職場復帰を決めた3月3日のNUM特別代議員大会までを考察の対象時期とする。すなわち，全国ストライキ中止という意味での炭鉱争議の終結までを取り扱う。しかし，争議における争点が何らか解決したわけではないので，全国ストライキ中止後の事態の展開については，なお次章において考察する。

1　NUM左派のスカーギルNUM委員長批判の表面化

　年が明け，1985年に入った。1月上旬，イギリス，ヨーロッパは，この冬，

初めての猛烈な寒波に見舞われた。ふだんは雪など降らないスペインのマドリッドやギリシャのアテネまで雪が降り，このため，いつもは暖房設備を必要としない南ヨーロッパでは死者が出たくらいである。そうした厳冬は，あたかもNUMを取り巻く厳しい状況を象徴するかのごとくであった。

一方では，とくに1984年11月以来のワーキング・マイナーズの増大によって，NUMは組織的に苦しい局面を余儀なくされていた。だが，それだけでなく，NUM内部の戦闘的左派からも，とくにアーサー・スカーギルNUM委員長の指導性についての批判が表面化し始めた。とりわけ注目すべきは，サウス・ウエールスNUMからの批判であった[1]。

1月1日，サウス・ウエールス・エリアの理論的指導者であり，スポークスマンであるキム・ホーエル（Dr. Kim Howells）——当時エリアのResearch Officer——は，'もはや，これまでと同じ古いスローガンを繰り返すだけでは十分ではない。新たなイニシアティヴによる指導が行われなければならない'と述べ，とくにアーサー・スカーギルNUM委員長の指導性不足を批判した。彼の批判は，一方でワーキング・マイナーズの増大による石炭生産の増大，他方で，それによる電力供給安定化の見通しの政府による発表などを背景にして，このままでは"ひどい敗北"（badly beaten）に陥りかねないこと，'我々は，新たな戦略を持たねばならない'ことを意味していた。

同じ1月1日，アーサー・スカーギルNUM委員長は，ドンカスター（Doncaster）に近い電力工場の外のピケットラインで，'今日，再び84年3月に我々が示した同じ決意と情熱を持って，ピケットラインに立っている。唯一の違いは，昨年3月よりも現在，我々は勝利への一層の確信と自信を持っていることにある'と激しく演説していた[2]。キム・ホーエルとの状況認識のへだたりは，きわめて大きかった。

そうしたスカーギル演説にもかかわらず，NUMリーダーたちが，キム・ホーエルのコメントで受けたショックは大きかった。というのは，サウス・ウエールスNUMは，これまでストライキの不動の遂行エリアであり，そこでは，

---

1) *The Times* 1985年1月2日付。
2) *The Times* 1985年1月2日付。

表2-3に示されるごとく,1984年11月18日現在で,ストライキ参加者21,416人,ワーキング・マイナーズはたった84人に過ぎず,ケントと並んで際立つ結束力を誇っていた。

また,実際,同エリアでは,いわゆるピケット・バイオレンス問題もほとんど発生しておらず,組織的に整然としている点では群を抜いていた。そのことは,スコットランドと並んで,いやスコットランド以上に,コミュニストの強い指導性と影響力が浸透していることと無関係ではなかった。そうしたエリアからの批判であるだけに,その重みは十分なものがあった。そして,やがて,ストライキ中止,職場復帰に至る一連のイニシアティヴとの関連で,見逃し得ない重要な伏線をなしていた。

2　労使予備交渉とその決裂(1月29日)

NCBとNUMとの新たな交渉は,すでに84年10月末の決定的決裂以来,直接には途絶えていた。だが,1985年1月下旬に至り,両者の話し合いの気運が再び増大してきた。それには,一方でTUCノーマン・ウイリス書記長とNCBのスポークスマンであるマイケル・イートン（Michael Eaton）との予備折衝,さらにピーター・ヒースフィールド（Peter Heathfield）NUM書記長とNCB労使関係担当のネッド・スミス（Ned Smith）との非公式折衝が先行していた。

1月24日,NUM全国執行委員会（NEC）は,NCBと新たな交渉に入ることを決めたが,それにはピーター・ヒースフィールドNUM書記長とNCBネッド・スミスとの非公式折衝の内容が判断材料の一つとなった。確かに,両者の間で,何か文書が交わされたわけではなかった。だが,両者の理解の基礎には,ピット閉鎖についての新たな定義づけがあった。すなわち,"非経済的なピット"（uneconomic pit）の閉鎖問題が議論される際には,生産コストが考慮に入れられるべきであるということであった[3]。この点,NCBが,一方的に"非経済

---

3) *The Guardian* 1985年1月25日付。

的なピット"と判断しただけで閉鎖するというよりも，もっと具体的な次元で，"非経済的なピット"の閉鎖問題が討議できる余地が生まれたのであり，その意味では，双方とも一歩，歩み寄ったかたちでの交渉が再開できるかに見えた。

だが，実際には，そうは運ばなかった。NUMが争議終結の途を交渉で探ろうとしていたのに対し，NCBは明らかな勝利の印をもって争議を終わらせようとしていた。言いかえれば，NUMピーター・ヒースフィールド書記長とすでにこの2月にNCBの役職を去ることが決まっているネッド・スミスとの非公式折衝の線で争議を終結させるのではなく，それを反故にし，ワーキング・マイナーズの一層の増大をバックに，譲歩抜きの終結の道を選択したのである。

サッチャー首相の態度も同様であった。例えば，1月24日，労使予備交渉を前にして，サッチャー首相は，NUMのリーダーたちが，"非経済的なピット"は閉鎖されなければならないことをハッキリと受け入れるよう要求した[4]。また，ストライキ中に解雇されたマイナーたちの救済問題も一つの重要な項目であったが，イワン・マクレガーNCB総裁は，約2週間にわたるワーキング・マイナーズ代表らとの私的会合で，再雇用はあり得ないとの言質を与えていた[5]。

サッチャー首相ら政府とNCBの強硬路線のもとで，予備交渉（talk about talk）が決裂することは眼に見えていた。果たして1月29日，予備交渉は，交渉のため，双方が受け入れることのできる共同の議題を産み出すことさえできず，決裂してしまった。

2月1日，サッチャー首相は，①NCBは経営権を確保しなければならないこと，②労使交渉においては，NUMから"非経済的ピット"の閉鎖の必要について，文書による同意を得るというNCBの要求を強く支持した[6]。

こうしたサッチャー首相ら政府，NCB側の強硬路線は，NUMの反発だけでなく，現場監督者の組合で，84年10月，NCB側とピット閉鎖問題を含めて合意したNACODSの反発を招いた。その反発とは，84年10月の合意内容に違反しているというものであった。また別に，事態を憂慮していたTUCが，この事態

---

4) *Financial Times* 1985年1月25日付.
5) *Financial Times* 1985年1月28日付.
6) *The Guardian* 1985年2月2日付.

の打開に向けて乗り出した。

3 TUCの仲介とNCBの新提案,NUMの新提案拒否(2月20～21日)

　労使予備交渉の決裂後,事態を見守っていたノーマン・ウイリス書記長を中心とするTUCの仲介工作が開始された。2月に入って,ワーキング・マイナーズの一層の増大とともに,NUM内部でも事態収拾への動きが望まれたことが背景にあった。

　TUCの仲介工作により,TUCとNCBとの話し合いをつうじ,2月15日,NCBの新提案としての文書が発表された。その新提案文書は,全部で8項目からなっていた。NCBとNUMの基本的な対立点がどこにあったかを確認するため,すこし中身に立ち入ってみよう。といっても,この新提案文書自体はかなり長いので,便宜上,本章の末尾に付録として全文を掲げることとする[7]（138頁）。したがって,ここでは前後が逆になるが,NUM側の主張を掲げてみよう[8]。

　まず,最も重要な争点は,"非経済的なピット"の閉鎖に際し,最終決定権はあくまでNCBにあるとの方針は前年以来,不変であり,この点がNCB文書第8項（139頁）として明記されていた。

> 8. At the end this procedure the Board will make its final decision. The parties accept this is not intended to constitute a non-strike agreement.

　だが,この時点では,NECも,この一文の受け入れは認めていたと言われる。その代わりに,以下,三点の修正意見を提出し,形式的には第8項を受け入れつつ,実質的にNCBの最終決定権に歯止めをかけようとした。

　第一に,第2項最後の一文の削除である（138頁）。その一文とは以下のとおりであり,"非経済的ピット"の閉鎖が,NUM組合員の利益に関わる事項だと

---

7) 以下,全文については,正確を期すため,原文で掲げる。典拠資料はそこに記した。
8) *The Times* 1985年2月21日付。

理解可能であったためである。

> In this regards the NCB is firmly of the view that the interests of the membership of the NUM are best served by the development of an economic sound industry.

　第二に，第5項最後の一文の削除（139頁）である。

> Until such time existing procedures will apply.

つまり，これまでの炭鉱閉鎖手続きは修正するとしても，'その間は既存の手続きによる'との一文によって，最終決定権の所在はNCBにあることを意味する一文の削除である。
　第三に，第6項（139頁）で，その後半部分を削除し，NUMによる修正文を挿入すること，したがって，第6項を次のように変えることであった。

> Proposals about the future of pits will then be dealt with through a modified colliery procedure in accordance with past practices, those pits which are exhausted or facing severe geological difficulties will be closed by joint agreement. Any other colliery will be considered within the modified colliery review procedure.

要するに，NCB文書第6項と比べると明らかであるが，ピット閉鎖などに関わる手続きは修正された手続きによって行われることを明記するよう求めていた。したがって，2月15日のNCB新提案文書をもってしては解決に至らず，TUCはさらに両者の妥協点を求めて仲介を続けた。
　2月19日，TUC幹部は，サッチャー首相，ついでピーター・ウォーカー・エネルギー大臣と会見し，事態打開を話し合った。だが，サッチャー首相は，表面上はソフトな物腰であったが，内容は厳しく，激しいアーサー・スカーギル批判を行い，事態収拾にあたっては，きっぱりと妥協を排し，明快な決着をつけることを言明した。
　エネルギー大臣は，TUC幹部と会見するにあたり，事前にNCB側と打ち合わせのうえで臨んだ。そのことは，先のNCB新提案文書に関連し，なお若干の修正の用意があることを意味していた。
　事実，この会見後，2月20日，先の新提案文書に対するNCB修正提案文書が

提起された。この修正提案文書は，先の2月15日の新提案文書に，何点か修正を加えた文書であった。同時に，これを最終案としていた。そして，その修正提案文書の提出に際し，イワン・マクレガーNCB総裁のノーマン・ウイリスTUC書記長宛の手紙が添えられていた。修正提案文書の要点およびその手紙とも，便宜上，先の新提案文書と同様，本章の末尾に，付録として掲げることにする（140頁）。

先のNUMの修正案に対し，第1点（第2項）は，'interests of the membership of the NUM' を削除し，'interests of all its employees' に置き換えるとしたが，意味内容では変化があったわけでなく，すべての被雇用者に拡大しただけであった。第2点（第5項）は，ややこみ入った修正であるが，①争いのない場合は，既存の手続きによるとし，②争いのある場合は，期限を設けて独立検討機関に関する協定に達するよう努力するが，その期限までに協定に至らない場合は，既存の手続きによるとしており，結局，既存の手続きが存続して意味を持つ内容になっていた。第3点（第6項）は，大変，こみ入った修正であるが，修正文の最後に，'before the Board takes its decision as to whether or not to close the colliery.' と付すことによって，NUMの"歯止め"の意図を封じ，ここでも最終決定権の所在を再確認するかたちとなっていた。この点，イワン・マクレガーNCB総裁によるノーマン・ウイリスTUC書記長宛の手紙でも，NCBの最終決定権を強調していた。

このように，NCBは経営権を楯に，最終決定権の所在については一切，譲ろうとはしなかった。NUM側は，最終決定権の所在を認めつつも，労使対等のもとでの労使共同決定権の行使をつうじ，NCBの最終決定権に実質的な歯止めをかけようとしていた。そのぎりぎりのつばぜり合いとも言うべき事実上の最終交渉であった。

NCBの新提案および修正提案に対するNUMの回答は，もはや明らかであった。2月15日に提案されたものよりも，"際限なくもっと悪い"（indefinitely worse），それがNUMの評価であった。2月21日に開かれたNUM特別代議員大会では，TUC仲介のNCB新提案を拒否し，ストライキ継続を全会一致で決定した。

こうして，1月の予備折衝の決裂に続き，2月のTUC仲介の交渉も，ここ

に至って完全に決裂した。そして，労使ともに強硬路線に戻った。しかし，こうした間に，ストライキング・マイナーズの職場復帰は増加の一途をたどり，NUMは一層の苦境に立たされていた。

4 ストライキング・マイナーズの相次ぐ職場復帰

　前年のクリスマス・ボーナス支給提案を契機に目立ち始めたストライキング・マイナーズの職場復帰は，85年1月に入ってもやむことはなかった。1月の各週末ごとの職場復帰者数を掲げると表2-5のようになる。
　一見して明らかなように，週を追って，復帰者数は増大していった。2月に入り，職場復帰はさらに加速していった。2月21日のNUM特別代議員大会で，新提案拒否，ストライキ継続を決めた翌日の22日（金曜日）には，金曜日としては過去2番目の456人が職場復帰した[9]。2月22日のNCB発表によれば，18万6千人のピットにおける労働者のうち，8万8千人が就労中であるとのことであった。もっとも，スカーギルNUM委員長は，13〜14万人はストライキ中であり，NCB発表はまやかしであると反論した。
　2月24日，闘争の高揚を図るため，ストライキング・マイナーズを中心に，ロンドンで集会やデモが行われた。これには，労働党のトニー・ベン，TGWUのロン・トッド書記長らも加わった。参加者は，主催者発表で8万人（警察発表1万5千人）であった。ロンドンでは，久しぶりの大きな集会・デモとなった。ロンドンのトラファルガー広場での集会で，スカーギルNUM委員長は，'ストライキはいまや51週目に入った。このストライキは，第二次大戦中のレジスタンス運動にいまや類似し始めた'と演説し，その評価の是非は別として，話題を呼んだ。
　2月26日，NCBは，その集会・デモの前日である25日，1日としては過去最高の3,600人以上が職場復帰したと発表した。NUM組合員のうち，9万1千人，

9）最高は，84年11月23日の958人であった。

表2-5　各週別の職場復帰者数

年月日	復帰者数（人）
1985年1月4日	705
1月11日	2,269
1月18日	2,870
1月25日	3,386

出所）NCB調べ。

49％がストライキの戦列を離れ，就労したとのことであった。もっとも，スカーギルNUM委員長によれば，12万4千人がストライキ中であり，組合員の就労は36％だとの反論がなされたが，彼の反論の数字自体は，2月22日に比べれば少なくなっていた。

　NUM組合員の過半数が職場復帰するであろうとの決定的時点が，もはや間近に迫っていたのは間違いなかった。遂に2月27日，NCBは，NUM組合員のうち就労者が50％を超えたと発表した。NUMは，なお61％がストライキ中だと反論した。NCB発表によれば，NUMの拠点エリア，マクガーヒイ副委員長の出身地スコットランドで46.7％，スカーギル委員長の出身地ヨークシャーで20％が就労しているということであった。ただ，NCB発表でも，もう一つの拠点エリアであるサウス・ウエールスでの就労者が，わずか6％に留まっていたことは，とくに注目に値しよう。

　大勢は，もはや決したといってよかった。過半数の職場復帰は，事実上，いわば全国ストライキ否認のNational Ballotの意味を持っていたといって過言ではない。NUMが，この事態を受け止め，どう対処するか，まさに瀬戸際での選択が迫られていた。2月25日，TUCはNUMに対し，争議解決のため，もはやできることは何もないと告げていた。

5　スト中止，無協定職場復帰の動きと特別代議員大会(1985年3月3日)

(1) スト中止，無協定職場復帰へ至る動き

　一方で，ストライキをやめ，職場復帰するストライキング・マイナーズの増

大に対し，他方，NUM内部から，ストライキを中止し，無協定のまま職場復帰しようという動きが，かなり前から始まっていた。ただし，いつからかを正確に確定するのは困難である。

新聞報道で見るかぎりでは，85年2月初めである。そして，サウス・ウエールスNUMが，この動きの中心的役割を担っていたのは確かであった。例えば，85年2月6日付の*Financial Times*や*The Guardian*には，無協定のまま，ストライキを中止しようとする動きが，NUM左派にあり，それがサウス・ウエールスNUMのリーダーらによるものだと報道している。

想い起こせば，85年1月1日，サウス・ウエールスNUMのスポークスマンであり，理論的指導者であるキム・ホーエルが，スカーギル批判を行い，新たな戦略とイニシアティヴの必要性をアピールしていた。そこではまだ，ストライキ中止，無協定のままでの職場復帰とは主張していない。だが，2月初めの新聞報道と合わせて考えれば，すでに1月のいずれかの時点で，しだいに具体的構想として結実していったと推測される。その場合，1月29日の予備折衝の決裂前後が，最も可能性のある時期だと推測されるが，ここではこれ以上は確定できないので，敢えて推測に留めておく。

いずれにせよ，TUCの仲介工作など水面上の動きではなく，水面下ないしはNUM内部のインフォーマルな動きであり，2月6日の報道以来，新聞報道でもしばらく影をひそめていた。ただ，2月14日付の*The Guardian*で，サウス・ウエールス・マイナーズの動きとして，同様なことが報道されていた。

TUC仲介のNCBとNUMの交渉が完全に決裂し，それをNUMが会議体で正式に確認したのは，2月21日のNUM特別代議員大会である。そこでは，NCB新提案を拒否し，ストライキを継続することは決まったが，同時にもはや，その先の「成算」が見出せなかったことも事実である。

サウス・ウエールスNUMからNECへの事態の現実的再評価の要請と特別代議員大会の再招集の要望が出された。少なくとも，2月27日および2月28日付の*The Guardian*, *Financial Times*などでは，そのように報じた。他方，NCBは2月27日，NUM組合員の50％以上が就労したと発表していた。

1985年2月28日のNECは，NUMの今後の方針を決めるうえで決定的に重要な会議となった。この席上，スカーギル委員長は，なおもストライキの継続を

主張したと報じられている。しかし結局、NECは、3月3日（日）に特別代議員大会を開き、そこで今後の方針を決めることを決定した。

こうして、サウス・ウエールスNUMから提起された提案の一つは通ったのである。同時に、その代議員大会に、無協定のまま、ストライキを中止し、職場復帰する案が提案されることも、ほぼ確実と見られていた。ただし、その提案が代議員大会で通るかどうかは、なお流動的であり、予測を許さない状況にあった。ただ、2月21日のNUM特別代議員大会で、ストライキ継続を決めたにもかかわらず、3月3日、再び代議員大会で、当面の方針を決めるというのであるから、もはやストライキ継続という方針をもってしては押し通せない状況に直面していたのも事実であった。

3月1日に行われた5つのエリアでの投票――サウス・ウエールス、ダラム、ノーザンバーランド、ランカシャーおよびホワイトカラー・セクションのCOSA――での投票の結果、無協定のままで、ストライキを中止し、組織的に職場復帰する案が賛成多数票を得ていた。だが、翌日のヨークシャーNUMでは、僅差でストライキ継続が多数を得た。そうしたいくつかのエリアにおける事前の動向が明らかになる中で、3月3日を迎えた。

(2) NUM特別代議員大会（3月3日）

1985年3月3日、NUM全国特別代議員大会が、ロンドンのTUCコングレス・ハウスで開かれた。大会では、無協定のまま、ストライキを中止し、組織的に職場復帰しようという提案が、サウス・ウエールスNUMの動議というかたちで提出され、98対91の僅差で可決された。エリア別の賛成、反対投票の内訳は、表2-6のとおりである。

サウス・ウエールスとともに、コミュニストの影響力の強いと言われるスコットランドやケントが、動議に対しては反対に回り、サウス・ウエールスと意見が割れたのは、概ね次の事情によると考えられる。第一に、地域的伝統の違い[10]、第二に、当面、これが最も重要な意見の分岐点となったが、とくにス

---

10) 例えば、ケント・エリアは、もともとスコットランドからの炭坑夫の移動によって成立したと言われている。

表2-6 動議へのエリア別投票動向

Area	賛成票	Area	反対票
Cokesmen	5	Yorkshire	59
COSA	17	Kent	3
Cumberland	1	Midlands	13
North Derbyshire	11	Scotland	12
Durham	12	Group 2 (Scottish Craftmen)	4
North West	8		
Northumberland	6		
North Wales	2		
South Wales	22		
Group 1 (Durham Mecanics)	9		
Power Group	5		
Total	98		91

出所) NCB調べ。
注1) Nottinghamshireは32票を持っているが，出席せず。
注2) Leicestershire（3票），South Derbyshire（4票）は，いずれも投票せず。

コットランドなどでは，ヨークシャーとともに，ストライキ中に解雇された組合員を多くかかえており，大会で被解雇者の救済方針を明確にするよう強く求めた。そのため，その方針が明確ではない動議には賛成し得なかった。だが，いずれにせよ，動議は可決され，ストライキ中止，無協定ではあるが，組織的に職場復帰することが決まった。

「ピット・ストライキ，抵抗と涙のうちに終わる」(*The Guardian* 1985年3月4日付)，「ストライキ終わる，しかしスカーギルなおも抵抗」(*The Times* 1985年3月4日付)，大会翌日の新聞は，一面トップに，そうした大見出しを掲げて，大会の模様を報道した。

3月5日，一部ではブラス・バンドを先頭に，そして組合旗を掲げつつ，デモ行進のかたちで組織的に職場復帰した。ケント，スコットランドなど一部のエリアのマイナーたちは，ストライキ中に解雇された者の救済を要求し，3月5日には職場復帰せず，なおもストライキを継続した。当初はその数3万人と言われたが，3月9日の週末まで残っていると見こまれたのは，約5,000人と言われる[11]。

ストライキは終わった。それによって，3月8日，NUM組合員のピケッティ

表2-7 スト終結までの約1年間における起訴件数と起訴理由

起訴理由	件　数
騒乱罪	4,107
警察官に対する公務執行妨害	1,682
刑事損傷	1,019
高速道路妨害	640
違法集会	509
身体傷害暴行	429
警察官暴行	360
窃盗	352
軽犯罪	296
脅迫	275
治安妨害	207
暴動罪	137
泥酔	66
凶器携帯	49
強度身体傷害暴行	39
保釈条件違反	32
強盗	31
乱闘	21
鉄道軽犯罪	20
逮捕時抵抗による暴行	19
犯罪準備	18
無謀運転	16
放火	15
殺人脅迫	5
生命脅迫罪	4
殺人罪	3
不法監禁	2
盗品売買	1
薬物軽犯罪	1
扇動	1
合　　　計	10,356

出所）この表は、'Diary of a Dispute', in *Police Review*, June 7, 1985 および Dennis Skinner MP, Tony Benn MP et al., *Justice —— The Miners' Strike 1984-85*, 1986, pp. 35-6 より作成。Janie Percy-Smith and Paddy Hillyard, 'Miners in the Arms of the Law: A Statistical Analysis', in *Journal of Law and Society*, vol. 12, no. 3, Winter 1985 も参照。
　ただし、松村高夫（1991）「イギリス炭鉱ストにみる警備・弾圧態勢」（『大原社会問題研究所雑誌』5月号，No.390）による。

11) *Financial Times* 1985年3月9日付。

ングに対し，それを抑えるのに絶大な威力を発揮した移動警察隊の司令本部であった全国情報センター（NRC）も店じまいをした。

ストライキ終結までの約1年間の逮捕者総数は，イングランドとウエールスで9,808名，起訴された者7,917名,起訴件数は10,372名であった。約1年間の起訴件数の内訳は，表2-7のように，騒乱罪をはじめ，実に多岐にわたった[12]。

ストライキが終わったという意味での炭鉱争議は終結した。だが，文字どおり無協定であり，争議の実質的内容から言えば何も解決していなかった。ピット閉鎖など合理化問題，それに先立って争点であった賃金引き上げ問題も未解決であった。その意味では，スカーギルNUM委員長の言うように，争議は"続行中"でもあった。そこで以下，ストライキ中止後の事態の成り行きを追っていくことにする。

付録1．1985年2月15日提示のNCB新提案文書[13]

1. It is crucial importance for the parties concerned in the current dispute to concentrate attention on the future success of the industry and in so doing to commit themselves to reconciliation and restoration of relationship.
2. The NUM recognize that it is the duty of the NCB to manage the industry efficiency and to secure sound developments in accordance with their responsibilities and the NCB recognize that the NUM represents and advances the interests of its members and their employment opportunities. In this regards the NCB firmly of the view that the interests of the membership of the NUM are best served by the development of an economically sound industry.
3. The parties undertake that immediately upon a return to normal working, discussions will commence upon the revision of the Plan for Coal, such revision to be completed within six months. In order that this programme, which is of vital importance to the industry, the mining communities and the country, is carried through with the utmost effectiveness the parties specifically and mutually commit themselves to giving maximum priority to this period of conciliation and reconstruction and providing the necessary resources. The

---

12) 松村高夫（1991）「イギリス炭鉱ストにみる警備・弾圧態勢」（『大原社会問題研究所雑誌』5月号）による。
13) *The Times* 1985年2月21日付による。

TUC undertake to provide assistance if called on by either the NUM or the NCB. The issues that could be included in discussion are attached an annex. Nothing in this paragraph will prevent any party from referring collieries to the Review Procedure.
4. The parties accept that it is of value to outline, at this stage, the procedures that flow from a commitment to modify the Colliery Review Procedure.
5. The existing Colliery Review Procedure has the objective of periodically reviewing at colliery and Area level the performance and future investment opportunities of pits with representatives of unions. The parties accept the need to modify the procedure. After a return to normal working, there will be urgent talks about the early establishment of modified procedure and about the constitution, membership and role of the independent reference body which is to be incorporated into the procedure. Until such time existing procedure will apply.
6. Proposals about the future of pits will be dealt with through the modified Colliery Review Procedure. In accordance with past practices, those pits which are exhausted or facing severe geological difficulties will be closed by joint agreement and in the case of a colliery where there are no further reserves which can be developed to provide the board, in line with their responsibilities, with a satisfactory basis for continuing operations such a colliery will be closed.
7. Under the modified Colliery Review Procedure the independent body will constitute a further consultative stage after the national appeal stage to consider reference from any of the parties to the Procedure where agreement is not reached in the usual steps at colliery and Area level. All parties are committed to give full weight to the view of the proposed independent review body.
8. At the end this procedure the Board will make its final decision. The parties accept this is not intended to constitute a non-strike agreement.

Annex（略）

付録2．1985年2月20日提示のNCB修正文書[14]

(i) Paragraph 2—delete "interests of the membership of the NUM", substitute "interests of all its employees".

---

14) *The Times* 1985年2月21日付．文書の修正文の全文を掲げるのは長くなるので，ここでは修正点のみ示したものを掲げる．全文は，同日付の*The Times*に掲載されている．

(ⅱ) paragraph 5—after "the existing Colliery Review Procedure" insert "that has been operated by both parties for many years".

At end of paragraph 5 delete "until such time existing procedure will apply" and add: "Until then, existing procedures will continue to apply to closure proposals which are not disputed. In the case of a disputed closure proposal, under the procedure that will be operating in connection with any such proposed closure, it will take more than three months before the point was reached where there was a need for either party to make a reference to the independent review body, all parties will endeavour to reach an agreement upon the details of its establishment before the first of June 1985. In the event of a failure to reach agreement on the independent review body by that date the existing procedure will continue to apply until agreement is reached".

(ⅲ) Paragraph 7 is renumbered to become Paragraph 6.

(ⅳ) Paragraph 5 becomes Paragraph 7: after "proposals about the future of pits will" insert "then"; at end delete "will be closed" and substitute "will if requested by either party be reviewed under the Modified Colliery Procedure before the Board takes its decision as to whether or not to close the colliery".

付録3. イワン・マクレガーNCB総裁のノーマン・ウイリスTUC書記長宛の手紙[15]

The Secretary of State for Energy reported to me the point that you made the talks at No.10 Downing Street with Prime Minister.

The Secretary of State confirmed that it was the view of the TUC that the document that we had prepared subsequent to discussions with you was a document that, if agreed to, would for all of the matters dealt with in this document be the final agreement, and was a document which would be an agenda or form the basis of any further negotiations.

We note that the TUC confirm that the Executive of the NUM had accepted the Board's duty to manage the industry efficiently; had confirmed its acceptance of a modified Colliery Review Procedure; and had accepted that Board would take the final decision on closure after completion of all the review procedures.

The Secretary of State reported to us that you felt that our requirement in paragraph 5 that existing procedure should apply until a modified procedure was in some way a rejection of the agreement we had reached with NACODS. We in

---

15) *The Times* 1985年2月21日付。

no way intend to reject the NACODS agreement, and indeed we confirm that it is our objective to put swiftly into operation the NACODS procedure. However, as I gather the Prime Minister and the Secretary of State explained the Board could not accept a situation where if, for example, the NUM refused to agree to the detail of the independent body, no review procedures would exist. This might in effect, result in the NUM frustrating any reasonable plans for closures. In order to clarify our objective, we have revised the wording of this provision so that it expresses our aim of seeing that the modified procedures are in place by the time they are needed and that existing procedures would continue to apply in event of failure to reach agreement.

He also reported that you were concerned that Clause 6 of our proposals might be taken to imply that we had in mind closing collieries without the Unions having had the opportunity to refer a case to the independent review body to be set up under the modified procedures. We have therefore re-ordered this part of the document in order to make clear that this has never been our intention.

We hope therefore that this clarification of our original document will meet fully the doubts which you expressed at the meeting with the Prime Minister. Having given careful consideration to your views, I wish to make it clear that this must now constitute our final wording. We hope that the NUM Executive will accept this as a means of ending the present damaging dispute and allowing all sides of the industry to concentrate their attention on the future success of the industry.

第7章

スト中止，85年7月のNUM年次大会
（1985年3月～7月）

はじめに
1　賃金引き上げ交渉の妥結と無期限残業拒否闘争の中止
2　ピット閉鎖問題とNACODSの動向
3　被解雇者の復職問題
4　対立深まるNUM主流派と反主流派
5　NUM規約改定問題
6　NUM，1985年年次大会（7月）
7　NUMの分裂，UDMの結成
付録　戦後の炭鉱労働者数，NUM・NACODS・BACM・UDM組合員数の推移

はじめに

　1年近くにわたったNUM全国ストライキは，1985年3月3日のNUM特別代議員大会において中止が決定され，その意味では争議は終結した。ただ，無協定のままでの職場復帰であったから，争議における諸争点が解決したわけでなかった。

　そこで，この第7章では，ストライキ中止後の事態の展開について，なおしばらく追跡することとする。その主な時期の目途は，7月のNUM1985年年次大会および10月のUDM（民主炭坑夫労働組合）の結成あたりまでとする。

　ただ，その後の事態の新しい進展については新たに書き下ろしで，第3部イギリスの炭鉱争議（1984～85年）＝後日談として，第9章　炭鉱争議・UDM結成後の炭鉱労使関係，第10章　石炭産業の民営化と炭鉱労使関係をもって，

炭鉱労使関係の展開と変化を考察することにする。

1　賃金引き上げ交渉の妥結と無期限残業拒否闘争の中止

　1985年3月3日のNUM代議員大会決定によるストライキの中止後，当面の焦点の一つは，すでに1983年秋に，労使交渉上の争点となっていた賃金引き上げ問題，それにともない，1983年10月31日より続いていた無期限残業拒否闘争の収拾にあった。

　そのうち，先行したのは，無期限残業拒否指令の解除であった。85年4月2日，シェフィールドで開かれたNUM代議員大会で，約17ヵ月続いた無期限残業拒否指令について，解除賛成122票，反対74票で，解除を決定した。その際，ヨークシャー，ダラム，ケントNUMは，残業拒否指令の解除に強く反対した。また，スカーギルNUM委員長自身も解除反対を公然と表明したと言われる。だが，大勢を覆すには至らなかった。

　解除反対の理由は，ストライキ中に解雇された者の復職問題が未解決であり，それをそのままにして，残業拒否指令を解除することはできないというものであった。つまり，残業拒否指令を争議継続の指標として位置づけようとするものであった。

　この残業拒否指令の解除が，賃上げ交渉に先行したのは，それが長期間，途絶えていた賃金交渉再開の条件であったからである。事実，この指令解除後，間もなく交渉が再開され，4月11日，NCBは2年分の賃上げ10.68％アップを提案した。このうち，1年分の5.2％について，NUMは即日，受諾した。そして，残る1年分の5.2％については，4月18日のNECにおいて受諾を決めた[1]。この結果，週基本賃率は，最低のグレードで104.15ポンド，最高のグレードで144.25ポンドとなった。

---

1) 合計が10.4％で，10.68％に比べ，0.28％の差があるのは，最初の1年分5.2％アップによって，2年目の名目5.2％だけでなく，実質プラス・アルファ部分が出てくるからである。

こうして，1983年秋以来の賃金引き上げ問題は，ストライキ中止後，とりわけ無期限残業拒否指令の解除後，きわめて短時日の間に解決に至った。だが，ピット閉鎖問題，被解雇者の復職問題などが，あとに控えていた。

2　ピット閉鎖問題とNACODSの動向

　1年近いストライキの発端であったピット閉鎖問題は，何も解決していなかった。1985年にも，閉鎖されたピットはあったが，それらは争議以前に，"枯渇した"ものとして，労使間で閉鎖の合意が成立していたものが中心であった。少なくとも，ストライキの発端となったNCB提案の20ピットについて，ただちに閉鎖されたわけではなかった。

（1）ピット閉鎖状況
　ピット閉鎖問題は，ストライキ中止後，NCB各エリアにおける計画の具体的見直しを経て，その積み上げとして，改めてNCB計画が策定される手はずになっていた。当初の予想では，そうしたピット閉鎖計画の見直しは，かなり早く進むのではないかと思われたが，事実はそうではなく，85年NUM年次大会前はもちろん，85年9月段階に至っても，まとまった計画自体は公表されなかった。
　ただ，エリア・レベルでは，ピット閉鎖計画は個別的に発表された事例があった。例えば，サウス・ウエールズでは，3月22日，ベッドウス炭鉱（Bedws）で，エリアNUM役員たちの説得にもかかわらず，265人のうち，ピット閉鎖反対がわずか45票，閉鎖賛成が320票でピット閉鎖を決めた[2]。今後，18ヵ月以内に，1,800人の人員削減が提起されている。サウス・ヨークシャーでは，全国ストライキへの発端となったコートンウッド炭鉱（Cortonwood）を含むピット閉鎖計画により，すでに85年中に2,800人の人員削減計画が発表さ

2）*The Times* 1985年3月23日付。

表2-8 ピット閉鎖一覧表（1985年）

No	ピット名	エリア名	閉鎖年月日
1	Ackton Hall	ノース・ヨークシャー	1985. 7. 5
2	Moorgreen	サウス・ノッティンガム	1985. 7.19
3	Pye Hill	〃	1985. 8. 9
4	Savile	ノース・ヨークシャー	1985. 8.23
5	Bedws	サウス・ウエールス	1985. 8.31
6	Celynen South	〃	1985. 9. 6
7	Markham	〃	1985. 9.20
8	Treforgan	〃	1985. 9.30
9	Aberpergwn	〃	1985.10. 7
10	Penrikyber	〃	1985.10. 8
11	Abertillery	〃	1985.10. 9
12	Yorkshire Main	サウス・ヨークシャー	1985.10.11
13	Wolstanton	ウェスターン	1985.10.18
14	Brookhouse	サウス・ヨークシャー	1985.10.25
15	Cortonwood	〃	1985.10.25
16	Brenkley	ノース・イースト	1985.10.25
17	Bold	ウェスターン	1985.11.15
18	Sacriston	ノース・イースト	1985.11.15
19	Herrington	〃	1985.11.22
20	St John's	サウス・ウエールス	1985.11.22
21	Haig	ウェスターン	1985.11.26
22	Fryston	ノース・ヨークシャー	1985.12. 6
23	Garw	サウス・ウエールス	1985.12.13
24	Emley Moor	サウス・ヨークシャー	1985.12.20

出所）NCB調べ。ただし, *Financial Times* 1986年1月4日付による。

れている。

　このように，なし崩し的ないしはエリアごとにピット閉鎖が進行した。1985年のピット閉鎖について見ると，表2-8のようになる。閉鎖ピット数は，全部で24ピットであった。ただ，この表では，どれが"枯渇した"ピットであり，どれが1984年3月6日のNCB"合理化案"で予定されていたピット閉鎖であるかはよく分からない。後者で分かるのは，サウス・ヨークシャーのコートンウッドとノース・イーストのハーリントンくらいである。エリア別では，サウス・ウエールスが一番多く，ついでヨークシャーであった。スコットランドはなぜか，1985年の閉鎖にはまだ含まれていなかった。

（2）ピット閉鎖問題とNACODSの動向

　NUMの全国ストライキ中止後，間もなく発生した問題は，ストライキによりダメージを受けたピットの閉鎖問題であった。この点に関連して，NCBとNACODSの交渉およびNACODSの動向が注目された。

　NACODSは，すでにサウス・ウエールスのベッドウォズなどの閉鎖計画に対し，その中止を求め，裁判所に提訴していたが，それは裁判所によって拒否された。そのうえ，NCBは3月28日，石炭産業における全組合に声明（手紙）を出したが，その内容が，NACODSをいたく刺激した。すなわち，その声明では，'直面するピット閉鎖は，第三者機関への手続きなしに行われる' と述べていた。NCBは，その声明の中でさらに，そうしたピットとは，'コスト回復が，明らかに長い将来にわたって見こめず，損害が恒久的かつ取り返し得ない' ものをいうこと，'ストライキ直後のこのピット閉鎖という戦略は，石炭産業の正常な共同の再検討手続きの範囲内にあるとは見なし得ないこと'，しかし，'このことによって，すべてのピット閉鎖が，共同の再検討手続きを経ないことを意味するものではない' ことなどの注釈，ただし書きが付いていた。

　このNCB声明は，ベッドウスなどの閉鎖計画と合わせ，NACODSにとっては黙認しがたい重大な内容を含んでいた。たとえNCBが，ストライキ直後のピット閉鎖について，協議手続きを経ないのは例外だと述べても，84年10月23日，NCBとNACODSが合意した事項に例外を認めることになり，それが突破口になって，合意がなし崩しにされる懸念をNACODSは抱いた[3]。それに加えて，NCB声明では，さらにストライキ中に引き続き，希望退職募集を呼びかけていたことも，NACODSの態度を硬化させた。

　NACODSは，一時，ストライキ権確立の投票を行うかに見えた。だが，4月17日の全国代議員大会では，ストライキ権確立の投票は行わず，代わりに残業拒否戦術について討議を行い，残業拒否の賛否についての投票を行うことを決定した。ちなみに，NACODSの規約によれば，ストライキについての全国投票は3分の2の賛成を必要とするが，残業拒否は過半数の賛成で足りた。5

---

3) NCBとNACODSの合意内容については，第3章1および第4章9を参照されたい。

月10日より，残業拒否について全国投票が開始された。5月16日，約6割の賛成票——正確には賛成7,821票，反対5,059票——を得て，5月18日より残業拒否闘争に入った。

　イギリスの炭鉱法規によって，現場監督者がいなければ操業できないのが石炭産業であったから，このNACODS組合員1万6千人の闘いは，"孤独な闘い"ではあったが，生産高はふだんの2割減となり，その影響は大きかった。いま"孤独な闘い"と書いたが，この時点でNUMのストライキ，残業拒否はなく，しかも政府，NCBは強硬な態度を崩さなかった。

　それだけでなく，NCBはこの時点で，ストライキ後の当面の閉鎖プランとして，12ピット閉鎖，1万人以上の削減を意図していると言われた。

　残業拒否闘争が2週間目の5月末に至っても，まだ解決のきざしは見えなかった。NACODSの指導部は，さらにストライキ権確立の投票を具体的に検討し始めた。ここに至って，NCBはようやくNACODSとの緊急の話し合いの姿勢を示し始めた。5月29日，最初の話し合いが行われたが，この話し合いは簡単に決裂した。

　6月4日，ようやく中身のある交渉が行われた。NCB側は，この席上で，①ダラムのホーデーン炭鉱（Hordern）の閉鎖問題に関し，閉鎖に固執せず，ピットの将来については諸組合と協議することを考慮する，②5月31日以降は，希望退職の受付を行わない旨，回答した。

　このNCB提案が，事態打開の糸口となった。すなわち，この具体例をつうじ，閉鎖にあたっては，事前に組合と協議するという，NCBの平和的処理の意向が明確化されたからであった。この結果，NACODSは6月5日，残業拒否闘争を中止した。いずれにせよ，ピット閉鎖について，NCBが一方的に強行することは不可能になった。だが，表2-8の示すように，1985年中に24ピットが閉鎖された。

3　被解雇者の復職問題

　1年近いストライキ中に解雇された者の復職問題も，深刻かつ困難な問題で

あった。全国ストライキ中止後，この問題は，第一に，被解雇者へのNUM自身による財政援助問題として存在し，第二に，被解雇者の復職問題という二つの問題として存在した。前者から見ていこう。

NECは，ストライキ中止後，被解雇者への生活資金援助のため，組合員1人あたり，週50ペンスを徴収することを決め，その可否について投票で問うこととした。1985年3月26日，投票結果が明らかにされたが，賛成50,429票（46.2％），反対58,721票（53.7％）をもって提案は否決されてしまった。投票数も，NUM組合員の59％とかなり少なかった。ノッティンガムシャー，レイセスターシャー，サウス・ダービシャーの各NUMエリアが，この投票をボイコットしたことも低い投票率の大きな理由であったが，それだけでなく，残業拒否闘争を早く終わらせ，賃上げ問題を解決したいという組合員からの切実な突き上げも強く，それも投票結果に反映したと言われている。しかも，被解雇者の数は，エリア別に大きなばらつきがあった。それ故，例えば被解雇者をほとんどかかえていないホワイトカラー・セクションのCOSAでは，反対が90％を占めた。

ピーター・ヒースフィールドNUM書記長は，この結果発表にあたり，'失望しているが，予期できないことではなかった'と語っている[4]。いずれにせよ，ストライキ中止後，間もなくの事態であり，大きな注目を集めた。この結果，全国的な資金援助の活動はできなくなった。だが，ピット・レベルにおける資金カンパ活動は続けられた。

第二の問題，すなわち被解雇者の復職問題は，復職は認めないとするNCBの基本態度のもとではあったが，事実上は各エリアの具体的交渉事項に移されていた。

それとは別に，下院の全党派からなる雇用委員会は，3月14日，この問題を検討すべく，NCBとNUM双方から意見聴取を行うことを決めた。その結果，①ACAS（諮問・調停・仲裁サービス）の懲戒実施および手続き規程（Code of Practice and Procedure）を規準とすること，②NCBは，(a) エリア・レベルで復

---

4) Winterton J. & R. (1989), *Coal, Crisis and Conflict; The 1984-85 Miners' Strike in Yorkshire* (Manchester University Press), 211頁。

職を拒否されたマイナーズについて，全国レベルでの再検討を制度化すること，(b) 再検討が行われていないエリアについては，全国レベルでの再検討を行うことなどの勧告を行った[5]。

だが，NCBはその勧告を拒否した。とはいえ，その後，スコットランドでは，事実上の再検討が行われ，203名の解雇者のうち，85年12月までに75名が再雇用された。また，刑法犯で解雇された多くの者が，85年夏までに無罪とされた。だが，無罪となっても，それが復職を保障するものではなかった。

NCBの強固な態度もあって，復職の交渉はなかなか進展しなかった。それにしても，議会でのそうした動きや重大な犯罪を犯した者はともかく，軽微な行為を理由に解雇された者についてまで救済しないのはどうかといった世論もあった。

そうした事情もあって，被解雇者の一部は復職した。*The Times* 6月20日付の報道によれば，1,000人の被解雇者のうち，約380人はすでに復職したとのことである。そうだとすれば，いぜんとして600人以上の被解雇者が残されていた。

6月28日，労働党左派の領袖であるトニー・ベンは議会に，マイナーズ・アムネスティ法案を提出しようとした。マスコミは，これを"pits pardon Bill"と呼んだ。全ての解雇された者のアムネスティを認めようという法案であったが，支持は少数であった。ただ，前述のような世論を喚起する意味は大きかった。

いずれにせよ，そうした被解雇者の復職問題は，85年7月のNUM年次大会でも大きな問題となった[6]。

---

5) Winterton J. & R. (1989), *Coal, Crisis and Conflict; The 1984-85 Miners' Strike in Yorkshire* (Manchester University Press), 211頁。
6) その後，アムネスティは，9月のTUC大会で動議が可決された。10月の労働党大会では，動議が3分の2に達せず，否決された。その後，全国アムネスティ・キャンペーン (National Amnesty Campaign, NAC) が設立され，活動した。前掲Winterton J. & R. (1989) 書，212頁以下参照。

4　対立深まるNUM主流派と反主流派

　アーサー・スカーギルNUM委員長を中心とするNUM主流派に対し，ノッティンガムシャー・エリアなど反主流派の対立する動きは，ストライキ中止後の新しい局面の中で，これまでとは形を変えつつ，継続され，両者の対立は一層，深まった。

　すでに述べたように，被解雇者への支援金徴収の可否を問う投票自体，ノッティンガムシャー，レイセスターシャー，サウス・ダービシャーの三つのエリアはボイコットした。事態はそれに留まらず，3月11日，ノッティンガムシャー・エリアは，ヘンリー・リチャードソン書記長の解任を決めた。これまで一貫して，全国ストライキを支持し続けてきた彼の書記長職解任は，まさに対立に一層，拍車をかけることになった。

　スカーギルNUM委員長は，ただちに'ヘンリー・リチャードソンは依然として，NUM規約により，フルタイムの役員である'旨，確認の談話を発表した。だが，この場合，ノッティンガムシャー・エリアは，1984年12月20日，エリアの規約を改定し，'全国規約とエリアの規約が抵触する場合，全国規約が適用される'という規定を削除していた。それ故，スカーギルNUM委員長が，全国規約を引き合いに出しても，規約の次元の異なる問題と化していた[7]。そして，結局のところ，ロイ・リンク（Roy Lynk）書記長代行がおかれ，エリアの独自的運営が強められた。

　もっとも，ヘンリー・リチャードソンの解任は，法廷でも争われた。高等法院は3月13日，解任を無効だとして禁止命令を出した。だが，すでに彼に代わって，事実上，その任にあたっていたロイ・リンク書記長代行は，その禁止

---

7) ただ，アーサー・スカーギルNUM委員長が，'フルタイムの役員である'旨の発言は規約上，重要な意味を持っていた。NUM規約によれば，エリアは全国執行委員の選出権は持っていても，解任権は持っていない。全国執行委員の解任は，NUM規約によれば，特別に招集された全国大会で，出席代議員の3分の2以上の多数で議決しなければならなかった（NUM, Rules 11, 1978）。それ故，ヘンリー・リチャードソンは，依然としてフルタイムの全国執行委員であるという発言になったと推測される。

命令と"闘う"旨，宣言した。4月3日に至り，高等法院はその禁止命令を解除した。ノッティンガムシャー・エリアは，かくして法廷でも"勝利"したのである。

ついで，3月25日，ノッティンガムシャー・エリアは，投票によって，ノッティンガムシャー・エリア選出の2人の全国執行委員，レイ・チャドバーンとヘンリー・リチャードソンの解任を決め，代わって右派のロイ・リンクとデビッド・プレンダーガスト（David Prendergast）の二人を選出した。エリア規約の独自性との関係で，このことも動かしがたいことであった。対立は一層，助長された[8]。

5月14日，今度はNUM全国執行委員会（NEC）が，ロイ・リンク全国執行委員の解任を決めた。正確には，NECの決定は，きたる7月の年次大会において解任動議を提出し，それを決定するという大会への事実上の提案の意味を持っていた[9]。また，もう一人のデビッド・プレンダーガストについては，"懲戒"（reprimand）とすることを決めた。かくして，対立はさらに深まり，しかもNUM年次大会での一大争点になることも確実となった。

これに対抗するかたちで，5月15日，ノッティンガムシャー・エリアでは，ピット・レベルでの投票を行い，2人の全国執行委員を信任し，3対1の割合でNUMから脱退することを決めた。正確には，脱退賛成15,157票に対し，反対が5,631票であった。同時に，ノッティンガムシャー・エリアが，投票でNUM脱退を決めた際，エリア執行委員会は，すでに明らかにされていたNECによるNUM規約の全面的改定提案に対し，次の全国大会で全面的に反対することを決めていた。そのことへの支持を問う意味も含んだ投票であった[10]。

8）この点は，NUM規約の解釈上では微妙な問題をはらんでいた。エリアに全国執行委員の解任権はないが，選出権はあるからである。しかも，ノッティンガムシャー・エリアの規約改定で，全国規約とエリア規約が抵触する場合，全国規約が優先するという規定を削除したのであるから，ことは一層，微妙であった。
9）*The Times* 1985年5月15日付。NECには規約上，全国執行委員の解任権はない。それ故，次の大会で，動議として解任を提案し，手続きに沿って，解任を行うことを決定したことを意味していた。
10）*The Times* 1985年5月16日付。

かくして，対立はもはや決定的な段階に到達したかに見えた。もっとも，事実としては，ただちに脱退したわけではなく，NUM年次大会後まで持ち越された。

5　NUM規約改定問題

話は前後するが，NECによるNUM規約の全面的改定提案とは，主に次の五つの点を内容としていた[11]。この規約改定提案は，1984～85年の争議の経験を経た，きわめて重要な内容を含んでいた。

第一に，とくにアーサー・スカーギルNUM委員長の任期をめぐる問題である。もっと正確に言えば，これまでの規約どおり終身職とするか，あるいはThe Trade Union Act 1984にしたがい，5年ごとの選挙を行うこととするか，それを規約上，どう取り扱うかにあった。The Trade Union Act 1984で選挙が義務づけられていたのは，投票権ある主要な執行委員会メンバー（a voting member of the principal executive committee）であった。

NEC提案は，委員長については，次のように規約（第11項）を変えることによって，5年ごとの選挙によらない終身職とするというものであった。

"……the President shall preside (but shall have no vote in any capacity) at all meeting of NUM……."

すなわち，'委員長はいかなる投票権も持たない' というカッコ内の規定を挿入することによって，The Trade Union Act 1984の適用からはずし，終身職

---

11) のちに述べるが，この規約改定提案とその討議は，NUM年次大会では非公開会議で行われた。それ故，手元に改定提案そのものの資料がない。ただ，*The Times* 1985年6月27日付などの新聞報道はあるので，その報道とNUM規約（1985年）を照合しつつ，確定的な部分に限定して以下に述べる。したがって，改定提案の細部に至るまで，正確な表現で述べるのは不可能であるが，可能なかぎり要点および関係規約原文を紹介することにする。なお，以下，規約第○○項という場合，1985年の改定規約による。

とすることであった。

　第二に，NECとエリアとの関係において，NECの権限を強化することにあった。その中心となる改定案は第17項Dにある。

> 17D　Conference shall have the power to create, dissolve, merge, combine, or amalgamate Areas and the NEC shall prescribe the rules of any new Areas so created which shall include Model Rules.

　これまでの規約には，エリアの再編についての規定はなく，エリアは「一覧表」(Schedule) として掲げられたままで，NUM結成以来，固定されていた。その点で，1945年1月の結成以来，約40年を経た大きな改定提案であった。先に述べたノッティンガムシャー・エリア執行委員会の規約改定反対の理由は，全体にわたっていたが，なかでも最大の理由は，このエリア再編規定にあり，それによるNEC権限の強化，エリアの自律性 (autonomy) の弱体化をねらったものだというのが反対理由であった。

　第三に，1984〜85年争議の発端における地域ストライキの先行是認，National Ballot 抜きの全国ストライキへの展開における規約上の争点であった規約第41項と第43項の改定提案である（同規約については本書第4章87頁参照）。この規約改定は，新規約では第26項 Industrial Action の中で提案されていた。第41項関連は，主に第26項C，Dである。

> 26C　The NEC shall have the power to call industrial action by any group of members whether in one or part of one or more than one Area and such action shall be deemed to be declared official.
> 26D　The NEC shall have the power to co-ordinate industrial action declared to be official in accordance with these Rules.

　第26項Aで，industrial actionが生じた場合のエリア執行委員会への報告義務およびエリア当事者による本部Secretaryへの報告義務を規定したあと，第26項BでNECのみが，industrial actionを公式なものとして是認する権限を持つとしたあとの第26項C，Dであった[12]。第26項C，Dで，NECが公式なものとしたindustrial actionについて，それを呼びかけること，および統合する (co-ordinate）権限を有するとした。

そのうえで，第43項のNational Ballotの規定は，第26項Eとして規定され，文章表現を変えて提案された。かなり長いが，重要なので次に掲げよう。

> 26E　In the event of a national strike of the whole membership of the Union being proposed by the Union in pursuance of any of the policy of the Union the following provisions shall apply:
>> That such a national strike shall only be entered upon as the result of a ballot vote of the members taken in pursuance of a resolution of Conference, and a strike shall not be declared unless a simple majority of those voting in the ballot vote in favour of such strike. If a ballot vote be taken during the time such a strike is in progress, the strike may not be continued unless a simple majority of those voting in favour of continuance. Such ballots shall be taken in favour of accordance with regulations made by the NEC.

第26項Eは，内容上は第43項と変わっていないが，第26項C，Dの規定によって，NEC権限が強化され，第26項Eが形骸化するのではないかというのが，改定反対派の意見であった。

第四点は，組合員，支部，エリアの資格剥奪および役員の除名に関する全国懲戒委員会（the National Disciplinary Committee）の新設規定であった（第30項）。この委員会規定は大変，長いので，ここでは省略するが，同委員会決定が最終判断だとされた。

第五点は，組合財産を管理する管財人（Trustee）の権限に関することであった。3人（full or honorary members）のメンバーは年次大会で任命されるが，"honorary"メンバー任命への懸念，投資などに関するかなりの権限付与などが問題となる点であった（第24項）。この規定も大変，長いので，ここでは省略する。

最後に，ストライキ中にNUM支援を惜しまかった女性組織（The National

12）文章表現はかなり変わっているが，意味は第41項とほぼ変わらないので，26項A，Bについては省略する。

Conference of Women's Organisations) を議決権を持たない "associate membership" に加えるための改定が提案されていた[13]。

以上が，主な規約改定点であるが，どれもきわめて重要な内容を含んでいた。とりわけ，第1～3点が問題となった。規約改定は，大会で出席代議員の3分の2以上の多数で決定することを要し，その行方が注目された。

6　NUM，1985年年次大会（7月）

かくして，被解雇者の復職問題，NUM主流派とノッティンガムシャー・エリアなど右派との組織的対立問題，NUM規約改定問題などを主な争点としたNUM1985年年次大会が，ここに注目された。

全国ストライキ中止後，初の年次大会は，シェフィールドのシティ・ホールにおいて，NUM規約どおり，7月第1週から開かれた。85年の場合，7月1～5日までの5日間であった。そのうち，後半の3日間は，報道陣，傍聴者（私を含む）を締め出した非公開の会議となった。以下，大会日程および主要争点別に見てみよう。

左派への決定的重心移動

NUM1985年年次大会の注目点の一つは，1年以上の長期ストライキを経て，しかも無協定のままでのストライキ中止，職場復帰のあと数ヵ月で，支部，エリア，大会代議員などが新たにどういう勢力比で構成されるかにあった。というのは，NUMは年次大会前に，支部，エリアの役員，大会代議員を新たに選出し直すからである。そして，大会代議員は，ほとんどエリアの主だった役員で占められるので，少なくともエリアまではほぼ把握できる。

結果は，マスコミも驚くほど右派が決定的少数派に転落したことである。

---

[13]　同組織は，NUMの勝利のためと女性組織の強化などを目的として，1984年11月に設立され，活動を行っていた。同組織の目的については，前掲Winterton J. & R. 書, 238頁参照。

1982年当時は，右派136前後対左派129前後で，大会代議員数では拮抗していたが，右派がやや優位にあった[14]。この点，大会初日の第1動議が，勢力比を占う有力な指標になった。動議はミッドランド・エリアから出されたが，動議の内容は，「本年次大会は，過去12ヵ月にわたるNUM全国執行委員会の仕事に対し，祝意を表する（congratulates）」というものであり，これに関連し，同じ趣旨のもとで，サウス・ウエールス，ノーザンバーランドより，字句修正の提案が行われていた。

　ところが，右派の代表格ノッティンガムシャー・エリアからは，この動議に対して，「"conglatulates"を削除し，"condemns"（非難する）を挿入する」旨の修正案が出された。つまり，"conglatulates"か"condemns"かによって，この1年間の指導内容・方針が，全く正反対に評価されることになってしまう。これが，第1動議に関わることであり，結果が注目された。ノッティンガムシャー・エリアの代議員が趣旨説明のため演壇にのぼった時，会場のあちこちから，"scab"（スト破り）という鋭い怒声が発せられた。

　委員長であり，大会議長を務めるアーサー・スカーギルは，大きくそれを制し，'本大会は発言を聞き，議論する場である'旨，注意を促し，以後，静かになった。いくつかのエリアからの代議員発言があったが，ノッティンガムシャー代議員の修正提案を支持する発言はなかった。そのうえで，第1議題を採決した時，ミッドランド・エリア代議員の動議に対し，圧倒的多数が賛成し，反対はわずか5票であった。ノッティンガムシャー・エリア代議員は15名であったが，その一部が反対に回っただけであり，他の右派エリアと思われるエリア代議員からの反対もなかった。

　この種，左右の対立の分かる動議はほかにもあったが，反対はほぼ7～8名であった。つまり，1982年当時の大会における勢力比は，いまや全く変わってしまったのが特徴的であった。しかも，ノッティンガムシャー・エリアの内部で意見が固まっているわけではないことが大会では明瞭になった。

---

14) Eaton, Jack & Collin Gill（1983），*The Trade Union Directory*（Pluto Press）による。

スカーギル演説とキノック労働党党首の反論

　話は前後するが，大会初日冒頭，注目されたのは，アーサー・スカーギルNUM委員長の演説内容と，それへの代議員の反応であった。

　スカーギル演説は，1年に及ぶ長期闘争を総括的に検討したものであり，したがって，論点は多岐にわたった。ここでは，ごく要点だけに留める。

　まず外部に対する批判としては，電力関係の組合，鉄鋼関係の組合の協力が得られなかったこと，TUCの支援が不十分であったこと，はては労働党批判にまで及んだ。

　他方，NUM内部に関連して，①すでに80％以上がストライキに突入した段階で，ノッティンガムシャー・エリア・リーダーらの主張するNational Ballotの実施は非現実的であったこと，②マス・ピケッティングについて，それだけに頼り過ぎたという批判があるが，マス・ピケッティング自体がいけなかったのではなく，それが有効に組織されなかったことにむしろ問題があったこと，③ストライキ・アクションはきわめて重要であり，これを抜きにして，労働組合運動は考えられないこと，したがって，今後のピット閉鎖攻撃に対しても，まさにストライキ・アクションによって闘おうと呼びかけた。

　このストライキ・アクションに関連して，無協定のままストライキを中止し，職場復帰したのは"fundamental mistake"であったと述べたが，とくに野次もなかったのは不可解であった。

　いずれにせよ，きわめてアグレッシヴな演説であった。演説の最後のほうでは，次の労働党政権のもとで，NCBの役員を総入れ替えすること，エリアで過去2年間，産業破壊に加わり，またストライキ中止後，組合員を攻撃し，侮辱したマネージャーの更迭を行うと演説した。

　スカーギル演説への批判は，その翌日の7月2日，ニール・キノック労働党党首によってもたらされた[15]。すなわち，'より一層のストライキなどのアクションをつうじ，ピット閉鎖を止めるなどというのは"幻想"(fantasy)だ'というものである。そして，'石炭産業を守る唯一の保障は，投票をつうじ選ば

---

15) *The Times* 1985年7月3日付．

れる労働党政府によってできる'と激しく批判した。

　この時，7月3日に行われるブレコン・アンド・ラドナー（Brecon and Radner）の下院補欠選挙が注目されていた。事前の世論調査では，労働党候補が大きくリードし，自由党・社会民主党のアライアンス（Alliance）が続き，保守党は第3位にあった。結果は僅差で，アライアンスの候補が労働党候補を破って当選した。この結果は，一方で世論調査の信ぴょう性問題を提起したが，他方，ニール・キノックは，トニー・ベンの最近の言動とともに[16]，再びスカーギル演説を持ち出し，'ベン，スカーギルが，労働党の票を失わせた'と非難した。マスコミは，これを"ベン，スカーギル・ファクター"と呼んだ。スカーギルは即座に否定した。だが，ことの当否はともかくとして，ここには労働組合の直接行動と政党，議会との関係などの本質的な争点が含まれていた。

組合規制の強化と政策課題

　大会第1日，スカーギル演説のあと，前述の動議第1号に移ったが，それ以外には，とくにエキサイトする議題はなかった。2日午前も同様であった。安全・衛生問題，ペンション・スキームなどをはじめ，議事はスムーズに運んだ。この2日間では，組合規制を強化し，石炭産業を守ろうとする政策課題としての動議が目立った。以下，動議のタイトルを列挙しておこう。

- Subsidised Transport（石炭助成輸送。民営化への規制の意味を持つ）
- New Technology Agreement（新技術導入が何のベネフィットをもたらさなかったとし，雇用保障，時短，高賃金などのベネフィットをもたらすよう協定化しようというもの）
- National Concessionary Fuel Agreement（全国譲与燃料協定。要するに，NCBが民間から燃料の供給を受けることをストップさせ，同時にNCBの石炭販売を強化することを意図する協定化）

---

[16] これはすでに述べたように，6月，トニー・ベンが，すべての解雇されたコール・マイナーズの復職を要求し，議会にマスコミでいう"pits pardon Bill"を持ちこもうとしたことを意味している。ピケット・バイオレンスを非難するニール・キノックからすれば，とうてい容認できないものであった。

・Energy Policy, South Africa（南アフリカのコール・マイナーズとの提携強化）。

全体として，組合規制を経営に及ぼし，石炭産業と雇用，労働諸条件を守ろうとする政策課題であることが特徴的であった。

被解雇者の復職問題

大会第2日午後，会場全体が騒然となったのが，被解雇者の復職問題についてであった。全国ストライキ中に約900名が解雇され，うち約600名が復職できないままであった。しかも，NCBは固く復職を拒んでいた。

戦闘的なケント・エリアから，争議中に解雇され，しかも85年9月末までに復職できない者がいる場合，復職のため，いかなる行動をとるかを決めるため，10月に特別大会を開こうというのが動議であった。この動議およびNUM全国執行委員会（NEC）の賛成演説でも，10月の特別大会で，ストライキを提起するとは言及しておらず，この言葉は慎重に避けられていた。だが，何らかのアクションは含意されていた。

代議員による賛成演説が相次ぐ中で，終わりに近づいた頃，ノッティンガムシャー・エリアの代議員が動議に反対する演説を行い，会場は騒然となった。すでに，ノッティンガムシャー・エリアの書記長および全国執行委員を解任されていたヘンリー・リチャードソンが演壇にのぼり，ロイ・リンクら右派のノッティンガムシャー・エリア代議員たちを名指しで激しく非難する一場面もあった。やがて，採決に移ったが，ノッティンガムシャー・エリア代議員の6～7名が動議に反対の挙手をし，会場は再び騒然となった。ヘンリー・リチャードソンは，一部のノッティンガムシャー・エリア代議員の反対に抗議し，議場から退場した。しかし，とにかく85年10月に，被解雇者の復職を要求し，特別大会を開くという動議が圧倒的多数で採択された[17]。

---

17) なお，10月の特別大会で，被解雇者の復職闘争の継続を決めたあと，前述のナショナル・アムネスティ・キャンペーンなどとともに復職闘争が続けられた。その結果，1986年秋には，被解雇のままの人数は500人に減少した。しかし，その2年後の1988年，依然として350人の被解雇者が残っていた。前掲Winterton J. & R.（1989）書，219頁。

ノッティンガムシャー・エリア選出全国執行委員の解任

大会第3日目は、本来の議事日程では、午前中のみが非公開の会議であり、午後は年次報告などの採択が予定されていた。だが、結果的には7時間半に及ぶ非公開の会議となり、報道陣と傍聴者が会場から締め出された。

非公開会議は、財政問題とともに、レイ・チャドバーンおよびヘンリー・リチャードソン全国執行委員の解任後、新たに選出されていたノッティンガムシャー・エリアからの全国執行委員ロイ・リンクとデビッド・プレンダーガストの解任が主要議題であった。この非公開の会議内容は正確には分からない。ただ、新聞報道でおおよその結果を知ることができる[18]。

結果は、NEC提案では当初、解任はロイ・リンク一人であったが、大会は二人とも解任することを決定した。ロイ・リンクの解任は賛成75、反対18で決定された。デビッド・プレンダーガストの解任は、サウス・ウエールス・エリアからの動議によって、賛成73、反対20で決定されたと報道された。

この解任の決定によって、NUMと先にNUM脱退を投票で決めたノッティンガムシャー・エリアとの対立は決定的になった。

NUM規約改定問題

NUM規約改定問題は、改定提案のあと、年次大会に向けて、各エリアで討議された。この場合にも、ノッティンガムシャー・エリアなど右派エリアは、総じて反対の態度を示していた。だが、反対は右派だけでなく、左派のサウス・ウエールス、スコットランド・エリアからも出されていた。もっとも、後者の反対点は、アーサー・スカーギルNUM委員長を終身職にする規約改定にあった。その理由は、新聞報道では明らかではないが、85年1月、サウス・ウエールスのリーダーであるキム・ホーエルによるスカーギルの指導性批判などが底流にあったと推測される。

だが、規約改定は大会で出席代議員の3分の2の賛成を必要とする重要事項であり、その行方が注目された。大会4～5日目は規約改定問題の討議のため、

---

18) *The Times* 1985年7月4日付。

当初から非公開会議であった。そして，結果的には，大会直前，舞台裏での左派の話し合いがついたこともあって，規約改定の執行部案が可決された。ただし，ストライキ支援の女性組織を議決権を持たない"associate membership"とすることについては，ヨークシャー・エリアからの修正提案があり，規約改定はならなかった[19]。

かくして，ストライキ中止後，初めてのNUM年次大会が終わった。総じて，代議員構成比では左派の進出が著しく，右派の後退が目立った。だが，同時に，両者の対立も決定的に激化した。これまでの闘争で解雇されたマイナーズの復職問題，これから本格化するであろうピット閉鎖問題，それに加えて組織内部における対立の激化など，NUMは組織内外ともに，重大な課題をかかえつつ，厳しい局面に対処しなければならなかった。

7　NUMの分裂，UDMの結成

大会直後の7月6日，ノッティンガムシャー・マイナーズは，代表者たちによる投票の結果，228対20で，NUMからの脱退（break away）を決定し，Nottinghamshire Union of Mineworkers を結成した。ライバル・ユニオン結成は，1926年の炭鉱ゼネストの崩壊後，ノッティンガムシャーのジョージ・スペンサー（George Spencer）労働党議員に率いられた組合結成以来のことになる[20]。とはいえ，NUM年次大会におけるノッティンガムシャーなど右派の予想以上の孤立，またその後，炭鉱のホワイトカラー・セクションであるCOSAがNUMの脱退，新組合への参加には同調しないと決定したことなどもあって，他のエリアを含むライバル・ユニオン結成は直ちには進まなかった。

しかし，このノッティンガムシャー・マイナーズのNUM脱退，エリア新組

---

19) 前掲Winterton J. & R.（1989）書，239頁。
20) 1926年11月22日，Nottinghamshire and District Miners' Industrial Union（通称「スペンサー組合」）が誕生した。この点，相沢与一（1978）『イギリスの労資関係と国家』（未来社），387頁。

合の結成を契機に，新組合結成派とNUMとの激しいキャンペーン，メンバー獲得競争が始まった。NCB，とくにイワン・マクレガー総裁は，新組合結成にきわめて好意的な態度を示していると言われた。それだけでなく，NUM大会前に，ノッティンガムシャーにのりこみ，激励と話し合いに臨んだと報道されている[21]。

結局，NUMの他のエリアを含むライバル・ユニオンは，1985年10月19日に結成された。正式名称は，Union of Democratic Mineworkers（UDM）であった。結成時の正確な人数は不明であるが，ほぼ2万人前後と言われた。結成にあたり，ノッティンガムシャー，サウス・ダービシャーなどで組合員投票が行われた。ノッティンガムシャーでは，投票率90％という高率で，賛成17,750票，反対6,792票となり，賛成が72％で新組合結成が承認された。サウス・ダービシャーでは，賛成1,286票，反対1,260票と拮抗したが，賛成票が50.5％とわずかに過半数を超えて承認された。これに，すでにDurhamにあった小さな別組合 The Colliery Trades and Allied Workers（1,500～1,600人）が加わった。COSAの去就が注目されたが，結局，僅差でUDM加入を見送り，NUMに右派として留まった。

その後，1986年12月末現在で，UDMの正式な組合員数が発表された。その数は27,947人で，うちノッティンガムシャー20,885人，サウス・ダービシャー4,493人，the Colliery Trade and Allied Workers 1,428人，事務および監督職のClerical and Surveyors 1,141人であった。ノッティンガムシャーが全体の75％，サウス・ダービシャーが16％を占めていた[22]。

UDMの本部は，ノッティンガムシャーに置かれ，委員長はロイ・リンクであった。NCBは，結成後ただちにUDMを承認した。ただ，TUCには加盟できなかった。

こうして，1984～85年の炭鉱争議の結末は，一方で，ピット閉鎖をめぐるNUMとNCBの労使対立関係とともに，NUMに対するUDMというライバル・ユ

---

21) *Financial Times* 1985年7月8日付．
22) Taylor, Andrew（2005），*The NUM and British Politics Vo.2*（Ashgate），287頁．

ニオン出現によって，労労関係を含むという新たな段階の到来をもたらした。そのどちらにしても，イギリス石炭産業の行方と命運を共にしていたのは確かであった。

そうした炭鉱争議・UDM結成後の炭鉱労使関係および石炭産業民営化後の炭鉱労使関係については，第３部　イギリスの炭鉱争議（1984～85年）＝後日談として，第９章および第10章で述べることにしよう。

〔付録〕　戦後の炭鉱労働者数，NUM・NACODS・BACM・UDM組合員数の推移

なお，これまでの第１部，第２部とこれからの第３部とに関わる重要なデータとして，ここで戦後の炭鉱労働者数およびNUM・NACODS・BACM・UDMの組合員数の推移を掲げておこう。UDMについては，推定数も含めて掲げる。表2-9を参照されたい。

NUMの組合員数が，戦後最高を示したのは1954年の675,356人であった。以後，年々，逓減していたが，とりわけ1984～85年の炭鉱争議後，激減し始めた。1987年に10万人を割ったあとは，相次ぐピット閉鎖により，さらに減少し，民営化以降は，1995年を例外として４ケタの組合員数となり，2005年以降は１千人台にまで落ち込んでいる。

NACODSも傾向としては，NUMと同じである。1959年に最高の37,293人を記録したあと逓減し，とりわけ民営化以降は，３ケタの組合員数にまで減少している。

BACMは，ここには1977年のTUC加盟以来の組合員数を掲げる。やはり逓減傾向を示しているが，NUM,NACODSほどの減少率ではない。なお，1997年以降の組合員数は，BACM-TEAMとなった組合員数である（BACM-TEAMについては第３章52頁参照）。

UDMについては，1986年の数値しか分からない（1985年は，当時，推定されていた数値である）。現在，どのくらいの数になるか，結成時と同様，ノッティンガムシャーに働く数の７割を組織していると仮定すると，2008年には800人前後となるが，推定の域を出ない。

表2-9 組合員数の推移

	炭鉱労働者数	NUM	NACODS	BACM	UDM
1947	705,500	572,349	20,915		—
1950	691,900	602,274	28,266		—
1960	603,800	586,361	37,026		—
1970	288,000	279,453 (5,526)	23,389		—
1980	231,500	256,962	18,741	17,488	—
1984	172,500	200,000	15,848	14,802	—
1985	140,000	135,306	14,614	13,981	30,000
1986	109,200	104,841	12,717	12,115	26,947
1987	90,600	90,847	8,835	10,757	
1988	81,600	77,316	8,635	9,684	
1989	67,200	58,861	6,395	8,436	
1990	58,900	53,112	5,757	7,370	
1991	45,400	44,352	5,750	6,694	
1992	36,300	32,947	3,855	5,796	
1993	26,700	18,227	1,902	7,700	
1994	18,400	11,059	751	5,000	
1995	18,800	10,814	747	4,791	
1996	17,700	9,564	783	4,610	
1997	13,000	5,001	645	4,313	
1998	13,000	5,001	512	4,289	
1999	11,000	5,001	512	4,230	
2000	11,400	5,001	800	4,131	
2001	10,800	5,001	800	4,049	
2002	9,200	5,001	700	3,785	
2003	8,400	3,042	610	3,580	
2004	6,800	2,441	420	3,340	
2005	5,900	1,813	410	3,190	
2006	5,300	1,690	336	2,963	
2007	5,402	1,618	336	2,783	
2008	6,061	1,611	339	2,664	〔800人以下?〕

出所）炭鉱労働者数は，Coal Authority, *Summary of United Kingdom coal production and manpower from 1947*および追加データによる。NUM, NACODS, BACMは，TUC, *Annual Report* 各年版より抜粋した。
注1）炭鉱労働者数は，1960年までと2008年は各年12月末の人数であり，1970～2007年度までは年度末（3月末）の人数である。年によって，組合員数が炭鉱労働者数を上回る年があるが，そのままとした。
注2）1970年のNUM組合員数のカッコ内は，女性組合員数である。
注3）BACMは，1997年末からはBACM-TEAMの組合員数である。

第8章

イギリス炭鉱争議(1984〜85年)の背景,論点,基本的性格

　はじめに
　1　争議の背景──国際エネルギー問題とイギリス・エネルギー戦略との関連
　2　争議に関連する諸論点(1)──サッチャリズムと労使関係戦略・労働法制の展開
　3　争議に関連する諸論点(2)──労使関係法制の発動と政府,警察,裁判所
　4　争議に関連する諸論点(3)──石炭産業合理化と雇用,コミュニティ論
　5　争議に関連する諸論点(4)──"非経済的"ピット閉鎖問題と炭鉱閉鎖手続き
　6　争議に関連する諸論点(5)──闘争戦術,全国投票(National Ballot)問題
　7　争議に関連する諸論点(6)──NUM内部の組織的対立問題
　8　争議に関連する諸論点(7)──労働組合および社会的支援問題
　9　イギリス炭鉱争議(1984〜85年)の基本的性格──その"古さ"と"新しさ"について
　10　イギリス労使関係における"ボランタリズム"──その行方
　〔補記1〕"ボランタリズム"再論
　〔補記2〕炭鉱争議後のイギリス労働組合運動について

はじめに

　これまで,第1部では,イギリスの炭鉱争議(1984〜85年)=発生前史として,保守党およびサッチャー政権,NCBによる炭鉱争議対策,労使関係法制の展開(第1章),当時のイギリス経済,労働事情,NCB組織と交渉機構(第2章),石炭産業における労働組合,とくにNUMについて(第3章),それぞれの章で考察してきた。第2部では,第4章から第7章まで,イギリス炭鉱争議(1984〜85年)の発生,展開,終焉およびその後の事態の展開を追跡してきた。

この第8章では、そうした考察を前提として、これまでのまとめの意味を兼ねて、この歴史的争議の背景や主な論点整理を行うことを主眼としたい。いわば私なりの争議の総括的な整理である。

1　争議の背景——国際エネルギー問題とイギリス・エネルギー戦略との関連

まず、争議の大きな背景として、国際エネルギー問題とイギリスのエネルギー戦略との関係が問題になる。この点、イギリスのエネルギー戦略とその中における石炭政策との関係については第2章で考察した。ここでは、若干の文献に依拠しつつ、これまでふれなかった国際エネルギー問題の視点から先に話を進めよう[1]。要点は、次のようになる。

1973年秋の第一次オイル・ショックのあと、世界的不況の到来によって、それ以前と比べ、石油に対する需要が停滞し、石油はそれまでと一転して、いわば"だぶつき"気味になった。それ故、国際エネルギー資本にとって、石油は今までどおりには儲かる対象ではなくなった。問題は、そうした新しい事態に直面した際の国際エネルギー資本のビヘイビアーにあった。一言でいって、そうした新しい事態のもとで、彼らは競って石炭の獲得に進出した。すなわち、まずは炭鉱の買収であり、開発されているか、未開発であるかを問わず、買収が行われた。国別では、アメリカ、オーストラリア、南アフリカの炭鉱がほとんどであった。イギリスのエネルギー資本である British Petroleum（BP）も例

---

1) 第2章〔元の連載（2）〕でイギリスのエネルギー戦略を論じる時、国際エネルギー問題との関連という視点が私にはまだ十分ではなかった。この点、争議のあと、以下の文献をもとに、直接、シェフィールド大学のフィル・ライト（Phil Wright）講師に教えられた。Wright, Phil & I.D. Rutledge (1985), *The Oil Companies, World Coal and the British Miners' Strike*, in *International Labour Research*, Issue 7, January-February. Rutlege, I.D. & Phil Wright, *The International Context of the British Miners' Strike*. 後者は未発表論文である。

ただし、国際エネルギー資本の行動については、本書をまとめるにあたり、この炭鉱争議の四半世紀後はもっとクリアーに実証できるかもしれないと考えたが、この点、私自身は実証できていない。詳しくは「エピローグ」の注（5）で述べるが、イギリスの石炭輸入にあたり、国際エネルギー資本が関与している明確なデータは見つかっていない。ただし、外国の炭鉱買収など現地での活動については調べようがなかった。したがって、ここでは私自身によっては証明されていない仮説として述べることにする。

外ではなかった。事実，オーストラリア，南アフリカを中心に，いくつかの炭鉱を獲得した。

　こうした相次ぐ炭鉱の確保は，その開発が進めば進むほど，次には産出した石炭の「販路」が問題になるのは当然の成り行きであった。その場合，イギリスでは長年の「石炭保護政策」が，「販路」開拓にとって，重大な障害物であり，したがって，その「保護政策」の除去が，国際エネルギー資本の側からしても要請されるのは必然であった。

　こうした国際的要請に対し，サッチャー政権による「小さな政府」の追求政策が相呼応する性質のものであることは言うまでもない。すなわち，「小さな政府」実現の一環として，「公共部門」の縮小，石炭産業では補助金カット，非経済的なピット閉鎖，やがては民営化などをつうじ，長年にわたる「保護政策」から脱却することが推進された。そうした政策の方向性と国際エネルギー資本の要請とが相呼応していたのであり，イギリス炭鉱争議は，そうした国際的関連において把握，理解することが重要だというのが要点である。

　こうした国際エネルギー資本の動向を含めた国際的関連の中で，イギリス炭鉱争議を改めて位置づけて見ると，一層の理解が可能となる。第2章で検討したイギリスのエネルギー戦略と石炭政策の結論部分を再度，引用しておこう。

　　「かくして，石炭産業政策の方向性は，いまやハッキリしている。すなわち，スクラップ・アンド・ビルド政策をつうじて，優良鉱を開発し，低生産性・高コストの炭鉱を閉鎖し，賃金を抑制し，財政を立て直し，石炭産業の競争力を強化することにあった。

　　　　―― (中略) ――

　　これに付け加えて言えば，イワン・マクレガーNCB総裁が，争議中に再三，言明しているが，南アフリカ，オーストラリア，アメリカのカリフォルニア炭など，良質で低コストの輸入炭を増やすこと，石炭産業をやがて"民営化"することである。いわば石炭産業の一大再編であり，長期的方針として，それを遂行しようというわけであった」(42頁)。

　後者の民営化という視点から，1984～85年の炭鉱争議を見直してみると，そ

の争議の内包していた意味が，より一層，明らかになる。政府，経営側からすれば，戦後長年にわたり続いてきた石炭産業保護政策を抜本的に見直し，補助金など財政負担を大幅に削減すること，そのためには"非経済的"ピットを閉鎖し，民間への売却可能な産業に転換させること，つまり民営化を見据えた石炭産業政策の一大転換が意図された。それらは，コスト的に安い外国炭の輸入とセットの政策であった。

そうした石炭産業政策は，当然のことながら，雇用の大規模な削減を意味した。ピット閉鎖，雇用の大規模な削減は，当該炭鉱労働者の代表的組合であるNUMにすれば，とうてい受け入れ可能な提案ではなく，ピット閉鎖反対，雇用・コミュニティを守ることを当面の方針として，断固，対峙することになるのは必然であった。政府，経営側からすれば，そうしたNUMの対決路線は，計算済みのものであり，それへの対応策として，リドレイ・プランをはじめ，事前の対策が練られた。そうした対策の法制度的枠組みとして労使関係法制が具体的に展開された。

念のために言えば，当面，ピット閉鎖などは進められたが，民営化および石炭輸入の増大は，すぐにではなく，中期的な方針として存在し，やがて具体的に進展していった。この点は，炭鉱争議後の事態であり，本書の第3部および「エピローグ」で詳論することにしよう。

2　争議に関連する諸論点 (1) ── サッチャリズムと労使関係戦略・労働法制の展開

「サッチャリズム」は，たんに経済政策の側面だけでなく，イギリス政治，経済・社会全般にわたる思想および政策体系として捉えることが本質的に重要であろう[2]。だが，ここではひとまず，経済政策とくに「マネタリズム」（緊縮

---

2) サッチャリズムについて，その政権の基本的性格，思想・政治，経済・社会戦略といった思想および政策体系として包括的に捉え，研究した論文として，増田寿男 (1989)「イギリス資本主義の危機とサッチャリズム」（川上忠雄・増田寿男編『新保守主義の経済社会政策』（法政大学出版局）がある。

的貨幣政策）を中心に置き，そうした経済政策と労使関係戦略の不可欠な関係を再確認しておこう。その経済政策の概要は，以下のように理解できる[3]。

　第一に，「イギリス病」にまで落ちこんだイギリス経済の立て直しのために，マネー・サプライを増加させるのではなく，いわゆる「マネタリズム」を採用し，企業および産業の効率性，生産性を自力で高めさせようとすることが核心的政策であった。もちろん，それに耐えられない企業は倒産し，失業を発生させるのは必然であった。

　いわゆるサッチャリズムでは，ケインズ的な財政金融政策の援用ではなく，「新自由主義」（新古典派）的な競争原理を基調とする政策が主流となっていた。競争は，産業，企業において勝者と敗者をつくり出す。そうした政策の帰結から言えることは，失業の予防，ひいては「完全雇用」の達成は，サッチャー政権にとって第一義的な政策ではなかったということである。また，「マネタリズム」は，以下に述べる公共支出の削減，各種補助金の削減をつうじ，全体として「小さな政府」を目指すことに連動していた。

　第二に，減税と公共支出の削減政策であった。減税とは高額所得者の減税を意味したが，それは資本蓄積のための投資のための原資増大を意味した。公共支出の削減は，すでに70年代後半の労働党政権下で始まっていたが，とりわけキャッシュ・リミットの導入によって，支出の上限が厳しく規制された。さらに，各種の社会福祉的サービス費が削減された。

　第三に，産業への補助金のカットである。とりわけ国有産業および企業への補助金削減が顕著であった。石炭産業のように，長年，補助金政策を中心とする「保護政策」によって支えられていた部門での打撃が大きかったのは言うまでもない。

　以上が，サッチャリズムと言われる経済諸政策であるとすれば，労使関係戦略は，労使関係における「力のバランス」の回復という旗印のもと，そうした

3）以下の叙述は，第2章と同様，主としてA. グリン，J. ハリスン共著，平井規之訳（1982）『イギリス病』（新評論）によっている。そのほか，前掲増田論文，伊賀隆・菊本義治・藤原秀夫共著（1983）『マネタリストとケインジアン』（有斐閣），デヴィッド・ハーヴェイ著，渡辺治監訳，森田成也ほか訳（2007）『新自由主義——その歴史的展開と現在』（作品社）を参照している。

政策を貫徹するのに障害となる抵抗勢力を弱体化することにあったということができる。1979年の総選挙において，保守党が「イギリス資本（家）の立場を強化する一手段として，労働組合の力を弱めることを，ただひたすら意図するような保守党の労使関係戦略[4]」を打ち出し，政権に就いたあと，80年雇用法，82年雇用法，84年労働組合法と次々に労使関係法制を展開していった。その内容は，すでに第2章で考察した[5]。

それだけでなく，経済諸政策と労使関係政策の展開の「実践的ケース」として，80年のブリティッシュ・レイランド（BL）の争議および鉄鋼争議があり，政府，経営者側はいずれも勝利した。それにNGA争議，GCHQにおける団結権，結社の自由問題が引き続いたが，労使激突がいずれ避けられない分野として，石炭産業があったことは言うまでもない。

1984～85年の炭鉱争議は，サッチャリズムと言われる経済諸政策と労使関係戦略の結節点としての意味を持つ争議となり，労使激突の歴史的大争議となった。

いずれにせよ，サッチャー政権下の労使関係法制の展開は，組合の自主的行動（voluntary action）の制限に大きな威力を発揮した。その際，84年労働組合法にとくに顕著であるが，組合役員選挙，争議行為にあたり，組合員の投票による意思を問うことが法的に義務づけられたこと，すなわち，そのことによって，"組合民主主義の助長"，"組合への組合員参加の助長"を促進するためというのが，法制定の際の一般受けする理由づけでもあった。この点，組合民主主義という観点から言えば，イギリス労働組合運動が，"組合の自治"の名のもとに，長年かかえていた"弱点"が，巧妙に利用されたという側面があることも無視できない。

---

4) Undy, Roger & Roderick Martin (1984), *Ballots and Trade Union Democracy* (Basil Blackwell), 6頁.
5) なお，1970年代以降の労使関係政策の展開を的確かつ簡潔に整理し，叙述したものとして，栗田健（1985）「労使関係政策の展開」（所収，栗田健編著『現代イギリスの経済と労働』御茶の水書房）を参照されたい。

3 争議に関連する諸論点 (2)——労使関係法制の発動と政府,警察,裁判所

　労使関係法制がいかに発動されたかは,すでに第4章を中心に実証した。セカンダリー・ピケッティングに対しては,すぐさま禁止命令を要請する提訴,裁判所の禁止命令と続いた。加えて,フライイング・ポリスマンによる実力阻止が行われた。全国投票を実施しなかったのは違法だとする提訴から始まる一連の展開では,裁判所の禁止命令とその拒否,法廷侮辱に対する罰金,その支払い拒否,組合資産凍結命令,差し押さえ命令へと展開していった。この炭鉱争議で,政府,警察,裁判所がいかなる役割を果たしたかは特筆に値する。以下,それぞれについて,その役割のアウト・ラインを記述してみよう。

サッチャー政府

　サッチャー首相を始めとする政府が,この炭鉱争議で,産業界,NCBなど経営側や警察に対し,直接に指導,指揮を行ったことは,例えば『サッチャー回顧録』の中で,かなり率直に語られている。ここでは,同書を中心にしながら,要点をまとめておこう[6]。

　第一に,事前対策としてのリドレイ・プランの策定,労使関係法制の展開である。この点はすでに述べた。そのうえで,81年9月にエネルギー大臣に就任したナイジェル・ローソン (Nigel Lauson) を責任者として,産業界とくに電力における石炭備蓄が進められた。

　第二に,イワン・マクレガーのNCB総裁への就任である。この点もすでに述べた。

　第三に,サッチャー首相を委員長とする閣僚委員会の設置であり,同委員会によって炭鉱,警察,法律問題などへの多面的な対応策が検討され,実行された。

---

6) 以下,主として『サッチャー回顧録 (上)』,とくに第13章「スカーギル氏の反乱」〔炭鉱ストの背景と経過〕による。

第四に，NCBという経営当局の経営の自主性を保持しつつ，職責上，ピーター・ウォーカー・エネルギー大臣が中心になって，NCBの日常的な指導と連絡・調整が行われた。

　第五に，移動ピケ隊に対する警察力の行使に関してである。そのために，1972年に発足した全国情報センターの機能を再開させた。そして，警察力の十分な発揮のために，マイケル・ヘイヴァース（Michael Havers）法務総裁によって，警察の実力行使の範囲についての法律的見解が明示された。

　第六に，裁判所である。ただ，「司法権の独立は，大憲章にうたわれた大原則である」。このため，すみやかな処罰，「法が正しく機能している事実を国民に示さなければならない」ため，「有給の専門治安判事」の応援を依頼したりしたという[7]。

　このような枠組みの中で，炭鉱争議のそれぞれの局面において，首相およびエネルギー大臣が陣頭指揮を行うかたちで，情勢を分析しつつ，各方面への指導，連絡，調整が行われていた。

警察

　イギリスには国家警察という組織はなく，警察の監督権限は，内務省，地区警察，警察庁の三者が分担していた。したがって，この三者構成制度のもとで，それをうまく機能させていくには一定の緊張関係が生じる。全国レベルでの速やかな対応のために，1984年3月14日，全国情報センター（NRC）の機能が再開され，1985年3月8日に終了するまで，NRCは警察力の存分な発揮に威力を発揮した。法務総裁によって，すでに実力行使の範囲について，法的妥当性を担保されていた警察力の行使は，とりわけピケ隊への実力行使が中心となった。とくに，馬を駆使し，重装備の警察隊がピケ隊と実力で対峙することとなった。このピケ隊と警察隊との天下分け目の激突となったのは，1984年5月29～30日，オーグリーヴでの激突であった。6月18日には，2度目の衝突が起きた。

　「このような全面的かつ長期的なNRCの活動は，イギリス警察史上のターニ

7）前掲『サッチャー回顧録』，431～2頁。

ングポイントをなすもの」であった[8]。

裁判所

　裁判所の対応には、サッチャー首相が、司法の独立性の大原則からして、特別に留意したとのことであった。ただ、ピケッティングに対する経営側の違法行為の禁止を求める提訴、それに対する裁判所の禁止命令といった対応では、きわめて素早い対応であった。しかも、それはすでにNGA争議で実際に行われていたことでもあった。

　いま一つ、この争議の行方に大きな影響を与えたのは、Ballotを行わなかったストライキ行為は違法だとした、1984年8月7日のヨークシャーNUM組合員（白樺派）の提訴に対する高等法院の判断であった。この提訴に対し、8月28日、高等法院は、ヨークシャーのストライキは"違法"（unlawful）であり、したがって"非公式"（unofficial）なものだとする判断を下した。NUM側はこの判決を無視したが、それに対して、10月10日、法廷侮辱の罪で、NUMに20万ポンド、アーサー・スカーギルに1千ポンドの罰金を科した。その前者が無視されるに及んで、NUM資産の差押えへと事態は進んだ。

　1984年10月は、NACODSとNCBとの交渉が妥結し、NUMとNCBとの交渉が決裂し、11月以降、NUM側が苦しい局面を迎えることを余儀なくされた重要な時期であった。この交渉決裂に、リビアのカダフィ大佐からの資金援助問題と高等法院による罰金支払い命令が相まって、NUMは一層、苦しい局面に立たされた。その意味で、きわめて政治的意味を持った裁判所命令であった。

　このように、裁判所の判断は、きわめて政府、経営者側の意に沿ったものであった。その前提として、それまで1970年代後半に進んでいた「裁判所の批判的立場の喪失[9]」と、それに加えて、80年および82年雇用法、84年労働組合法で、組合の自発的行動（voluntary action）がきわめて具体的に制限され、それによって法解釈の余地自体もまた制限された下での裁判所の裁量権の行使であった。

8）松村高夫（1991）「イギリス炭鉱ストにみる警備・弾圧態勢」（『大原社会問題研究所雑誌』5月号），22頁。
9）戒能通厚（1985）「現代イギリスの社会と法」（名古屋大学『法政論集』第106号），45頁。

4　争議に関連する諸論点(3)——石炭産業合理化と雇用，コミュニティ論

　炭鉱争議の直接の引き金となったNCBの"合理化"提案それ自体は，当面，1年間に20ピット閉鎖，2万人削減，石炭生産減および助成金削減を主内容とするものであり，それほどラジカルなものではなかった。
　だが，すでに見たように，当面の"合理化"案の背後には，長年にわたるイギリス石炭産業政策の一大転換とも言える中長期的な産業合理化戦略が控えており，NUMとしては，したがって，その突破口としての当面の"合理化"提案を受け入れるわけにはいかなかった。
　サッチャリズム，労使関係戦略からして，石炭産業における労使激突は必至であったが，NUMの側からしても労使激突は避けられなかった。
　しかも，"合理化"提案は，NUMへの組織的攻撃としての意味を持っていたが，その提案を認めれば，たちまち自らも"高失業"の渦の中に巻きこまれ，そこから逃れられなくなるのは，あまりにも自明なことであった。つまり，雇用不安は，きわめて深刻であり，"雇用を守る"ことは，炭鉱労働者にとって至上の課題であったのである。
　それだけではない。コミュニティもまた，深刻な危機にさらされるに違いない。したがって，"コミュニティを守れ"ということも，雇用を守るということと同列に重要なことであった。ここでいうコミュニティとは，たんに労働生活に対置し，それと機械的に分離された消費生活の場における生活共同体といった狭い意味のものではない。むしろ，労働生活を包摂するような積極的な概念である。
　例えば，そこに炭鉱があれば，当然，そこには炭鉱労働者とその家族が働き，居住することになる。その場合，学校，病院が必要になるであろう。したがって，それをクリエイトすることが炭鉱労働者の課題となる。教会ももちろん必要になるであろう。こうして，必要なものを次々にクリエイトしていき，長年の間に，そこに一つのコミュニティが形成される。そうしたコミュニティには，炭鉱労働者，教員，医師，病院勤務者，牧師などにとって，一方では「労働生活」の場であるとともに，他方では，「消費生活」の場でもあり，さらに共通

の生活・文化圏でもある。コミュニティは，そうした機能を果たしている。

炭鉱合理化（閉鎖）は，何よりも雇用喪失を意味するが，それに留まらず，長年培った，そうしたコミュニティの破壊にもつながる。それ故，"コミュニティを守れ"ということが，すぐれて重要な意味を持つわけである。雇用を守ることが，同時にコミュニティを守ることを意味するということで，これも重要な争点であった[10]。

5　争議に関連する諸論点 (4)──"非経済的"ピット閉鎖問題と炭鉱閉鎖手続き

NCBの"合理化"提案において，労使間で争われた重要問題として，いわゆる"非経済的ピット"（uneconomic pit）閉鎖問題があった。この場合，いわゆる"枯渇した"（exhausted）ピットの閉鎖は，別に問題にはならなかった。労使いずれの側からしても，それは容易に認識可能であり，合意可能であったからである。その種のピット閉鎖は，この争議以前から引き続いていた。

だが，非経済的ピットの閉鎖こそが，まさに問題であった。何よりも，仮に一人あたり生産高を基準に採用するにしても，それを一体，どのくらいのレベルで線を引くか，すでにそこに一定の恣意的判断が，どうしても入りこまざるを得ない，アーサー・スカーギルNUM委員長が，NCB提案に先立って，ドラフト案を見た時，石炭産業は"破局的"になると評した時も，まさに一人あたり生産高を基準に議論していた。結局，非経済的ピットの閉鎖問題をめぐっては，1985年2月段階のTUCを介しての労使交渉内容ですでに明らかなように，最後まで対立し，合意に達することはなかった。

---

10) 争議中，ダラムの司教やカンタベリーの大僧正により，イワン・マクレガーNCB総裁やサッチャー首相批判が行われ，社会的反響を呼んだ。この場合，コミュニティを守れとは言及していないが，社会的合意形成の代わりに対立を助長しているといった批判の中で，突き詰めれば，コミュニティ破壊批判に及ぶ内容が言外に含まれていたと考えられる。
　なお，コミュニティの問題は，私にとって，理解しづらい問題の一つであった。この点，幸いロイドン・ハリスン元ウォーリック大学教授の話をうかがう機会があり，そこで同氏から教示され，やや理解を深めることができた。

実は，そうした基準をどこに置くかの前提的政策的条件として，NUM側は，1974年，労働党キャラハン政権下で合意した"Plan for Coal 1974"を念頭に置いていた。そこでは，総じて政府の手厚い助成のもと，国内石炭産業の保護政策が明瞭に示されていた。いわゆる非経済的なピットの閉鎖問題は，すでに事実上，内包されていたとはいえ，全体としての石炭産業保護政策の中にあって，一人あたり生産高の基準問題は，助成という大枠の中で処理できていたから，それを基準としたピット閉鎖は，いまだ顕在化していたとは言えなかった。

　だが，サッチャー保守党政権の登場とともに，問題は早くから顕在化した。1980年に出された石炭産業法（The Coal Industry Act 1980）では，石炭産業における競争力強化を主眼として，"economic or uneconomic"を基準に，おのずから選択，ふるい分けが随伴することをすでに意味していた。そのうえ，1983年のMonopolies and Mergers Commission, *National Coal Board*に至ると，そうした選別は一層，明瞭になっていた。それだけでなく，サッチャー保守党政権の登場によって，先の"Plan for Coal 1974"はすでに廃棄されていた。

　ここに最大のギャップがあった。労働党やTUCあるいはNUM側は，"Plan for Coal 1974"を前提に考え，石炭産業への助成，保護政策を続けることを前提に考えていた。だが，先にサッチャリズムとして考察した助成の削減，保護政策から競争的政策への転換を志向する石炭政策は，それとは全く相反する政策であった。後者の政策からすれば，助成という保護を取り払ったあとには，一人あたり生産高は何も前提条件のない基準＝たんなる数値となってしまう。そういう基準でよいのかどうか，そこには根本的な政策的前提的認識の違いがあったのであり，したがって，非経済的なピット閉鎖問題で合意するはずもなかったのである。

　いま一つは，炭鉱閉鎖手続きの問題である。1984年10月のNCBとNACODSとの合意では，ピット閉鎖について，第三者機関に判断を委ねることを確認していたが，最終決定権はNCBにあるとの解釈の余地を残していた。1985年2月段階のNCBのNUMへの提案では，この最終決定権については，NCBにあることが明記されていた。それを事実上，認めつつ，合意を前提として，なお実質的に歯止めをかけようとするNUM側に対し，NCB側は，合意が成立しない場合を見越しつつ，なお最終決定権について譲ろうとはしなかった。

非経済的なピット閉鎖問題について，すでに"水と油"のごとく，政策的前提的考え方において相容れないNCBとNUMであったが，それと相まって，この決定権の所在も同様に相容れない性格を持っていた。もっと一般化して言えば，「経営権」と「組合参加」との関係ないし「経営権に対する組合の実質的規制」との関係の問題であった[11]。

　それ故，後で論じるが，イギリス炭鉱争議について，これをたんに"ラッダイッツ"的な，あるいはどういう意味にせよ，たんに"古い型"の争議として，これを決めつけ，切り捨ててしまいかねない評価には問題がある。そこにある現代的な"新しさ"＝政策的含意，経営権と労働組合の参画権といった基本問題を重視すべきだと考えるのが妥当であろう。この点は再論する。

6　争議に関連する諸論点 (5) —— 闘争戦術，全国投票 (National Ballot) 問題

　NUMの闘争戦術をめぐっては，議論が多いし，またその時の状況に関わって微妙な論点も存在するが故に，総括的検討は容易ではない。ここでは，まず手がかりに，イギリス共産党の側からの有力な一批判を取り上げてみよう。

　全国ストライキの終結以前に，イギリス共産党のIndustrial Organiserであるピーター・カーター (Peter Carter) は，その機関誌 "*Marxism Today*" 85年3月号で，"*Striking the Right Note*" と題する論文を発表した。彼は，いわゆるユーロ・コミュニズム派の有力幹部の一人であるが，それだけに，その論文におけるNUM批判は注目を集めた。もっとも，このあと，共産党内部では，炭鉱争議の総括について，ピーター・カーターの起草による「ドラフト」が作成されたという。新聞報道によれば，その当初の論文が，"sensitive" に過ぎるとして問題になり，表現など手直しされたということであるが，残念ながら私

---

11) 経営権に対する組合規制ないしは組合参加の問題については，すでにこれまで日本でのイギリス研究で重要な論点として指摘されてきている。ここでは，そのうち，次の二つの文献を挙げるに留める。熊沢誠 (1970)『産業史における労働組合機能——イギリス機械工業の場合』(ミネルヴァ書房)，栗田健 (1978)『現代労使関係の構造』(東京大学出版会)。

の手には入っていない。ただ，"sensitive"かどうかはともかくとして，新聞報道によるかぎり，批判の基本的論点はほとんど変わっていないと推測される。そこで，上記の論文および新聞報道により，批判の要点をまとめると，次の三点に要約できるであろう[12]。

第一に，全国投票を行わないという決定によって，他の組合の支援を頼りにできなかったこと，第二に，国民および労働運動の相当部分から指摘のあったピケット・バイオレンス非難を拒絶したこと，第三に，争議を効果的なマス・ピケッティングによって勝利できるとした戦略は誤りであったこと，以上の三点であった。

この最後の批判点については，さらに若干の補足をしておこう。すなわち，マス・ピケッティングへの戦術の限定によって，国民および労働組合の支持を得て，もっとオール・ラウンドで一層，幅広い闘争への展開の可能性を閉ざしたこと，またそうした方向性を追求せず，代わってゼネストの呼びかけが行われたりしたことは，むしろ労働運動にとって"有害"（harmful）であったこと，などであった。

こうした批判はすべて，NUM指導者への名指しの批判を避けていたが，とくに第三点は，主としてアーサー・スカーギルNUM委員長を念頭に置いていたことは明らかであろう。実際，アーサー・スカーギルNUM委員長は，85年7月の年次大会で，'マス・ピケッティングに頼りすぎたという批判があるが，それは当たっていない。むしろ，どうすればもっと有効なピケッティングを組織できたか，それこそが問題であった'と述べ，先の批判に間接的に応えていた。

もっとも，そうした共産党の批判は，実はいずれも，ごく常識的な指摘に過ぎないのであり，とくに目新しい批判点ではなかった。NUM支持の立場であれ，批判的な立場であれ，それぞれの論点が，ニュアンスは異なっていたが，争議中にすでに各方面から，事実上，提起されていたことであった。

---

12) Carter, Peter, *Striking the Right Note*, in *Marxism Today*, March 1985 および *The Times* 1985年5月9日付ほかによる。

しかし，こうして改めて批判が提起されて，その論点を考えてみた時，それぞれの論点が，実はきわめて重い問題であることに気づかされる。1984年4月の特別代議員大会で，全国投票に関し，規約上，単純過半数の賛成をもって全国的争議行為に入ることができるよう改めておきながら，その全国投票は行われなかった。その場合，NUM右派が，規約改定で譲歩すれば，全国投票を行うであろうという"読み"を持っていたのに対し，NUM主流派は，すでに80％以上が全国ストライキに入っている状況に鑑み，その"読み"に歩み寄るのではなく，規約第41項による地域ストライキ先行を是認して全国ストライキに入った状況を追認し，全国投票を行わないこととした。それは規約上，別に不審な手続きではなかった。

にもかかわらず，全国投票問題は，争議の初発から争議の総括に至るまで，つきまとっている大論点である。確かに，全国投票を行っても，もし過半数が得られなければ，争議の局面は初発から，NUMには決定的に不利な局面となっていたことは間違いない。"合理化"提案の地域的差異が，きわめて大きいことから，そうした事態は十分に予想可能なことであった。

だが，一部地域を除き，すでに全国ストライキに入っていた84年4月の段階で，全国投票を行って過半数を得ることが，とうてい不可能であったというほどの事態，つまり，全国ストライキはそれほど支持なくして突入したのであろうかという疑問もつきまとう。事実，"Marxism Today"1985年4月号の座談会でも，何人かの炭鉱活動家（含む共産党員，労働党員）から，全国投票は，タイミングがきわめて微妙であったが，やるべきであったし，また勝てたであろうとも語られている[13]。

確かに，ことは大変，微妙であったに違いない。だが，全国投票で勝つことによって，NUM内部のストライキ反対派が大義名分を失うだけでなく，他組合，国民，そしてマスコミに対してさえも，NUMは大義名分を一層，明らかにでき，"幅広い支援"を得ることをより効果的に訴えることができたことは間違いな

---

13) この点，第4章2およびそこの注（7）を参照されたい。

いであろう[14)]。

　ピケット・バイオレンス問題も同様である。それがNUM内部の活動家に関わることであれ，批判しづらいことであっても，相手側に付け入る隙を与えないという意味でも，ことは早期に克服すべき問題であったということができる。NUMにとって，その場合にこそ，警察の暴力批判も，広く効果的にアピールできる有力な条件を備えることができたであろう。

　マス・ピケッティング問題は，問題の性質上，きわめて深刻な問題である。イギリス共産党も，マス・ピケッティングを行うべきではなかったとは言っていない。ただ，それに限定せず，幅広い支持を得るべきだと批判しているが，どうすれば"幅広い支持"が得ることができるか，必ずしも具体的，積極的に提起しているわけではない。"幅広い支持"はいかにすれば得られるのか，マス・ピケッティングなど直接的行動は，労働組合運動，とくに争議化した場合の闘争戦術・戦略において，いかなる位置づけに置かれるべきか。こうしたシリアスな問題が，依然として解かれないまま残されている。もちろん，そうした問題は，全国投票問題，ピケット・バイオレンス問題とも連動していることは言うまでもない。

7　争議に関連する諸論点 (6) ──NUM内部の組織的対立問題

　炭鉱争議は初発から，ストライキに突入したストライキング・マイナーズとノッティンガムシャー・エリア多数派のマイナーズのように，ワーキング・マイナーズに分かれたままであった。その対立は，85年10月に至り，NUMに対するライバル・ユニオンUDMが出現し，組織内対立から組織間対立にまで立ち至った。

---

14) これに対しても，有力な反論があり得る。全国投票が実施された場合，次にどういう問題が出てくるかを想定し，その実施に疑問を投げかけている論文として，戸塚秀夫「イギリス炭鉱ストライキの跡を訪ねて（中）」（東京大学出版会『UP』，1986年2月号）が注目される。

NMUにおける組織的対立が，なぜ生じたかについては，第3章でも考察したが，確たる説を提示することはできない。しかし，概ね次のような理由を挙げることができるであろう。

　一つは，歴史的に形成されたエリア間の相異である。例えば，1926年の炭鉱ゼネスト崩壊のあと，ノッティンガムシャーは他のエリアと異なり，別組合を結成した。同様な結果が，やはり今回の争議でももたらされた。ただ，この場合，歴史的に形成された相異といっても，歴史的にいかに，どういう要因によって形成され，いかなる違いが形成されたかをもっと具体的に考察する必要があるであろう。この点，ここではたんなる指摘に留めざるを得ない。

　第二に，よく指摘されることであるが，地域的相異である。とりわけ優良炭鉱の存在の地域的差異である。この点，ノッティンガムシャーなどで比較的に優良鉱が多く，サウス・ウエールスなどで非優良鉱が多いことがかなり明瞭である。したがって，ピット閉鎖では，サウス・ウエールスなどがとくに多いのも，その差を反映していた。

　第三に，地域的相異を前提としたNCBのピット閉鎖計画など経営側の対応である。いわゆる"非経済的な"（uneconomic）ピット閉鎖計画は，長年の石炭保護政策に基づく補助金を削減し，それまでの保護政策では閉鎖対象とはならなかったピットについて，"非経済的"の理由の下に，閉鎖を大規模に進めようとした。その経営側の石炭政策が，はね返って，組合における組織的対立を助長した側面を見落としてはならないであろう。言わば，組織的対立を産み，助長する労使関係要因である。

　第四に，そうした諸要因が挙げられるとしても，それが組織的対立として顕在化するには，それぞれの組織内事情が別に挙げられなければならない。とりわけ，リーダーシップの違いが最も重要である。

　そうした諸要因のどれか一つをもってして，組織的対立は解明できない。あくまで具体的な事情に即して，諸要因の相互関係に留意しつつ，解明する必要があるであろう。ここではただ，そうした諸要因の複合的作用の結果，組織的対立が生じていると指摘するに留めておきたい。

8 争議に関連する諸論点(7)——労働組合および社会的支援問題

炭鉱争議への支援に関しては,国内のそれと国外からの支援とを分けて見ておこう。国内といっても,とくに有力なのは労働組合であり,労働組合といっても,左派主導の鉄道,運輸一般,海員などがほとんどであり[15],NUM自身も,それ以外の広範な労働組合に支援を訴えたわけではなかった。その本当の理由は,必ずしも明らかではないが,とくにTUCなどに闘争の主導権を握られることに,アーサー・スカーギルNUM委員長などは大きな懸念をいだいていたからだと言われている。

とはいえ,TUCが何も援助しなかったわけでなく,コール・マイナーのためのTUC基金には100万ポンドが寄せられたし,また現金以外にも,食糧などが他の組合から援助された。

問題は,財政および生活支援だけでなく,労働組合が存立している"職場","工場"における組合活動をつうじた支援の如何にあった。だが,この点で,支援の重い足かせとなった一つは,労使関係法制の展開であった。ピケッティングの大幅な制限,同情・支援ストの禁止,争議行為にあたる組合員投票の義務づけなど,どれも自らのかかえる問題以外の場合はとくにそうであるが,支援闘争に決起することを躊躇させた。それに加えて,もう一つの重い足かせは,"高失業"の圧力にあった。この点は,すでに第2章1で述べたので繰り返さないが,組合員(rank and file)をして決起することを逡巡させた大きな要因として強調しておきたい。

他方,組合以外の諸サポート・グループからの支援は,この種の長期争議が近年,例を見ないこと,サッチャー保守党政権との真っ向からの激突であったことも手伝って,目を見張るものとして,すでにいろいろな闘争記録で明らかにされている[16]。その場合,とくに女性たちの支援が特筆される。炭鉱労働者

---

[15] *The Times* 1985年3月1日付は,"*A year with little support from union*"の見出しのもとで,約1年にわたる組合の支援状況を報じていたが,それによっても,主な支援は,鉄道,運輸(含む海上)に限られていた。

の家族である女性はもちろんであるが，彼女たちとともに，コミュニティの破壊の危機にさらされ，目覚めた女性たちこそが，まさに先例を見ないほど，全面的に支援活動を展開したのであった。

そうした女性たちとともに，関連する諸団体，個人が支援活動を行った。先にメンションしたイギリス共産党のピーター・カーターは，次のように述べている。'炭鉱の外からのこうしたサポート——自治体，労働組合，フェミニスト，ブラック・ピープル，地域の労働党や共産党支部，ゲイやレズビアン，およびその他もっと多くの人々，——なしに，このストライキは維持できなかったであろうといっても過言ではない'[17]。

もちろん，他方で，海外からの支援活動が活発に展開されたことを見逃すわけにはいかない。とりわけ，フランスのCGTをはじめとする食糧，生活物資などの大規模な支援活動は，マスコミでも大きく取上げられ，話題を呼んだ。日本でも一部の組合，研究者を中心に支援活動が行われた[18]。

とはいえ，全体として，支援不十分なまま，組合資産の凍結も相まって，とりわけ1984年11月以降，NUMは苦しい局面に追い込まれた。

なお，労働党との関係は，私の手に余る問題をかかえており，ここでは留保しておこう。ただ，少なくとも，本質的には労働組合と政党の関係をめぐる問題ということになるが，より具体的には，例えばピケッティングやストライキ・アクションなど労働組合の直接行動と政策提言および実現のための活動の問題，労働党の議会における活動のあり方の問題，ひいては労働党政権の樹立の問題，そのもとでのエネルギー政策と石炭政策の課題など，実に多岐にわたる重要問題があることだけを確認しておきたい。

---

16) 例えば，第3章2で紹介した次の文献である。The Welsh Campaign for Civil & Political Liberties and the NUM (South Wales Area) (1985), *Striking Back.*
17) Carter, Peter, *Striking the Right Note, in Marxism Today,* March 1985.
18) 私など，イギリス労働運動には全くの素人であっても，NUM関係者をはじめ，多くの人々が快く迎えてくれた。そして，プリミティヴな質問にも丁寧に応対してくれた。また，多くの関係者を紹介してくれ，必要な資料の提供をいとわなかったのは，そうした日本からの多くの人々の支援が背景にあったからだと考えている。その意味で，国際連帯の重要性を改めて認識することができた。

9　イギリス炭鉱争議(1984～85年)の基本的性格——その"古さ"と"新しさ"について

　1年に及ぶストライキをともなった炭鉱争議は、一体、どんな基本的性格を持っており、どんな本質的問題を持っていたのであろうか。すでに個別的な問題については、本書のそれぞれのところで考察してきた。そのうえで、ここで、その基本問題に立ち帰り、まとめて述べることにしよう。

　ここで考察したいのは、この争議の持つ"古さ"と"新しさ"についてである。一部には、この争議を斜陽産業＝石炭産業における宿命的な争議であり、そこに"古さ"のみを見て、一蹴してしまおうとする見解が見られる。事実、ノー・ストライキ条項とシングル・ユニオン協定で知られる電気電子関係の組合EETPUのある幹部は、ロンドン大学LSEの労使関係部門のセミナーで、炭鉱ストを"19世紀型労働運動の産物"だとして、軽く一蹴したことを私は覚えている。あるいは、「エネルギー革命に伴う現代版《ラッダイッツ運動》」だという研究者も存在した[19]。だが、果たしてそう片付けて済むものなのだろうか。

　ピット閉鎖に対し、雇用・労働条件、コミュニティを守る立場から、真っ向から反対したNUMの対応と闘争は、労働組合の原点に依拠した闘いであり、それ自体が古いとは言えないであろう。"守る"ことが"古い"ことであるならば、労働組合運動自体が成り立たなくなる。その意味での"古さ"は労働組合運動の原点的課題であり、同時に今日的課題として、むしろ一層、強調されてしかるべきであろう。

　実際の炭鉱争議で見られたのは、たんに雇用・労働諸条件を"守る"ことだけでない今日的な"新しさ"であった。とりわけ、ピット閉鎖の阻止、さらには民営化阻止のため、石炭輸送の下請化阻止、新技術導入に関する労使合意の協定締結などを要求し、恣意的な経営権の発動を規制しようとする様々な闘いであった。そして、炭鉱閉鎖に関し、労使合意を前提に、経営側の最終決定権

---

19) 内藤則邦（1985）「イギリスの炭鉱ストライキ」（『日本労働協会雑誌』2月号、第309号）、10頁。

へのギリギリの次元での実質的な歯止めをかけようとしていた。それはさらに，民営化阻止，経営権規制をベースにしながら，石炭産業の擁護政策へという産業政策的課題と連動していた。その意味では，古典的労働組合運動とはもはや明確に異なっていた。

ただし，その"新しさ"といっても，それが産業レベルにおける政策の立案，遂行への組合参画，労使合意形成を意味していたとすれば，1980年代において，とくに新しいとは言えないという留保付きの"新しさ"であった。

だが，サッチャー政権は，そのようなこれまでの労使合意原則を否認し，経営権の断固とした確立を目指し，決して譲ろうとはしなかった。そのうえに，「マネタリズム」の重要な一環として，それまでの石炭産業保護政策から，民営化，低コストの海外炭輸入を含む新たな石炭政策へと一大転換を行うことを予定していた。

1984～85年における炭鉱争議は，経営権の確立＝それまでの労使合意原則に立脚した労使関係の否定とそれに対する真っ向からの対決という点で，一大画期をなすものとなった。それは同時に，石炭政策のあり方をめぐって，根本的な相容れない対決でもあり，その意味でも一大画期をなすものであった。その二つの意味内容の画期的"対決"が，同時に含まれていた点に，この争議の本当の"新しさ"があった。言いかえれば，これまでの労使合意原則とこれまでの石炭政策の二つをセットにした全面否定とそれに対する二つをセットにした全面対決という"新しさ"であった。

では，そのNUMの闘争は，「現代版《ラッダイッツ運動》」なのであろうか。石炭から石油への転換といった意味での「エネルギー革命」を動かしがたい所与の政策的与件として前提に置いてしまうならば，その結論は成り立つ。だが，「エネルギー革命」が，動かしがたい政策的与件ではなく，一国のエネルギー政策全体に関連し，その中の石炭産業政策の在り方を問うものとして，言いかえれば，選択可能なエネルギー政策上の課題として捉える場合には，結論は全く異なってくる。

1984～85年の炭鉱争議は，これからのエネルギー政策の在り方を問うシリアスな内容を含んで争われた。その争議において，NUM側は事実上，「敗北」したとはいえ，そこに「エネルギー革命」を動かしがたい与件とはしなかった

"新しさ"をこそ評価したいと私は考えている。

もっとも，あるいは，私とは別に，NUMはたんに，これまでの古い産業保護的な石炭政策の維持，擁護に固執しただけであると評価する人がいるかもしれない。その側面があることは，確かに否定できない。だが，果たしてそれだけであろうか。例えば，仮に古い政策の維持，擁護に固執しただけだと極論しても，そこに思わざる＝意図せざる"新しさ"が内包されているということはないのであろうか。

この点に関連しては，四半世紀を経た今日，歴史的には次のように結論づけることができる。すなわち，労使関係政策とエネルギー・石炭政策がセットで争われた1984～85年のイギリス炭鉱争議は，サッチャリズム＝新自由主義諸政策とそれに対する労働者側（NUM等）との真っ向からの対決という点で，歴史上，画期的な意義を有しており，その点に決定的な歴史的"新しさ"があったということである[20]。

10　イギリス労使関係における"ボランタリズム"――その行方

本論の最後の論点として，「プロローグ」に述べた最後の課題，イギリス労使関係における"ボランタリズム"について，一言，ふれておきたい。これまでイギリス労使関係を特徴づけると言われてきた"ボランタリズム"（voluntarism）は，今日［1985年当時］，どのように考えたらよいか，その問題

---

20) 前掲デヴィッド・ハーヴェイ書（2007）によれば，新自由主義政策が労働者側と真っ向から衝突した事例として，アメリカのレーガン大統領下における1981年の航空管制官組合問題とサッチャー政権下における1984～85年のイギリス炭鉱争議を挙げている（84頁）。これに日本の場合を追加すれば，臨調＝行革に端を発し，中曽根政権下での国鉄分割・民営化が挙げられるであろう。

ただし，イギリス炭鉱争議の当時，その争議が，新自由主義的諸政策とそれに真っ向から対決する意味を持つ争議だという歴史認識は私にはまだなかった。むしろ，私だけでなく，"新自由主義"という歴史的概念がやがて定着し，その起源を遡ることをつうじ，イギリスの炭鉱争議，アメリカの航空管制官組合問題および日本における国鉄の分割・民営化などが，新自由主義の歴史的展開の脈絡の中に位置づけられていったというのが歴史認識の順序であったといえるであろう。

である。この点に関し，B. C.ロバーツ（B. C. Roberts）教授は，ある論文の冒頭で，次のように述べている[21]。

「労使関係は，国家の干渉なしに，雇用主と労働組合によって，任意に受容される団体交渉の上に，依然として成り立っている。」

「ボランタリズムは，労使関係に関して，法が実質的に存在しないということをもはや意味していない。団体交渉過程において，労働組合は，他の多くの諸国で存在している諸制限に一層，近くなったストライキとピケッティングの自由に制限を課す法的限界の範囲内で，いまや力を行使しなければならなくなっている。」。

結局，ロバーツ教授は，その論文の中で，ボランタリズムが，従来と同様，団体交渉という形において存在しつつも，実質的には，労使関係法制の展開の中で，その内実が形骸化しつつあることを述べていると思われる。

確かに，団体交渉権そのものまでを法的に制限してはいない。だが，ボランタリズムは，少なくとも労働組合の自発的行動（voluntary action）を法的に制限するという意味では，明らかに実質的な形骸化が進んでいる。それは，他方で経営権の確立，労使合意原則の否定を意味しており，その意味では団体交渉権とその内実にも大きな影響を及ぼしていることは否定できない。

ただ，法制度的な枠組みが変化しているとしても，そのことによって，実態がどう進むかはいまだ流動的であり，炭鉱争議をもって，すべて決着がついたとするのは早計であろう。イギリス労働組合運動の一層の流動化，複雑化は十分，予想され，したがって，イギリス労使関係におけるボランタリズムとその行方も容易ならぬ状況にあることは確かである。それ故，その前途をこそ注視しなければならない。

〔補記1〕"ボランタリズム"再論

第8章10が，1985年当時のボランタリズム論であったが，その程度で締めく

---

21) Roberts, B.C.(1984), *Recent Trends in Collective Bargaining in the United Kingdom*, in *International Labour Review*, Vol.123. No.3.

くるのは，その後の日本におけるイギリス研究との関係で，きわめて不十分であることを自覚している。とはいえ，本格的な研究に基づくボランタリズム論をここで展開するほどの研究蓄積は私にはない。ここでは，ボランタリズム論に関連したいくつかの書に触発されたかぎりで，私が現在，考えていることを率直に述べ，補足とさせていただくことにしたい。手元にあるのは，以下の四つの書である。

- 稲上毅（1990）『現代英国労働事情——サッチャーイズム・雇用・労使関係』（東京大学出版会）
- 小笠原浩一（1995）『《新自由主義》労使関係の原像——イギリス労使関係政策史』（木鐸社）
- 田口典男（2007）『イギリス労使関係のパラダイム転換と労働政策』（ミネルヴァ書房）
- 上田眞士（2007）『現代イギリス労使関係の変容と展開』（ミネルヴァ書房）

このうち，上田眞士書は，人的資源管理など個別管理の展開が，イギリス労使関係をどのように変容させているかを実証的に解明している優れた業績である。その実証全体をつうじて，ボランタリズムの形骸化を想定させるものとなっているが，同書自体はボランタリズム論をとくに意識して論じているわけではない。したがって，主に稲上毅書，小笠原浩一書および田口典男書に依拠しつつ，私なりに考えていることを述べることにする。

小笠原浩一書は労働法の研究書であり，しかも表現が難解で，そのボランタリズム論の全容を理解するのは容易ではない。ボランタリズムとは何かを明快な定義として打ち出しているわけではなく，イギリス労使関係の現状分析自体を行っているわけでもない。むしろ歴史分析の文脈の中で，これまでのボランタリズム論を批判的に検討している書である。そこで，誤解をおそれず，私が最も核心的な部分だと理解した文脈で紹介すると，以下のように整理できる。

① 「オックスフォード学派が開発した"ボランタリズム"（voluntarism）ないし"集団的自由放任主義"（collective laissez-faire）が，集団的労使関係の"理性"と社会進歩性に対して国家が基本的な信頼を置き，法的，権力的な介入誘導を抑止するという成熟した民主主義社会における国家と労使関

係実態との関係を表現する概念」としてのボランタリズム論を歴史的に批判すること（7頁）。

②ボランタリズムは国家介入を排除しないこと，すなわち，「イギリス労使関係の歴史的展開を国家的強制の希薄な自主的組織化の過程として描こうとする者」(93頁)が，自主的調停・仲裁制度を論拠としてきた，その制度自体の歴史的再検討を行うこと。

③そうした歴史的検討の中で，とくにオックスフォード学派と連なるカーン・フロイントの「集団的自由放任主義」に言及しつつ，第一に，イギリス労使関係史における国家と労使関係実態との関係は，「集団的自由放任主義」と定義されうるほど自由主義的ではなかったこと，第二に，そのことは，産業別団体交渉においても，労使団体が産業パートナーとして相互に認知しあい，共通ルールや共通条件を自発的に設定・履行するシステムだったとは言えないことを明らかにしている（231頁）。

要するに，ボランタリズム・集団的自由放任主義は，何か労使間自治＝労使の完全な自主性を前提とし，しかもそれに対する国家の不介入といった理解のうえに成り立っているものではなく，労使の絶えざる対抗と衝突および収斂，国家の度重なる介入をつうじて変化しつつ，存在してきたものであることを小笠原浩一氏は強調していると私には理解できる。

「従って，労使関係理論とそこに投影されている実態像を，思想・戦略の動的で柔構造な離合集散，対抗収斂の歴史として分析し，歴史過程に表現された対抗収斂の図式のナショナルな因子とその歴史的継続性を，長期的なスパンで析出することが，イギリス労使関係史像の再構築に向けて必要になっていると思われる」(246頁)と同氏は結んでいる。

やや強引に結論づけると，ボランタリズム・集団的自由放任主義を何か固定的な"理念型"のごとく理解してはならないという主張であるとすれば，私も賛成である。すなわち，何らかの意味での歴史的社会的な二者対抗性の中で，理解すべきであろうと私自身は考えている。

田口典男書は，その序章で，ボランタリズム論を展開している。そこで，小笠原浩一氏の主張に共感しつつ，そもそもボランタリズムをどういう歴史的文脈と内容で理解すべきかを論じている部分は異論がない。

ただ，結論部分には疑問がある。すなわち，「サッチャー労働政策が19世紀以来のボランタリズムに基づく労使関係パラダイムを転換させ」（2頁）たということ，あるいは別に，「サッチャー労働政策はボランタリズムを否定した。……（中略）……サッチャー労働政策は内部的規制によって組合組織を弱体化させ，団体主義的労使関係を崩し，個別主義的労使関係への道を開いた」（5頁）という結論部分である。

　確かに，サッチャー労働政策は，組合の外部的規制のみならず，田口氏が強調する組合の内部的規制の側面からもボランタリズムを否定したという田口氏の指摘には同感であるが，その結果，イギリス労使関係の全体が，「ボランタリズムに基づく労使関係パラダイムを転換させ」たということになるのかは疑問である。

　この場合，「パラダイム」転換という概念が，実ははなはだ曖昧で誤解を招きかねない。曲解すれば，団体主義的労使関係の崩壊→個別主義的労使関係への全的転換とも読めてしまう概念である。そうであれば，私とは全く見解を異にするが，おそらく田口氏の真意はそうではないと推測される。

　サッチャー労働政策によって，ボランタリズムが否定され，事実として団体主義的労使関係が形骸化し，個別主義的労使関係の比重が大いに増したと私は考えているが，田口氏の理解もおそらく表現はともかく，私の理解とあまり違うものではないとすれば私の疑問は解消する。事実，田口氏は別なところで，「団体交渉の分権化と衰退は，産業レベルにおける伝統的労使関係＝団体主義的労使関係から職場レベルにおける協調的労使関係＝個別主義的労使関係へと労使関係パラダイムを転換させ，『新しいスタイル』の労使関係を出現させた。『新しいスタイル』の労使関係は，団体交渉構造を次々に侵食し，労使関係の個別主義化を促進したのである」（38頁）と述べている。

　「新しいスタイル」の労使関係なのか，伝統的労使関係の延長線上で理解可能な労使関係なのかは別に議論を要するとしても，ここで言う「パラダイム転換」は，既存の団体主義的労使関係における団体交渉構造を侵食する個別主義化を意味しているから，その意味は明瞭であり，誤解は産まない。ただ，ボランタリズムに関連して，「労使関係パラダイム」の転換という概念を用いた結果，余計な誤解を招いているのではないかというのが私の感想である。

四つの書の中では，一番古い稲上毅書は，ボランタリズムそれ自体を論じた書ではない。ただ，「伝統的」労使関係や「伝統的」団体交渉なる概念で，事実上，ボランタリズムを基礎とするこれまでのイギリス労使関係を論じ，その行方を論じており，指標を明確にしつつ，先を見据えた考察として大いに触発された。稲上氏の考えが，最も要約的に述べられているのは次の箇所であろう。
　「大胆に推論すれば，イギリス労使関係の『伝統的』フレームワークは今後その内部では《企業》と《個人》にむかって分散し，また外部に対しては《国際的社会政策》との結びつきを強めていくように私には思われる。」(202頁)。
　この場合，〈企業〉とは〈企業内労使関係の成熟化〉(企業化)，〈集団的労使関係から個別的労使関係へ〉の比重の移行といった趨勢を意味し，〈個人〉とは個別的人事管理の進展（個人主義化）を意味している（200頁，傍点も稲上氏による)。〈国際的社会政策〉とは，さしあたりEC「社会憲章」を指していると考えてよいであろう（200頁）。
　このうち，〈国際的社会政策〉との結びつきの強化については，私もほぼ同感である。EC「社会憲章」だけでなく，GCHQにおける団結権問題でTUCがILOに頼ったように，今後とも結びつきは強化されるであろう。ただし，たんなる結びつきの強化だけなのか，それともとくにEUとの関係では，かなりの摩擦や緊張関係がともなっているので，そのことへの留意が別に必要だと私は考えている。この点は，最後に述べる。
　問題は，〈企業化〉と〈個人主義化〉であるが，それに向かう趨勢にあることは同感できても，それに収斂するとまで言い切れるかは疑問である。もっとも，稲上氏も「趨勢」とは言っても，「収斂」とは言っていない。そこは，用心深く，慎重に区別しているように私には考えられる。以上が，稲上毅書への私の感想である。
　最後に，小笠原氏，田口氏および稲上氏に触発され，現在，私が考えているボランタリズム論・集団的自由放任主義論をいわば私の覚え書きとして，しかも箇条書き的に述べて，ここでの補足としておこう。
　第一に，言うまでもないことではあるが，ボランタリズム・集団的自由放任主義の理念と実態は，産業別労働組合の存在と経営者側との産業別団体交渉を前提として存在しており，その前提がなくならないかぎり，消え去ることはな

い。

　第二に，ボランタリズム・集団的自由放任主義は，19世紀以来の団体交渉制度の普及，組合の伸長を前提とした産業民主制の普及にその起源を持つ。

　第三に，ボランタリズム・集団的自由放任主義は，歴史的社会的には，それを伸長させようとする勢力とそれを否定ないし抑制しようとする勢力との二者対抗性の中で存在しており，その伸長度あるいは抑制度はたえず可変的である。したがって，小笠原氏の主張するように，中長期的な歴史的スパンの中で見なければならない。

　第四に，当面の事態，1984～85年の炭鉱争議以後の事態について言えば，ボランタリズム・集団的自由放任主義はきわめて抑制され，形骸化が進み，それに対抗するかたちで，上田氏・田口氏流に言えば，個別管理化，労使関係の個別主義化，稲上氏流に言えば，〈企業化〉と〈個人主義化〉が進んでいる。あるいは一部にはノン・ユニオニズムが出現した。

　その意味では，ボランタリズム・集団的自由放任主義の内実の形骸化が進み，ボランタリズム・集団的自由放任主義は歴史的試練の最中にある。とはいえ，次の点の認識が別にきわめて重要である。

　第五に，第９章および第10章，すなわち炭鉱争議（1984～85年）後の炭鉱労使関係で具体的実証的に述べるが，労使関係の個別主義化，あるいは一部のノン・ユニオニズム化は，ほかならぬ石炭産業では，それらがもはや支配的であるかのように見える。だが，団体交渉スキームなどでは，ボランタリズム・集団的自由放任主義の原則を前提としなければ，個別主義化も円滑に進み得ないという皮肉な現象が存在している。

　つまり，一見，「あれかこれか」の代替関係に見られがちであるが，ボランタリズム・集団的自由放任主義が決して消滅したわけではなく，実は個別主義化の前提として意外に根強い存在意義を有していることを見逃してはならないということである。したがって，その両者の関係を軽（無）視した実証研究は一面性を免れない。

　最後に，ボランタリズム・集団的自由放任主義の今後を考えるうえで不可欠なのは，2002年のEU国内労使協議会指令と2004年，イギリスにおける雇用者情報協議規則（The Information and Consultation of Employees Regulations 2004）の制

定である。この点は，第10章で再論する。

　ボランタリズム・集団的自由放任主義が，きわめてアングロ・サクソン的モデルだとすれば，強行法による一括的な従業員代表制度のイギリスへの導入が，今後，どういうインパクトを与えるかが注目される。

　ボランタリズム・集団的自由放任主義が，従業員代表制度を基礎として強化される方向に向かうのか，それとも従業員代表制度に代替されるのか，あるいは両者が整合的にせよ，対立的にせよ，両立・共存するのか，いずれにしてもボランタリズム・集団的自由放任主義と従業員代表制度との関係が注目される。

　結局，つまるところは，EU的な（ある意味ではILO的な）ソーシアル・パートナーシップとアングロ・サクソン的なボランタリズム・集団的自由放任主義との関係如何という問題が，21世紀において提起されており，その行方が注目されるということに帰結すると私は考えている。

〔補記２〕炭鉱争議後のイギリス労働組合運動について

　1984～85年の炭鉱争議後，現在に至る石炭産業および炭鉱労使関係については，本書第３部第９章および第10章あるいは「エピローグ」として，今回，新しく書き下ろした。

　なお，本書の当初の計画では，第３部補論として，「イギリス労働組合運動の転換局面と諸問題——炭鉱争議後の新たな動向と問題点」(所収，『社会政策叢書』編集委員会編『転換期に立つ労働運動』啓文社，社会政策叢書第13集，1989年）を転載するつもりでいたが，本書全体の頁数が予定を大幅に超過したため，収録を断念した。

　同論文は，元は社会政策学会第77回研究大会報告（1988年10月，於いて立命館大学）であるが，1984～85年の炭鉱争議後，1988年９月のTUC第120回大会までのほぼ３年間について，組合承認問題，単一組合・ノーストライキ条項など「新現実主義」的労働組合運動の台頭といったイギリス労働組合運動の新たな動向を追跡したものである。

　もっとも，イギリス労使関係および労働組合運動全体のその後の動向については，本書で扱うテーマの範囲を超えている。ただし，"ボランタリズム論"，"集団的自由放任主義論"については，本書における行論との関係で，いくつ

かの書に触発されつつ，第8章10の〔補記1〕において，私の見解を述べた。
　ここでは，炭鉱争議後のイギリス労使関係と労働組合運動の新たな事態の展開について研究し，それをまとめたいくつかの優れた業績を著書に限定して掲げるに留める。著書以外は，参考文献を参照されたい。

・前掲（補記1），稲上　毅書（1990）
・前掲（補記1），上田眞士書（2007）
・前掲（補記1），田口典男書（2007）
・浜林正夫（2009）『イギリス労働運動史』（学習の友社，とくに第7章第2節）

　なお，労働法分野の業績について紹介するのは私の手に余る。ただ，本書でイギリス労働法の過去，現在の要点を知るため，参照させていただいたという意味で，ここでは次の文献を掲げるに留める。

・戒能通厚編（2003）『現代イギリス法事典』（新世社，とくに「Ⅳ.労働」）
・田端博邦（2007）『グローバリゼーションと労働世界の変容』（旬報社，とくに第2章）

第3部
イギリスの炭鉱争議
（1984〜85年）
＝後日談

第9章

炭鉱争議・UDM結成後の炭鉱労使関係

　はじめに
　1　NCBの新経営戦略と労使関係政策
　2　UDMの承認，団体交渉権をめぐる問題
　3　UDM賃金交渉の先行・妥結とNUM全国賃金交渉の不成立
　4　新懲戒規程をめぐる問題
　5　柔軟な働き方をめぐる問題
　6　アーサー・スカーギルNUM委員長の再選問題
　7　1992年のピット閉鎖とNUMの闘争
　8　UDM，NCB（BCC）との協調関係とその終焉
　むすび

はじめに

　第3部　イギリスの炭鉱争議（1984～85年）＝後日談は，イギリス炭鉱争議（1984～85年）のあと，石炭産業と炭鉱労使関係はどうなったかを明らかにすることにある。そのうち，第9章では，炭鉱争議・UDM結成後，石炭産業民営化以前の炭鉱労使関係を追跡することにしよう。

　炭鉱争議後，とくに1985年のNUM年次大会とノッティンガムシャーにおけるUDMの前身組合の結成後，NCBのNUMに対する態度は，一層，強硬な態度に変化し，NUMは明らかに守勢に立たされることになった。

　ここでの話は，(1) まずNCBの労使関係政策を含む新経営戦略の概要を述べ，(2) UDM結成によって生じた組合承認・団体交渉権問題，ついで (3) 賃金交渉問題，(4) 新懲戒規程問題，(5) 柔軟な働き方をめぐる問題，(6) アーサー・スカーギルNUM委員長の再選問題および (7) 民営化の最終準備として

の1992～93年のピット閉鎖問題，(8) UDMとNCB (BCC) の協調関係と1994年の民営化を前にしたその関係の終焉などを中心に，なるべく時系列的に整理しつつ，追跡していくことにする。

　石炭産業の民営化と労働組合の基本的対応，そして民営化以後の炭鉱労使関係については，改めて第10章で述べることにする。

1　NCBの新経営戦略と労使関係政策

　NCBの新経営戦略は，争議以前と基本的に変わったものではなかった。ただ，炭鉱争議におけるNUMの事実上の「敗北」とUDMの結成によって，その経営戦略を一層，具体的に明示しつつ，一気に攻勢に転じ，強硬に貫徹しようとしたことに新しさがあった。

　1986年9月，イワン・マクレガーがNCB総裁を退き，代わってサー・ロバート・ハスラム（Sir Robert Haslam）がNCB総裁に就任した。だが，ストライキの動乱を鎮め，マクレガーNCB前総裁のいわゆるマッチョ・マネージメント（"macho management"）ぶりを弱めようとはしたが，政策の基本では変わってはいなかった[1]。その政策は概ね，ほぼ三点に要約できる。

　第一に，石炭政策の継承であった。国内の石炭政策では，その行く末に民営化を見据えつつ，スクラップ・アンド・ビルド政策を一層，遂行することであり，同時に石炭輸入＝低コストの海外炭依存度を高めることであった。

　第二に，非経済的なピット閉鎖や優良鉱の開発など国内石炭生産における生産性向上とNUMの弱体化を図るため，これまであった労働慣行や関連する諸協定を全面的に見直すこと，週6日労働日制，坑内9時間労働時間制などをは

---

1) Taylor, Andrew (2003 & 2005), *The NUM and British Politics, Vol.1 & Vol.2* (Hampshire: Ashgate), 271頁。以下，この第9章は，とくに断わらないかぎり，Taylor, Andrew (2005) 書のほか，次の二つの文献に依拠している。
　　Routledge, Paul (1993), *SCARGILL: The Unauthorized Biography* (London: Harper Collins Publishers). Winterton J. & R. (1989), *Coal, Crisis and Conflict; The 1984-85 Miners' Strike in Yorkshire* (Manchester University Press).

じめとした柔軟な働き方（flexible working）を導入することであった。

　第三に，そうした石炭政策の貫徹および国内石炭生産における生産性向上のため，労使関係政策としては，UDMと協調しつつ，NUMに対する可能なかぎりでの差別化政策を推し進め，NUMを弱体化させることであった。

　実際，1986年7月のNUM年次大会において，アーサー・スカーギルNUM委員長は，その委員長演説で，最初に石炭輸入など石炭政策全般にふれて政府，NCBを批判したあと，アメリカ仕込みの柔軟な働き方の導入，UDM承認問題，団体交渉権問題での既得協定破棄の動きなど，NCBの新経営戦略を激しく批判した[2]。

　炭鉱争議・UDM結成後の炭鉱労使関係は，①NCBとNUMとの関係，②NCBとUDMとの関係，さらに，③それにNUMとUDMの労労関係といった，きわめて複雑で，込み入った関係に置かれた。その具体的な考察が以下の課題である。

2　UDMの承認，団体交渉権をめぐる問題

　UDM結成以前，すでにNottinghamshire Union of Mineworkersの結成時点から，NUMは新組合およびNCBによる攻撃を受けた。NCBはただちに新組合を承認した。それによって，まず組合施設は新組合に提供され，NUMエリア役員はオフィスから追放された。他のエリアからのNUM支援のビラ配布やNUMの集会もエリアNCBにチェックされ，自由にはできなかった[3]。

2）アーサー・スカーギルNUM委員長の1986年年次大会演説については，NUMウェブサイトを参照した。同サイトの「Historic Speeches」には，まだNUM結成前の連合体（MFGB）であった1936年から，2009年までの歴代委員長の年次大会演説が掲載されている（http://www.num.org.uk）。

3）前掲Winterton J. & R. 書，230頁。この点，1926年の炭鉱ゼネストの際，「スペンサー組合」の結成を想起させる。当時，「ノッチンガムシアの炭鉱主協会は，正統なノッチンガムシア坑夫組合との交渉を拒否し，分裂グループたるスペンサー・グループだけと〔1926年〕11月20日に協約を結び，同グループが11月22日にスペンサー組合を創立すると，それと排他的に交渉関係をもち，年金制度や組合支部づくりを公然と支援し，ノッチンガムシア坑夫組合とその組合員を迫害した。」という（相沢与一（1978）『イギリスの労資関係と国家——危機における炭鉱労働運動の展開』未来社，394頁）。

その新組合を中心に結成されたUDMは，サッチャー政府，NCBのインフォーマルなサポートを受けながら結成に至った[4]。イワン・マクレガーNCB総裁は，その回想録の中で，具体的な事実は挙げてはいないが，次のように語っている。
　「我々は，彼ら〔ロイ・リンクなどUDMを旗揚げしたストライキング・マイナーズのリーダーたち――引用者注記〕が，自由で民主的な組合を結成するという彼らの目的を達成するために，できるかぎりの援助を行ってきた[5]」。
　UDMの結成は，これまで石炭産業において存在していた，いわゆる複数組合制（pluralism）とは質的に決定的に異なり，同じ職種，同じ職場（work place）におけるライバル・ユニオンの組合員が存在することを意味していた。とりわけ，UDM組合員が多数派であるノッティンガムシャーではそうであった。しかも，炭鉱争議を経たあとだけに，両者の敵対的とも言える"しこり"は深刻であった。それにNCBという経営側の「差別」が重なり，その"しこり"に一層の拍車をかけた。
　NCBは，Nottinghamshire Union of Mineworkersが旗揚げしたあと，すぐに承認したのと同様に，UDM結成後，ただちにUDMを承認した。同時に，UDMとの協調をテコに，NUMとのそれまでの協定や労働慣行を次々に否認しようとした。NCBは，NUMに強い攻勢をかけるべく，明らかに態度を変えた。承認後，すぐに問題となったのは，二つの組合との団体交渉の在り方をめぐってであった[6]。
　NCBは，1985年のNUM年次大会のあと，ノッティンガムシャー・エリアでは，NUMとUDMの前身であるエリア組織とそれぞれ別々の団体交渉を行っていたが，UDM結成後はノッティンガムシャーでは多数派であるUDMを承認して交渉し，NUMを認めないという態度を打ち出した。事実，1986年9月19日，NCBとUDMは，正式に組合承認および交渉に関する協定を締結していた[7]。

4）サッチャー首相自身，のちの『サッチャー回顧録（上）』でその一端を語っている。
　「実際，私はストに参加しなかった労働者の代表と，ずっと連絡をとっていた」（457頁）。
5）MacGregor, Ian (1986), *The Enemy Within; The Story of the Miners' Strike, 1984-5* (Colling), 366頁。
6）UDMの承認および団体交渉問題は，とくに断わらないかぎり，前掲Taylor, Andrew (2005)書，287頁以下の叙述によっている。
7）*The Guardian* 1986年9月20日付。

NUMは，こうしたUDM承認およびUDMとの一方的な交渉に強く抗議した。

というのは，1946年の石炭産業国有化法（Coal Industry Nationalisation Act 1946）の第46条には，交渉は，「石炭庁に雇用される者の実質的な割合を代表するとみなされる組織」（organisations appearing to them to represent substantial proportions of the persons in the employment of the Board）と行うと規定されていた。この規定によって，NCBとNUMは単一交渉を行う協定を結んでいたからであった。これ以後，「実質的な割合」をどのように考えるか，いわゆる多数・少数（majority/minority）交渉スキーム問題が，NCBとNUMとの間の深刻な争点となった。

NUMは裁判所に提訴していたが，1986年6月，高等法院は，'NUMはもはやコール・マイナーズの唯一の代表者たる権利を有せず，1946年の単一交渉協定はもはや無効である'旨，判断を下した。さらに，12月6日，UDMは資格認定官（Certification Officer）によって，正式に独立組合（independent union）として認定された。同じ日，NCBはこれまでのNUMとの単一交渉協定を破棄した。そして，1987年2月7日，NCB側は，NUMに対し，新たな多数・少数（majority/minority）交渉スキームを提案した。

すなわち，NUMは，UDMが石炭産業における適法な組合であることを認めたうえで，①NCBとの交渉ではNUMとUDMが共に交渉権を持つこと（複数交渉権），②NUMとUDMのどちらかが過半数を占める当該単位（unit）においては，過半数を占める組合とのみ交渉を行うこと，その二つを認めるというものであった。このことは，ノッティンガムシャーではUDMが多数派であったため，ノッティンガムシャーとそこでのピットを念頭に置きながら，NCBはUDMの単独交渉権を保障し，NUM組合員は交渉のらち外に置くことを意味した。

この「多数・少数交渉スキーム」は，UDMには都合のよいものであり，事実，NCBとUDMとの交渉は，これによって「円滑に」進むことになった。だが，NUMとしてはとうてい受け入れがたい提案であった。NUMは，特定の単位ではなく，石炭産業において多数派であるNUMのナショナルな承認を認めるスキームを提起した。だが，NCBは，UDMが水没する（swamp）ような，いかなるスキームをも受諾しようとはしなかった。

つまり，この場合，ナショナルなレベルで「実質的な割合」を占めている多数派組合はNUMであり，UDMではなかった。NUMをナショナルなレベルで承

認すれば，UDMは「水没する」＝承認されないことになる。それ故，ナショナルなレベルでの組合承認ではなく，特定単位（unit）で過半数を占める組合とのみ交渉を行うとするのがNCBであり，その多数・少数交渉スキームを容認するUDMとの間では，ナショナルなレベルでの交渉が成立するが，そうした多数・少数交渉スキームを承認しないNUMとはナショナルなレベルでの交渉自体が成立しなくなったのである。

　その結果，特定単位では多数派であるNUM支部においても，非公式交渉はともかくとして，正規の団体交渉は成立しないという結果になった。要するに，NCBとNUMとの団体交渉協定は成立せず，全体としては多数派であるNUMとNCBの団体交渉が，正式には成立しなくなったことを意味した。

　NCBの多数・少数交渉スキームは，特定の単位における多数派組合とのみの交渉という前提を置いたことによって，UDMを満足させ，NUMにはとうてい受け入れがたい交渉スキームを設定した。その意味で，きわめて「政治的な意図」に基づく労使関係政策であったと言えよう。

　この結果，NUM組合員は，「もっと小さくて，非戦闘的なユニオンが獲得したものは何でも受け入れなければならない[8]」立場に置かれるようになった。

3　UDM賃金交渉の先行・妥結とNUM全国賃金交渉の不成立

　こうして，NCBとNUMの間で交渉の在り方をめぐる対立がある一方で，あるいはそれ故になおさら，賃金交渉にあたって，NCBによるUDMとNUMとの明らかな差別的取り扱いが進行した。例えば，1985年11月，NCBは，6％の賃金引き上げでUDMと合意したが，NUMに対しては，同じ率の賃上げながら，ストライキの結果として年金保険料分を差し引くか，低い年金を受け取るかを条件としての賃上げ提案を行った。この結果は，NUMによる労働審判所（Industrial Tribunal）への提訴などをつうじ，結果は実質的に同様の賃上げとなっ

---

8) Routledge, Paul (1993), *SCARGILL; The Unauthorized Biography* (Harper Collins), 272頁.

た。ただし，「多数・少数交渉スキーム」問題は引き続いていた。

　1986年1月27日，NCBとUDMは，ランカシャーのエリスタウン（Ellistown）鉱UDMメンバーに，1985年11月1日にさかのぼって，賃金交渉で引き上げた賃金率での支払いを行うことに合意した。ところが，その時，エリスタウン鉱にはUDMメンバーは一人もいなかった。NUMはただちに労働審判所に提訴した。1986年5月28日，労働審判所は，'特定組合への加入を誘引しようとして，一つの労働者グループに増加賃金を支払い，他の労働者グループに支払わないのは違法'だと断定した。NCBは裁判所に提訴したが，1986年12月16日，裁判所は，UDM組合員に有利なように差別するのは，1978年の雇用保護（統合）法（Employment Protection (Cosolidation) Act 1978）第23条に違反するとの判断を下した。

　もっと説明を加えると，UDMはNCBに対し，UDM組合員が，その組合員を増やすために働いている場所ではどこでも，格差賃金支払いを制度的に行う（institute）ことを経営側に提案していた。そして，エリスタウン鉱では，ちょうど支部役員にUDMびいき（pro-UDM）が選出されたという報告を受けて，そのテスト版として実行されたということであった[9]。

　結局のところ，賃金交渉のパターンとしては，UDMとの賃金交渉が先行・妥結し，NUMにはその同じ内容が提示される（impose）というかたちがパターン化した。その際，NUMへの提示はいつも条件つきであった。

　例えば，1987年11月3日，NCBは5月19日にすでに締結したUDMとの賃上げ協定（11月1日実施）を提示したうえで，NUMに対し，賃上げは期限付き残業拒否という争議行為（industrial action）が行われている間および「多数・少数交渉スキーム」の受諾を拒否している間は，UDM組合員が過半数を占める炭鉱など「単位」（unit）におけるNUM組合員には支払わないと告げた。しかしながら，ユニット・レベルでは，NUM支部役員に接近し，残業拒否が撤回されれば11月1日にさかのぼって支給すると話し，下からの切り崩しを図った。期限付き残業拒否は，1988年3月7日に撤回された。4.2％の賃上げ分が支払

9）前掲Taylor, Andrew（2005）書，289頁。

われたが，実際にはさかのぼっては支給されなかった[10]。

こうして，NCBとNUMの正規の全国賃金交渉が成立しなくなっていたもとで，NCBによるUDMとNUMとの差別的取り扱いが続いていった。

もちろん，NUMは機会あるたびに，「多数・少数交渉スキーム」に反対していたが，NCBは決して譲歩しようとはせず，NUMは攻めあぐねていた。そのうえ，NCBは，新しい懲戒規程の制定，柔軟な働き方の導入など，次々に攻勢をかけた。

4 新懲戒規程をめぐる問題

NCBは，すでに1985年3月，きわめて議論を呼ぶ"行為および懲戒手続き規程"（Code of Conduct and Disciplinary Procedure）を提起していた。それまであったのは，1948年の"不当解雇協定"（Wrongful Agreement）とピット調停スキームであった。このシステムの運用は，実際に経営側に不当に取り扱われた組合員がいる場合，組合の強い力を活用したことを除けば，慣習に従って運用されてきた。だが，経営側はかねてから，組合の力を弱め，経営側に有利に懲戒規程を活用しようと意図していた[11]。

経営側は，今度は一方的に新懲戒規程を導入しようとした。新懲戒規程は，①職場以外（away from the workplace）で行われた行為を含む，"全ての違法な争議行為"（"gross industrial misconduct"）に対し，略式解雇（summary dismissal）を認めることとした。②さらに，ピット・マネージャーらは，組合員の懲戒における意見聴取において，組合代表者の出席を拒否できるとした。

UDMは，この新懲戒規程を受諾した。NCBは，1985年12月，1948年協定を一方的に破棄した。この新懲戒規程は，NUMの強い怒りを喚起した。NUM

---

10) 期限付き残業拒否は，ストライキ後，NCBによる「懲戒規定」の改定に反対して行われていた。この「懲戒規定」については次に述べる。さしあたり，Winterton J. & R.(1989), *Coal, Crisis and Coflict; The 1984-85 Miners' Strike in Yorkshire*（Manchester University Press），224頁以下参照。

11) 以下，前掲Taylor, Andrew (2005) 書および前掲Winterton J. & R.書による。

とNCBの話し合いでは解決せず，ACASが仲介に入ったが，それも失敗した。NUMは，1987年年次大会で，新懲戒規程に反対し，あらゆる争議行為の可能性を考えるとした緊急動議を採択したあと，1987年9月20日より，期限付きの残業拒否闘争に入った。炭鉱の現場監督者らの組合であるNACODSも，この新懲戒規程の導入には反対の態度を表明していた。

結局，この残業拒否闘争は，1988年3月7日に解除された。NCBは断固，譲歩しなかった。NUMは闘争の決め手を欠いたまま，旧協定は廃棄され，新懲戒規程がNUMの合意抜きで導入された。

5 柔軟な働き方をめぐる問題

柔軟な働き方の導入は，石炭産業における労働の在り方を大きく変更することを意味し，NCBとNUMの間ではきわめて大きな対立問題であった。

もっとも，UDMはきわめて協力的であり，1986年には，柔軟な労働に関する枠組み協定（Flexible Working Framework Agreement）を締結した。その最も基本的なことは，週あたりの労働日数および交替制労働の在り方にあった。

石炭産業では，1955年，週5日労働日制協定（Five Day Week Agreement）が締結されていた。それに沿って，交替制勤務，坑内労働時間，坑内における移動時間（travel time）など具体的かつ詳細な労働慣行が協定化されていた。総体として言えば，制限的労働慣行（restrictive working practices）の石炭産業版であった。

柔軟な働き方で，まず問題となったのは週5日労働制であり，これを週6日労働制（six-day working）に変えることが最大の争点となった。だが，UDMは，あっさりと週6日労働日協定（Six-day Week Agreement）を締結した。基本的な考え方は，坑内における移動時間が長くなっていることに鑑み，坑内労働時間を9時間に延長し，機械の効率的な利用時間を延ばすことにあった。

もちろん，それだけではない。アメリカ仕込みの新しい労働慣行の導入（to introduce new working practices from America），機械化の一層の推進をつうじた現場監督人数の削減，監督者の役割の安全から監視への変更など多岐にわたっていた。

こうした労働時間延長と新機械の導入などによって，炭鉱労働者の安全と健康問題が憂慮されたのは言うまでもない。NUMとNACODSは新しい一連の労働慣行の導入は，安全と健康問題について，これまであったスタンダードを希薄化（dilution of standards）するものだとして抗議した。「NCBの目指すところは，炭鉱のあらゆる場所において，高度の柔軟な労働慣行を確立することにある[12]」として，1986年，NUMとNACODSは，労使協議の場から引き揚げることを決めた。これ以後，NUMにおいては，柔軟な労働慣行，とりわけ週6日労働日制（six-day working）問題が毎年の年次大会で大きな議論となった。
　NCBは，中央におけるNECとの話し合いではなく，UDMがすでに週6日労働日制を受け入れたことをテコに，エリアへの働きかけを行った。すなわち，1986年も終わりに近い頃，サウス・ウエールスの優良鉱であるマルガム（Margam）鉱をターゲットに，柔軟な働き方，すなわち週6日労働日制の導入を意図した[13]。
　近隣のポートタルボット（Port Talbot）鉄鋼工場向けのコークス用石炭を生産するため，マルガム鉱と周辺での新しい石炭開発を行うというものであり，その条件として週6日労働日制の導入がセットにされた。新しい仕事と投資の見通しは，経営側だけでなく，NUMサウス・ウェールス・エリアをも動かした。もっと複雑であったのは，マルガム鉱に組合員を持つTGWU（運輸一般労組）が，UDMを締め出すため，柔軟な働き方に関する協定を締結していたことであった。
　1987年3月7日，NUMサウス・ウェールス・エリアの代議員大会では，エリア交渉を行うことを決めた。もしNCBとの話し合いを拒否すれば，UDMが話し合いに応じるであろうことを懸念し，どのような提案であれ，組合員の投票にかけること，UDMを炭鉱分野から締め出すことを決めた。事実，UDMは，週6日労働日制を前提にして，NUMサウス・ウエールス・エリアの拠点であるマルガム鉱においてUDM組合員を組織することを目指し，NCBにマルガム鉱開発による新規採用者を引き受ける旨，意思表示を行っていた。
　だが，週6日労働日制は，これまで長年続いてきた週5日労働日制協定を

---

12) 前掲Winterton J. & R. 書，221頁。
13) 前掲Taylor, Andrew (2005) 書，249頁。

破るものであった。これ以後，NUM内部では，マルガム鉱問題が大きな議論の的となった。サウス・ウエールス・エリア代表らは，同地域には学校離学者（school leavers）など多くの失業者がおり，それへの対応責任があることを理由に挙げていた。アーサー・スカーギルNUM委員長は断固，反対した。だが，おまけにキノック労働党党首は，マルガム鉱におけるNUMサウス・ウエールス・エリアの独立的立場を支持する発言を行っていた[14]。

NUMの1987年年次大会は，この問題が支配したといってよい大会となった。大会の数日前，NCBはマルガム鉱の開発は，週6日労働日制が合意されない限り，行わないことを繰り返し，強調していた。アーサー・スカーギルNUM委員長は，年次大会の演説で，マルガム鉱は柔軟な働き方を導入する突破口であり，やがては全ピットに波及させることを相手側はもくろんでいるとして，断固，反対することを呼びかけた[15]。

NEC内部の意見は10対10で完全に分かれた。議論は代議員に任された。代議員の激しい討論の結果，2対1の割合で，週6日労働日制を含む柔軟な働き方を受け入れる考え方は拒否された[16]。結局，週5日労働日制という全国協定の修正は認められないこと，エリアまたは支部が，独自に交渉し，合意することは認めないということであった。

このように，マルガム鉱に象徴される柔軟な働き方の導入を認める考え方は，NUMのこれまでの政策およびアーサー・スカーギルNUM委員長のリーダーシップと真っ向から対立するものであった。

だが，いま一つ別に重要なことは，この柔軟な働き方をめぐる意見の対立は，NUM内部における伝統的な運動路線と炭鉱争議後のイギリス労働組合運動において台頭していた"新現実主義"（new realism）と言われる新しい運動路線との対立が，NUM内部ではその柔軟な働き方問題に集約されて現われていることを意味していたことであった。

この結果は，その二つの運動路線の延長線上ではあるが，NUM内部においては，アーサー・スカーギルNUM委員長の再選問題という予想外の事態へと

---

14) 前掲Winterton J. & R. 書，221頁。
15) NUMウェブサイトによる（http://www.num.org.uk）。

展開していった。

6 アーサー・スカーギルNUM委員長の再選問題

　NUM1985年の年次大会で，NUM委員長はいかなる投票権も持たないと規約を改定し，1984年労働組合法における5年ごとの再選挙規定の適用からはずしたことはすでに述べた。それにもかかわらず，突然，浮上したのが，アーサー・スカーギルNUM委員長の再選問題であった。

　1987年11月，アーサー・スカーギルNUM委員長は突如，委員長を辞任し，再選挙に立候補するという爆弾宣言を行った[17]。この立候補宣言と再選挙の背景には，組織内外のいろいろな要因が複雑に絡み合っていた。その要因のそれぞれがまた複雑であった。それぞれの要因別の経過から書き出すと話が長くなり，しかも分かりづらくなる。そこで，ここでは話の順序を変え，先に立候補者と争点となった主張，選挙結果から見ていくことにしよう。そのあとで，必要な補足的説明を行うことにする[18]。

★立候補者
　　アーサー・スカーギル（Arthur Scargill）
　　ジョン・ワルシュ（John Walsh, North Yorkshire Area Agent）

★両者の主張点
　☆アーサー・スカーギル
　　反対＝政府・NCBの石炭・経営政策全般（ピット閉鎖，新懲戒規程，柔軟な働き方など）。ノッティンガムシャーNUMの交渉権獲得。追求＝UDM弱体化，吸収。
　☆ジョン・ワルシュ
　　提唱＝新現実主義，残業拒否闘争の中止，柔軟な働き方の交渉促進，

---

16) 前掲Taylor, Andrew（2005）書および前掲Winterton J. & R.書による。
17) もっとも，その布石としてすでに行われたのは，1987年年次大会における規約改定であり，改定によって委員長に再び投票権が与えられていた。
18) 以下，前掲Taylor, Andrew（2005）書，Winterton J. & R. 書および Routledge, Paul書による。

NUMとUDMの協調ないし再統一。
★投票日
1988年1月28日
★選挙結果
アーサー・スカーギル　　40,383票（53.7%）　当選
ジョン・ワルシュ　　　　34,715票（46.2%）

　以上のように，立候補者は2名であった。両者の主張を対比すると，アーサー・スカーギルは，1984〜85年の炭鉱争議をはじめ，NUM左派がリーダーシップを掌握して以来の炭鉱労働組合運動の運動路線を代表する主張であった。ジョン・ワルシュの主張は，炭鉱争議以後，イギリス労働組合運動において台頭していた新現実主義的運動路線を代表するものであり，経営側との協調を基本にした主張であった。

　選挙結果は，アーサー・スカーギルが，全体の53.7%を得票し，委員長に再選された。だが，1981年末の委員長選では，他の3人の候補を断然引き離し，全体の70%の得票を得て当選したのに対し，きわめて僅差での再選となった。

　なぜ，このように僅差での再選となったか。その理由は，アーサー・スカーギルの突然の辞任，委員長再選挙の理由にもつながるが，以下のように要約できるであろう。

　第一に，NUM内部における対立の強まりである。伝統的に右派グループの大きな割合を占めていたホワイトカラー・セクションのCOSAや電力グループといったグループおよびランカシャーなどの右派エリアと左派との対立が強まっていた。

　第二に，それだけでなく，もっと特徴的なのは，NUM左派内部における分化であった。この分化は，ヨークシャーのようなイギリス中央地域に対するスコットランド，サウス・ウエールスといった縁辺地域との分化を意味していた。ノッティンガムシャーやサウス・ダービシャーでNUMに残った組合員は一層，戦闘的部分として留まっていた。

　だが，とりわけサウス・ウエールスとの分化が目立った。サウス・ウエールスは，すでに85年3月のストライキ中止，無協定での職場復帰を先導したエリアであり，その際，スカーギルのリーダーシップへの批判が底流にあった。さ

らに，マルガム鉱における柔軟な働き方（週6日労働日制）の問題があった。

実際，この再選挙において，サウス・ウエールスでは，スカーギル票は38.8％で，ワルシュ票は61.2％であった。ただ，地理的なエリア13のうち，スカーギルは8エリアで多数を占め，ワルシュが多数を占めたのは5エリアに留まった。ワルシュ票は，サウス・ウエールス・エリアのほか，ホワイトカラー・セクションのCOSAが圧倒的であった[19]。

第三に，NUM内部における対立の強まりは，具体的には新懲戒規程とそれに対する残業拒否闘争の在り方をめぐってであった。とりわけ，残業拒否闘争をもってしても，NCBが譲歩しない現実を眼の前にして，その戦術をやめるべきだとする意見とそのまま継続すべきだとする意見およびもっとエスカレートすべきだという意見に割れ，NEC内でも収拾ができなかった。

第四に，NUM内部における柔軟な働き方をめぐる意見の対立である。マルガム鉱を突破口としてエリアからの切り崩しを図ろうとするNCBに対し，サウス・ウエールス・エリアのように，切実な利害関係があるエリアとそうでないエリアとの対立が目立った。NECは，サウス・ウエールスの対応を否認し，柔軟な働き方の導入を拒否したが，内部の意見は分かれていた。

全体としてまとめれば，炭鉱争議後のNCBの新しい石炭・経営戦略の展開という攻勢に対し，NUMが守勢に立たされる中で，意見対立が生じ，エスカレートしたことである。スカーギルが，1982年の左派リーダーシップ確立以来のNUM運動路線を代表していたのは言うまでもない。だが，ピット閉鎖，人員削減などが続くもとで，NUM組合員数は減少し，1987年末には10万人を割っていた[20]。

---

19) 前掲Taylor, Andrew (2005) 書，256頁。なお，13のエリアについては，第6章の表2-6を参照されたい。

20) TUC *Report 1987, 1988*によれば，1986年12月末のNUM組合員数は104,841人であり，1987年12月末の組合員数は90,847人であった。TUCとの関係で言えば，TUC一般評議会（General Council）には，組合員数10万人以上であれば自動的に「席」が与えられるが，10万人以下では選挙によって選出されることになっていた。アーサー・スカーギルは，その選挙で落選し，1988年，NUMの歴史上初めて，一般評議会の「席」を失っていた。組織人員の減少は，イギリス労働組合運動におけるNUMのポジションの変化にも反映していた。他方で，新現実主義的労働組合運動の台頭が目立っていた。

他方で，炭鉱争議後，イギリス労働組合運動では，経営側と協調的な新現実主義的労働組合運動が台頭していた。NUM内部における対立は，そうした新しい運動路線の台頭をも反映していた。NUM委員長再選挙は，そうした二つの路線対立の象徴ということができる選挙であった。そうであるだけに，ジョン・ワルシュは，政府，NCB，UDMなどNUMに対抗する諸勢力から支持された候補でもあった[21]。

　アーサー・スカーギルが突然，委員長を辞任し，立候補・再選挙に打って出た理由は必ずしも定かではない。ただ，少なくとも言えることは，新懲戒規程・残業拒否闘争問題，柔軟な働き方をめぐる問題で，NUM内部の意見が対立していたこと，それがスカーギル批判と重なっていたことなどを踏まえ，彼が原点だとしていた組合員（rank and file）にダイレクトにアピールすること，そのことをつうじ，しかも短時日の時間的対応によって批判派を出し抜き，突破口を開くことにあったと推測される[22]。

　では，アーサー・スカーギルNUM委員長の再選によって，事態は変わったのであろうか。少なくとも，政府，経営者側の態度は何も変わっていなかったし，NUM内部の対立が緩和し，当面する問題での前進があったわけでもなかった。残業拒否闘争は，1988年3月の組合員投票の結果，58.3％をもって継続しないことが決まり，1988年3月7日をもって中止された。

　それ故，1988年のNUM年次大会の委員長演説で，アーサー・スカーギルNUM委員長は，多数・少数交渉スキーム・週6日労働日制・新現実主義運動の批判を繰り返していた。NUMは，これまでと同様の課題を背負いながら，闘争を続けた[23]。とりわけ，1994年の民営化を前にした1992年の大規模なピット閉鎖が大きなヤマ場となった。

21）前掲 Taylor, Andrew（2005）書，256頁。
22）前掲 Taylor, Andrew（2005）書，257頁ほか。
23）その後，規約改定にともない委員長の再々選挙がなかったかどうか，それを知りたいと思い，2010年2月22日付の手紙で，NUM現書記長に問い合わせたが，残念ながら返事がなかった。ただ，手元の文献には，どこにも再々選挙があったという記述はない。規約改定がどうなったかが気になるが，それは分からない。NUMウェブサイトによれば，2002年，アーサー・スカーギルNUM委員長は65歳に達してリタイアーし，名誉委員長になった。それ故，再々選挙はなかったと推測される（http://www.num.org）。

7 1992年のピット閉鎖とNUMの闘争

　1987年の石炭産業法（Coal Industry Act 1987）によって，NCBは解散し，新たにイギリス石炭公社（British Coal Corporation, BCC）が設立され，民営化への過渡的措置としての公社化が進んだ。

　そのBCCによって，1992年10月13日，坑内掘（deep mine）の50ピットのうち，31ピットを6ヵ月以内に閉鎖し，30,000人を削減する計画が発表された。もっと正確に言えば，27ピットは閉鎖し，4ピット（Marginal pit）は生産を中止し，メンテナンスのみを行い，さらなる石炭生産が可能ならば再開するという含みを持たせたものであった。表3-1は，優良ピット（Good pit）として残す20ピット，生産中止・メンテナンスのみの4ピット（Marginal pit），閉鎖（Closure pits）の27ピット，その一覧表である。直接の人員削減は3万人であったが，さらに鉄道輸送を含むピット関連の仕事をカウントに入れると，実に11万人が職を失うと見積もられていた[24]。

　NUMは，直ちに反対の意を表明し，10月20日，反対集会を組織し，ついでTUCと共催でそれぞれ大規模な反対集会を開いた[25]。だが，そうした大衆的な抗議行動は効果がなかった。NECは，12月17日，争議行為に入るための投票を行うことを決めた。1993年3月5日に行われた投票の結果は，賛成60.4％，反対39.6％で争議行為に入ることが決まり，4月2日，ストライキが決行された。ついで4月8日にもストライキが行われた。NACODSもストライキを行うため，組合員投票を行ったが，賛成が3分の2に達しなかった。だが，NACODSは，組合員がNUMのピケットラインを越えないことを決めた。他の組合の支援，とりわけ鉄道労組（RMT）の支援が期待されていたが，セカンダリー・ピケッティングへの法的規制のもとで，支援はきわめて限られていた。

　だが，ピット閉鎖反対闘争は，それ以上の大衆的行動には至らず，後述す

---

24) Kernet, Charles（1993）, *British Coal: Prospecting for Privatization*（Woodhead Publishing），88〜89頁。
25) 以下，前掲Taylor, Andrew（2005）書，311頁以下による。

表3-1 残存および閉鎖予定ピット一覧（1992年10月）

優良ピット（残存）	生産中止・メンテナンス・ピット	閉鎖ピット
Annesley/Bentnick	Hatfield/Thorne	Bentley
Asfordby (open 1995)	Maltby	Betws Drift*
Daw Mill	Prince of Wales	Bevercotes
Ellington/Lynemouth	Wearmouth	Bilsthorpe
Goldthorpe		Bolsover
Harworth		Calverton
Kellingley		Clipstone
Littleton		Cotgrave*
Longannet		Easington
Manton		Frickley
North Selby		Grimethorpe*
Ollerton		Houghton Main*
Riccall		Kiveton
Silverwood		Markham
Stillingfleet		Markham Main*
Thoresby		Parkside*
Tower		Point of Ayr
Welbeck		Rossington
Whitemoor		Rufford
Wistow		Sharlston
		Shirebrook
		Silverdale
		Silverhill*
		Taff Merthyr*
		Trentham*
		Vane Tempest*
		Westoe

出所）BCC発表。ただし, Kernet, Charles (1993), *British Coal: Prospecting for Privatization* (Woodhead Publishing), 89頁による。
注）*は, その後の見直しで閉鎖ピットから除かれたもの。

るUDMの対応も手伝って，ピット閉鎖が進められた。閉鎖予定ピットのうち，1993年4月までに一気に16ピットが閉鎖された。

1993年のNUM年次大会では，ピット閉鎖を有効に阻止できなかった不満が表面化し，一方では，スカーギルの指導性とNUMの政策・方針批判，他方では，そうした批判に対する反批判が応酬された。そのうえで，NUMの1993年の年次大会では，しかし民営化反対を決めて終わった。

とはいえ，1992～93年のピット閉鎖反対闘争は，支援グループの活動も含め，1984～85年の炭鉱争議に次ぐ大規模な闘争となったことは確かであった。

8 UDM, NCB(BCC)との協調関係とその終焉

1985年10月に結成されたUDMは、1986年、組合の基本理念を次のような協調の哲学（co-operative philosophy）として樹立していた[26]。

「衝突のコースに沿って乗船するのではなく、経営者側と交渉する（negotiate）のがUDMの哲学である。このアプローチは、全国的な争議行為の可能性を排除しない。だが、そうした行為は、いつの場合も、投票によって正式に是認された最後の拠りどころとなる規準である。経営者側と交渉することは、我々の組合員の利益に反するものではない。我々は、労使協調が、もし我々自身が働く産業に利益をもたらすのであれば、経営者側と協調しない正常な理由を見いだすことはできない」。

こうした基本理念のもと、もともとNCBの強い後押しを受けて結成された組合だけに当然とはいえ、NCB側との関係はきわめて協調的であった。賃金交渉においては、正規の団体交渉を行い得る優位性のもとで、すでに述べたように、その「存在感」を発揮した。

それだけでなく、いわゆる柔軟な働き方の導入について、NUMは従来の労働慣行を変えることに反対していたのに対し、UDMはきわめて協力的であり、1986年には、柔軟な労働に関する枠組み協定（Flexible Working Framework Agreement）を締結した。

このように、UDMは結成以来、賃金交渉はもちろん、柔軟な労働慣行の導入、週6日労働日制の導入など、常にNCB（BCC）との協調関係を維持し、そのパートナーとしての役割を果たしてきた。

だが、UDMとNCB（BCC）との協調関係は、1992年、民営化のための最終的とも言える大規模なピット閉鎖、人員削減計画の強行実施を契機に、いとも簡単に終焉を迎えた。

---

26) UDM, *Organisation of the UDM and Conciliation Machinery 1986*, p.2. ただし、前掲Taylor, Andrew（2005）書、286頁による。

「5年の間，UDMは，政府・経営者側との特別なステータスを享受してきたと信じていた。だが，1992年，この信奉は重大な錯覚であることが証明された[27]」。

5年間というのは正確ではないにしても，民営化をすでに前提とした1992年のピット閉鎖は，UDMの政府・経営者側との協調のレベルを超えるものであった。

このことは，もはやUDMの依拠している職場自体が存亡の危機にあることを意味した。ロイ・リンクUDM委員長は，政府・BCCを揺さぶるべく，永久閉鎖が予定され，しかも彼がかつて働いていたシルヴァーヒル（Silverhill）鉱において，地底での8日間の座り込み（sit-in）という異例の抗議行動を行った。この抗議行動のあと，BCCとUDMは会見したが，すでにBCCの態度は変化し，UDMはNUMと同様に冷たく扱われた。

「リンクは，なぜスカーギルと同等に扱われるかを理解できなかった。UDMはNBC（BCC）が必要とすることは全て行ってきたにもかかわらず，なぜそうした侮辱的取り扱いを受けるかを把握できなかった[28]」。

そして，リンク自身は次のように結論づけたという。「私は，NCB（BCC）と政府に，全く100％裏切られた。ノッティンガムシャーのマイナーズに対して，議会において行われた雇用の維持という約束は守られていない[29]」。もっとも，リンクの"裏切り"といった非難の感情は，きわめてパーソナルな次元のものであった[30]。

遅ればせながら，UDMは1993年4月，争議行為に入るかどうかを問う組合員投票を行った[31]。NUMが，4月2日，全国ストライキ（one-day strike）を行った数日後であった。結果は，反対3,673，賛成2,943で，争議行為に入ることは

---

27) 前掲Taylor, Andrew（2005）書，281頁。
28) 前掲Taylor, Andrew（2005）書，308頁。
29) 前掲Taylor, Andrew（2005）書，309頁。
30) なぜなら，ロイ・リンクは1993年2月，UDM委員長をリタイアーしたが，民営化後は，民営会社への認可権を持つCoal Authority自体の非常勤役員に就任した。その意味で，パーソナルな次元では"裏切り"は償われたからである。
31) 前掲Routlege, Paul書，251頁。

できなかった。

　このあと，UDMはシルヴァーヒルとコットグレーヴ（Cotgrave）鉱の閉鎖に合意した。閉鎖にあたっての条件は，そこで発生した余剰人員は，ノッティンガムシャーの他のピットを去る者がいて空きがある場合，そのあとを埋めることができるというものであった。このように，余剰人員対策の条件が緩められたことによって，閉鎖予定の31ピットのうち，1993年4月までに一気に16ピットが閉鎖された[32]。

　こうして，UDMは最後にピット閉鎖を容易にする道まで開いて，その「役割」を果たしたが，もはやNCB（BCC）との協調的労使関係が復活することはなかった。1994年に石炭産業の民営化が進められた。公社という公企業体であるBCC自体が解散し，Coal Authorityという認可権限を持つが，企業体ではない組織に変わった。石炭産業はいくつかの民営会社によって経営されることになった。

むすび

　民営化後の労使関係は，もはや実態的には産業別ないしエリアにおける労使関係ではなく，質的に変貌し，企業内労使関係に転化したといってよい。それは一方で，石炭産業における経営者団体といった交渉能力を備えた単一の使用者団体が形成されず，またCoal Authorityが経営体でなく，認可権限を持つ機関であって，交渉単位とはならないということが大きな要素であった。

　他方，とりわけ石炭産業において横断的な産業別組織を結局，形成し得ず，ノッティンガムシャーおよびサウス・ダービシャーを中心とする地域組織に留まっていたUDMは，NCB（BCC）という後ろ盾を失い，企業内労使関係に埋没せざるを得なくなった。

　この点，地域別連合体組織から産業別組織へと発展してきたNUMと言えど

32）前掲Routlege, Paul書，251〜2頁。

も，民営化後は，事実上，個別炭鉱経営者との交渉を余儀なくされた。その意味では，企業内労使関係への転化は免れなかった。もちろん，NUMは産業別組織としての建前を保持し，その石炭政策といった政策課題や個別会社・炭鉱での交渉にあたり，安全や健康問題などをめぐるナショナルな諸規制をテコに交渉を進めようとした。その意味で，産業別組織としての機能を保持しつつ，企業内での交渉を進め，その組織力を強めることによって，産業別組織としての復権，再活性化を意図していたということは言えるであろう。

だが，率直なところ，NUMのそうした産業別組織としての復権，再活性化は，企業内労使関係に転化した現状の枠組みからは展望が出てこないであろう。すなわち，もっと大きな枠組みであるイギリスにおける石炭産業政策を見直し，その政策的枠組みを変えることなしには展望は開けないのではないかということである。

だが，そこまで踏み込むとすれば，イギリスにおけるエネルギー政策全体の中で，石炭産業政策をいま一度，位置づけ直すことをしなければならない。この点，ここで提起した石炭産業政策的な課題と産業別労働組合としての復権，再活性化の展望を含め，エネルギー論といった観点を導入しつつ，「エピローグ」を構成し，イギリス石炭産業の中長期的展望のもとで改めて労使関係を考えることをもって，本書における最終的まとめとしたい。

とはいえ，第9章では，ひとまず炭鉱争議・UDM結成後，民営化以前における炭鉱労使関係の展開を追跡するに留めておくことにする。民営化自体へのNUMとUDMの基本方針と具体的取り組み，民営化以後の炭鉱労使関係については，改めて第10章で述べることにしよう。

第10章

石炭産業の民営化と炭鉱労使関係

はじめに
1　石炭産業の民営化 = The Coal Industry Act 1994 と民営化
2　民営化をめぐる NUM,UDM の基本的態度
3　民営化後の炭鉱経営
4　民営化後の炭鉱労使関係 (1) = 総体的枠組み
5　企業・組織の組合承認と団体交渉権の所在
6　全国賃金交渉の行方
7　UK Coal 社の労使関係戦略
8　民営化後の炭鉱労使関係 (2) = 個別炭鉱における労使関係
むすび

はじめに

　第9章では，炭鉱争議・UDM結成後から，1994年の石炭産業民営化以前の労使関係について追跡してきた。石炭産業が，パブリック・オーナーシップから非国有化＝民営化され，炭鉱労使関係の制度的枠組み自体が変化した。この第10章は，そうした民営化以後の労使関係の展開を追跡することにある。

　最初に，民営化それ自体の内容について考察し，ついで組合側の民営化への対応を検討する。ついで，民営化後の労使関係について，その総体的枠組みと個別炭鉱における労使関係に分けて考察することにしよう。

1 石炭産業の民営化＝The Coal Industry Act 1994と民営化

　1992～93年のピット閉鎖，雇用者数の削減という"合理化"を経て，石炭産業の民営化が具体的な日程にのぼった。とりわけ，1992～93年の大規模なピット閉鎖，人員削減が，民営化の最終的準備として大きな意味を持った[1]。

　まず，1987年，1946年の石炭産業国有化法（The Coal Industry Nationalisation Act 1946）によって設立された石炭庁（NCB）は，イギリス石炭公社（British Coal Corporation, BCC）と名称を変え，公社化された。この公社化は，民営化に至る過渡的措置としての意味を持っていた。この当時，石炭の民営化はまだ先の話であり，むしろ電力の民営化が当面する政策的課題であった[2]。

　1994年，石炭産業法（Coal Industry Act 1994）が制定され，それによって，イギリス石炭公社（BCC）は解散となり，Coal Authorityが新たに設立され，そのもとで石炭産業が再組織化（re-organisation）されることとなった。すなわち，民営化であった。

　石炭産業の民営化にあたっては，二つの方策があった。一つは，BCCが単一の経営体として，それ自体を民営化することである。これを望んでいたのはBCC自体であった。既得権益維持のためである。もう一つは，いくつかの民間の石炭業者（private coal operator）に資産売却をすることであった。その結果，前者は私的独占を招くとして排除され，後者が選択された[3]。Coal Authorityの権限は，NCBやBCCのように，資産を保有して経営を行うことではなく，保有する資産を漸次，適切な石炭業者に売却してライセンスを付与するか，あるいはリース契約のかたちで経営を認可することであった。

　資産売却にあたっては，BCCの資産をいくつかの地理的区分に分割し，石炭産業に参入する民間の会社間の競争を促すこととした。ロスチャイルド銀行が，

---

1) この点，第9章の7，8を参照されたい。
2) 電力産業では，1989年，電気法（The Electric Act 1989）が施行されたことにより，1990年代に次々と民営化されていった。さしあたり参照，石黒正康（1999）『電力自由化――《公益産業》から《電力産業》へ』（日刊工業新聞社）。
3) Taylor, Andrew（2005）, *The NUM and British Politics*（Ashgate），320頁。

資産売却の業務にあたった。

その民営化以前に，BCCは，1992〜93年に閉鎖あるいは生産中止・メンテナンスのみとした優良ではない炭鉱について，売りに出すことを発表した。競売の結果，CI（Coal Investment）社が5炭鉱，RJB Mining 社が3炭鉱，MBO（Management Buyout）により2炭鉱，EBO（Employee Buyout）により1炭鉱が落札された[4]。その際，きわめて重要な事実であるが，CI社とRJB Mining社および他のMBO会社とも，そこのシニア・マネージャーは，BCCの中で一定の役職にあった人たちである[5]。

その点，CI社，RJB Mining社も，事実上のMBOであった。なお，この場合のEBOは，スコットランドのモンクトンホール（Monktonhall）鉱であり，モンクトンホール鉱のマイナーズが，ウォヴァリー・マイニング（Waverley Mining）社を立ち上げて，同鉱を買収した。

第2回目の競売は，BCCのコアの部分となる炭鉱（含む露天掘りサイト）であったが，入札の結果，3社が以下の価格でそれぞれ落札した[6]。

　RJB Mining：815，Celtic Holding：95，Mining（Scotland）Ltd 45，
　計955（単位：百万ポンド）

入札は"地域パッケージ"と個々の炭鉱単位であったが，最大の炭鉱業者であるRJB Mining（のちUK Coal）社は，9億5千500ポンドのうち，全体の75％にあたる8億1千500万ポンドの価格で，セントラル・ノース，セントラル・サウスおよびノース・イーストという三つの地域について"地域パッケージ"で落札した。同社は17炭鉱，14の露天掘り操業中のサイト，19の処分可能なサイトを買収し，以後，RJB Mining社 は国内最大の石炭業者として炭鉱経営を

---

4) Wallis, Emma (2000), *Industrial Realtions in the Privatised Coal Industry: Continuity, change and contradiction* (Ashgate), 25〜26頁。
5) 前掲Wallis, Emma（2000）書.57頁。なおMBO（Management Buyout）は，ふつう取締役や中間管理者など経営陣が，その小会社や営業部門を買収することを意味している。この場合，BCCの売却資産（民営化）にあたり，BCCの元役員が新会社において営業の継続を前提として資産を買い取り，経営権を取得するという意味でMBOであった。これに対し，経営陣ではなく，従業員がそれを行う場合，EBO（Employee Buyout）と呼ばれている。
6) 前掲Taylor, Andrew（2005）書, 334頁。なお，Celtic Holdingは，坑内掘ではなく，サウス・ウエールスの露天掘りサイトを落札した。2004年，Celtic Energy Ltdと社名を変えた（http://www.coal.com）。

続けた。

　こうして，民営化のコアの部分は，1994年12月末までに完了し，1995年1月からイギリス石炭産業は，第二次大戦後の国有化時代から，再び非国有化（denationalisation）された。

2　民営化をめぐるNUM，UDMの基本的態度

　では，こうした石炭産業の民営化に対し，NUM，UDMはそれぞれ，どういう方針で対処したのであろうか。NUM，ついでUDMの順に見ていくことにする[7]。

（1）NUMの基本的態度と取り組み

　NUMはかねてから，民営化に対し，強い反対の態度を表明していた。1992年の年次大会では，民営化を阻止し，圧倒的な支援を得るために，NECは必要ないかなる行動（any action necessary）をも呼びかけるという緊急動議を採択した[8]。同時に，もっと具体的なレベルでは，私的所有のもとでは安全規準や労働諸条件が悪化するとして民営化に反対した。この安全規準の点では，NACODSも同様に危惧していた。

　NUMの実際の大衆的行動は，1992年の大規模なピット閉鎖反対闘争としては展開したが，民営化に反対する全国的な大衆行動はほとんど見られなかった。

　NUMはさらに，私的所有のもとで労働組合の諸権利が侵害されることに強い懸念を示していた。というのは，すでに民営化以前，BCCによって非組合員を活用する業務下請けが進められていたからである。しかも，民営化自体を全国的な取り組みのレベルで阻止できそうにない場合，いやおうなしに個別炭鉱やピット・レベルでの閉鎖阻止など個別的対応を迫られることになった。

7）以下の叙述は，とくに断わりのないかぎり，前掲Wallis, Emma書およびTaylor, Andrew（2005）書による。
8）*The Guardian* 1992年7月2日付。

そうした個別的対応の一つして模索されたのが，雇用者による炭鉱の買い取り（Employee Buyout, EBO）であった。具体的には，スコットランドのモンクトンホール（Moktonhall）鉱，サウス・ダービシャーのサークロフト（Thurcroft）鉱，サウス・ウエールスのタワー（Tower）鉱などで行おうとした。エリア組織ではスコットランドNUMとTUCがロンガネット（Longannet）鉱でEBO計画に関心を示した。さらに，ホワイトカラー・セクションのCOSAや管理職組合のBACMなどもUnity Bankと提携し，EBOの可能性を追求した。

もっとも，NUM1992年の年次大会では，もう一つの緊急動議として，EBO非難の緊急動議を圧倒的多数で採択していた。だが，NUM年次大会での民営化反対の討議は，具体的な対応では曖昧さを欠いていたため，民営化に反対していた代議員でも，その後，EBOに巻き込まれたケースもあった。民営化は支持しないが，ピット閉鎖よりは私的所有の炭鉱として生き残る＝職を維持することを認めるのが可能な選択肢でもあったからである。

結局，EBOは，前記のモンクトンホール鉱とタワー鉱で実現した。ロンガネット鉱は，いわゆるEBOそのものではなかったが，スコットランドのTUCとNUMという二つのエリア組織の資金援助を受けたMining（Scotland）社によって承継された。

（2）UDMの基本的態度と取り組み

UDMは，民営化は望ましくはないが，避けられないとの認識に立って，民営化後の石炭産業において有利な地位を確保する道を探求した。もっとも，ロイ・リンク委員長自身は民営化の熱心な支持者であり，1991年10月，政府に対し，組合による争議行為の効果を弱めるため，2つの地域（two regions）に分けて民営化することを勧めていた。ただ，UDM自体が民営化を積極的に望んでいたわけではなかった。

ロイ・リンクに代わり，1992年11月，民営化には懐疑的なニール・グレートレックス（Neil Greatrex）が委員長に就任した。だが，民営化についての基本的態度には変化がなかった。UDMは，石炭産業を手に入れるため，入札に応じる可能性を模索した。1991～92年，UDMは，いくつかの会社，例えばEast Midlands Electricity社，露天掘りの諸会社，金融機関などと入札のための提携

をしようとした。石炭産業における管理職組合であるBACMとの共同入札も話題にのぼった。もっとも，BACMは，石炭産業が存立できる構造を維持するために，民営化は単一の単位において行われるべきだと考えていたため，その提携は実現しなかった。

　UDMは，最終的にCI（Coal Investments）社の入札を支援した。だが，CI社は，いくつかの地域パッケージ（regional package）に入札したが，すべて不成功に終わり，いくつかの個別炭鉱を落札するに留まった。

3　民営化後の炭鉱経営

　民営化直後の炭鉱経営は，表3-2のとおりである。この表には，実は多くのコメントが必要である。「備考」にも，多くのことが注記されている。要約すれば，四つの点が重要である。

　一つは，認可された会社自体が，社名をその後，変更したりしていることである。二つには，個々の炭鉱の認可された会社が，倒産などによって，その後，他の会社に承継されたりしていることである。三つには，その後，閉鎖された炭鉱があり，この民営化当時とは異なっていることである。その一部は，「備考」にも注記されている。四つには，新たに開発された炭鉱もあることである。その中には，いったん閉鎖された炭鉱がまた復活し，生産を再開したものもある。

　その意味で，全体として異動がきわめて多い。この「備考」における注記の後にも，異動が相次いでいる。例えば，RJB Mining社は，2001年，社名をUK Coal社に変更した。1996年，CI社倒産のあと，西ミッドランドのシルヴァーデール（Silverdale）鉱は，ミッドランド・マイニング社（Midland Mining Ltd）が承継したが，1998年12月に閉鎖されている。同じく，同社に承継されていたアンスリィ/ベンティンク（Annesly/Bentinck）鉱も1999年に閉鎖された。柔軟な働き方の問題で炭鉱名が知られたサウス・ウエールズのマルガム鉱および周辺地域は，1998年度，セルテック・エナジー社によって，新たな開発を行うという条件付きで認可された。

表3-2 民営化直後の炭鉱経営（1995年1月段階）

地域／炭鉱	経営主体	資料
スコットランド		
Longannet	（Scotland）Mining	スコットランドのTUCとNUMからの資金援助を含む共同体
Monktonhall	Monktonhall労働者	Waverley炭鉱によって買収され，労働者への引継ぎ
北東部		
Ellington	RJB Mining	リース・ライセンス契約
Blenkinsopp	RJB Mining	以前は民間小規模炭鉱
ヨークシャー		
Kellingiey	RJB Mining	
Prince of Wales	RJB Mining	
North Selby	RJB Mining	
Riccall	RJB Mining	
Stillingfleet	RJB Mining	
Whitemoor	RJB Mining	
Wistow	RJB Mining	
Maltby	RJB Mining	
Thorne	RJB Mining	保留
Rossington	RJB Mining	リース・ライセンス契約
Hatfield	Hatfield Mining	企業による買収
Markham Main	Coal Investment（CI）社	CI社倒産後，買収者なし（1996年閉坑）
東ミッドランド		
Asfordby	RJB Mining	最新の炭坑であるが，地質上の大きな問題あり
Bilsthorpe	RJB Mining	閉坑のため準備中
Harworth	RJB Mining	
Thoresby	RJB Mining	
Welbeck	RJB Mining	
Calverton	RJB Mining	リース・ライセンス契約
Clipstone	RJB Mining	リース・ライセンス契約
Annesly/Bentinck	CI社	1996年にMidland Miningによって買収
西ミッドランド		
Daw Mill	RJB Mining	1996年にCI社倒産後，保守・点検のみ
Coventry	CI社	1996年にCI社倒産後，保守・点検のみ
Hem Herth	CI社	1996年にMidland Miningによって買収
Silverdale	CI社	
ウェールズ		
Point of Ayr	RJB Mining	北部ウェールズ——1996年閉坑
Tower	Tower Goitre Anthracite Mining	労働者への引継（EBO）
Betws	Betws Anthracite Mining	
Cwmgwili	CI社	小規模炭坑——1996年にCI社倒産後，保守・点検のみ

出所）Parry, D., Waddington, D. and Critcher, C.（1997）, 'Industrial Relations in the Privatized Mining Industry', British Journal of Industrial Relations, Vol.35, No.2, p.175.
　　ただし，田口典男（2007）『イギリス労使関係のパラダイム転換と労働政策』（ミネルヴァ書房），235頁による。一部表現を手直しした。

表3-3 国内石炭生産量の推移（1995～2008年）

(単位：千トン)

年	合計	（坑内掘）	（露天掘）
1995	53,037	35,150	16,369
1996	50,197	32,223	16,315
1997	48,495	30,281	16,700
1998	41,177	25,731	14,315
1999	37,077	20,888	15,275
2000	31,198	17,188	13,412
2001	31,930	17,347	14,166
2002	29,979	16,391	13,148
2003	28,279	15,633	12,146
2004	25,096	12,542	11,993
2005	20,497	9,563	10,445
2006	18,079	9,444	8,635
2007	16,540	7,674	8,866
2008	17,604	8,096	9,509

出所) Department of Energy and Climate Change, *Digest of United Kingdom energy statistics 2009: long-term trends*（http://www.decc.gov.uk）

　このように，民営化後，CI社倒産による経営の移譲あるいは炭鉱閉鎖をはじめとして，毎年，とりわけ炭鉱閉鎖が相次いでいる。その結果，国内石炭生産の激減が顕著である。ここでは，1995年から2008年までの国内石炭生産量の推移を示しておこう。表3-3がそれである。

　一見して明らかなように，国内石炭総生産量は，1995年の約53,000千トンから，2008年には約17,600千トンとほぼ33％の生産水準に低下している。とりわけ，坑内掘の落ちこみが目立っており，1995年の約35,000千トンから，2008年には約8,000千トンと約23％の生産水準に低下している

　国内石炭生産で最大のシェアを有するRJB Mining（UK Coal）社でも，炭鉱閉鎖が相次いだ。2002年以降のUK Coal社における閉鎖炭鉱とその閉鎖にあたっての余剰人員処理については，木村牧郎氏の貴重な調査があるので，それを表3-4として掲げておこう。

　この結果，UK Coal社は，表3-5に示すように，2010年3月現在，坑内掘では5鉱，露天堀りでは活動中が4サイトあるに過ぎない。かつて，民営化にあたって，"地域パッケージ"で三つの地域を獲得したUK Coal社でさえ，民営

表3-4 UK Coal社の炭鉱閉鎖と剰員処理

時期	炭鉱名	従業員処遇	組合との協議義務	剰員整理手当
2002年	プリンス・オブ・ウェールズ鉱	計450［○360/●90］	あり(NUM)	①1996年雇用権利法に定められた手当部分＝週給×勤続年数×年齢係数 ②UKC従業員共通の手当部分＝£200×勤続年数 ③旧国営企業と雇用関係にあった従業員の手当部分≒£11,000
2003年	クリプストン鉱	計240［○90/●150］	なし	
2004年	ウィストゥ鉱 リックコール鉱 ストリングフリート鉱 ガスコイン・ウッド鉱	計2,100名（四鉱合計）［○1800/●300］	あり(NUM)	
2005年	エリントン鉱	計325［○290/●35］	あり(NUM)	
2006年	ロシントン鉱	計300［○210/●90］	なし	

出所）Gurdian (16 July 2002, 31 August 2002), UK Coal Press Release [17 April 2003, 26 October 2004, 31 May 2006], UKC 人事担当者, ノーザンバーランドNUM役員への質問表調査をもとに木村牧郎作成。木村牧郎(2008)「イギリス従業員代表機関の本格的な導入と労使関係の変化」(社会政策学会編『社会政策』第1巻第1号), 144頁による。

注1）「従業員処遇」欄に示された○印は解雇者の合計数。●印は他鉱への配転者数である。
注2）組合との協議義務のない炭鉱とは，承認組合が存在しない炭鉱である。
注3）「剰員整理手当」欄①の年齢係数は，18～21歳＝1，22～40歳＝1.5，41～64歳＝2として算定する。
注4）「剰員整理手当」欄③に関する算定式は不明。示されている値は平均値である。

表3-5 UK Coal 社の稼働鉱・サイト（2010年）

坑内掘	露天掘り（活動中）
Daw Mill	Long Moor
Kellingley	Lodge House
Thoresby	Cutrace
Welbeck	Steadsburn
Harworth	

出所）UK Coal 社ウェブサイトによる（http://www.ukcoal.com，アクセス日：2010年3月7日）。
注1）露天掘りには，その他，生産予定計画中のサイトがいくつかある。
注2）Welbeckは，2010年中にも閉鎖予定。

化後，10数年を経て，このような縮小経営を余儀なくされている。

　そもそも，"民営化"とは一体，何であったか，改めて考えさせられる実態がここには示されている。

4 民営化後の炭鉱労使関係 (1) = 総体的枠組み

(1) 経営組織の変貌と労使関係の制度的枠組み

次に，民営化後の労使関係について見てみよう。だが，民営化以前と以後で決定的に異なったのは，組合組織というよりは経営者側の組織であった。

経営者側交渉団体の不在

経営者側組織は，NCB（BCC）といった全国単一の経営者組織は解散し，UK Coal（RJBMining）社を最大の会社とし，それにCeltic Energy社やMBOないしEBOによる会社が加わる企業別組織が主になった。それらの会社による経営者団体としては，Confederation of UK Coal Producers（略称coalpro，URLはhttp://www.coalpro.co.uk）が形成されている。この経営者団体は，石炭を安定的かつ競争価格をつうじ供給してイギリスのエネルギー需要に貢献し，雇用者や株主の利益のためにより良き経営を目指すとしている（coalpro憲章，2003年9月による）。

だが，Certification Officer, *Annual Report 2008-2009*によれば，この経営者団体はEmployer's Associationとしては登録されていない。それ故，この団体は全国的な経営者側交渉団体ではない。他の文献考証によっても，この団体は交渉団体としては登場していない。

したがって，NUMのような全国組織は，そもそも全国交渉をする経営者側組織を持たなくなった。そこに存在したのは企業であり，企業との交渉が可能性として残された。

結局のところ，UK Coal社が石炭生産で圧倒的なシェアを持つことから，UK Coal社との労使関係が決定的意味を持つようになった。MBO，EBOは，会社自体が全国的規模ではないため，主として特定炭鉱かぎりでの労使関係ということになる。

労使関係の法制度的枠組み

労使関係をめぐる制度的枠組みは，労使関係法制上では，民営化以前と基本的骨格に変化はなかった。もっとも，1984年の労働組合法は1992年に廃止さ

れ，新たに労働組合および労働関係（統合）法（Trade Union and Labour Relations (Cosolidation) Act 1992, TULRCA）に引き継がれていた。だが，労働組合法部分の骨子には変更がなかった。

ただし，その統合法制定の際，80年，82年，88年および90年雇用法の核心部分もそれに統合された。例えば，当事者以外の支援としてのセカンダリー・ピケッティングの禁止（80年雇用法），ストライキ中のストライキに参加しない権利，組合費のチェック・オフを拒否する権利（88年雇用法），全てのセカンダリー・アクションの禁止（90年雇用法）などが同法に統合された。このほか，雇用法のクローズド・ショップ制の弱体化条項も統合された。

だが，いま一つ，民営化にあたって，厄介な法的問題が生じた。営業譲渡（雇用保護）規則 1981（The Transfer of Undertakings (Protection of Employment) Regulations 1981, 以下TUPEと呼ぶ）の存在である[9]。TUPEは，もともと営業譲渡にあたって，雇用をめぐる諸条件を低下させることなく承継することによる保護を目的としていた。

ただ，その承継，保護には，個別的労使関係における事項だけでなく，集団的労使関係に関する保護，具体的には，組合承認および団体交渉権の保護が含まれていた。多数・少数交渉スキームも，その意味では中に含まれていた。再び，UDMとNUMの対応が問題となった。この点は，UK Coal社の労使関係戦略において述べることとする。

このTUPEの適用を受けるかどうかは，炭鉱の場合，譲渡された時点で稼働していたかどうかで決まる。というのは，一括一元譲渡であればTUPEの適用を受けるのは明らかであるが，炭鉱の分割譲渡の場合は，分割譲渡以前に稼働中であったか，それとも閉鎖していたかで異なる。前者はTUPEの適用を受けるが，後者はTUPEの適用を受けない。個別炭鉱の場合は，これが大きく作用する。のちに，個別炭鉱の事例で述べることにしよう。

いま一つ，今後，大きな影響を及ぼすとして注目される最新の法制度的枠組みとして見逃せないのが，2004年，雇用者情報協議規則（The Information and

---

9）TUPEについては，とくに断わらないかぎり，前掲Wallis, Emma書による。

表3-6　NUMエリア組織

1985年	2010年
Cokemen	○
Cumberland	―
Derbyshire	―
Durham	―
Kent	―
(North East)×	○
North Western	―
(Lancashire)×	○
Leicester	○
Midlands	○
Northumberland	○
North Wales	○
Nottinghamshire	○
Scotland	○
South Derbyshire	○
South Wales	○
Yorkshire	○
Group No.1	―
Group No.2	―
COSA	―
Power Group	―

出所）1985年は，NUM, Rules 1985による。
2010年は，NUMウェブサイトによる
(http://www.num.org, 2010年3月現在)。
注）North EastとLancashireは1985年当時，エリアとしてはなかった。

Consultation of Employees Regulations 2004）の制定である[10]。2002年のEUの国内労使協議会指令に基づき，イギリスがそれを受け入れたものである。150名以上の従業員を有する企業を対象に2005年から適用され，2007年からは100人以上，2008年からは50人以上としだいに適用範囲を広めるとした。これまで，団体交渉制度＝ボランタリズムを基礎として労使交渉を進めてきたイギリスにおいて，強行法によって一般的な従業員代表制を導入しようとするもので，その影響がきわめて注目される。理念的には，団体交渉制度＝労働組合承認を前提とした既存の制度を補完するものだという理解が，TUCをはじめ一般的ではあるが，いずれにしても，団体交渉制度と従業員代表制との相互の関係が今後，問題となるのは必至である。

同じ，2004年，UK Coal社では，作業委員会（Working Party）と呼ばれる従業員代表機関制を導入した。のちに，UK Coal社の労使関係戦略を論じる際に，もう一度，ふれることにしたい。

---

10) この指令に先立ち，1994年にEUの欧州労使協議会（European Works Council）指令が採択され，イギリスは2000年に国内法制化した。この指令では，多国籍企業＝加盟国2ヵ国以上におけるそれぞれの国で，一定の人数を雇用する共同体規模のグループ企業を対象としていたため，対象範囲が限られていた。
　なお，欧州労使協議会指令については，小宮文人・濱口桂一郎（2005）『EU労働法全書』（旬報社）およびJETRO（2001）「EUの労使関係指令に対する主要各国の取り組み（フランス・ドイツ・英国）」（JETRO『ユーロトレンド』2001年9月，http://www.jetro.go.jp）を参照した。

（２）NUM，UDMの組織機構

すでに考察したように，もともとNUMは全国にまたがる産業別組織であったが，UDMは実際にはノッティンガムシャーを中心とするローカルな組織に留まっていた。では，組合側の組織機構はどうか。まずNUM，次にUDMについて見てみよう。

NUMの組織機構

表3-6は，NUMのエリア組織機構について，1985年当時と2010年現在を比較したものである。

組合員数約13万5千人を擁していた1985年当時に比べ，組合員数1,600人前後の2010年ではエリアの数は減っている。とくにホワイトカラー・セクションのCOSA，電力グループ（Power Group），小規模なクラフト・ユニオン的組織であったGroup 1とGroup 2が姿を消していることが目につく。だが，地理的なエリアでは，ノース・イーストがエリアとしてつくられ，旧エリアを統合したが，そのほかでは大きな変動はない。

ついでに，各エリアの事務所の所在地を調べたが，炭鉱（Colliery）つまり支部（Branch）とは独立した住所にある。言いかえれば，ナショナル→エリア→炭鉱レベルのブランチといった組織機構は維持しているのである。1,600人程度の組合員で，そうした組織機構の維持が財政上，果たして可能なのかどうかは疑問ではあるが，いま財政的な側面からアプローチする資料は持ち合わせていない。とにかく，少なくとも組織機構上は疑う余地なく存在している。そうだとすれば，あとは各レベルそれぞれの機能的役割を考察するしかない。この点は，あとで論じる。

UDMの組織機構

UDMの組織機構は，NUM以上にアプローチが困難である。現在の組織人員も不明である[11]。ここでは，やむを得ず，UDMのウェブサイトから得られ

---

11) TUC加盟組合ではないので，2010年1月24日付で，UDM委員長宛に直接に手紙で問い合わせたが，返事はもらえなかった。また，Certification Office for Trade Unions and Employers' Associationの*Annual Report*を見たが，そこには組合員数は掲載されていない。

る情報に基づいて，以下，考察を進める。ウェブサイトは，正式にはUDM Nottingham Sectionとなっている[12]。では，ノッティンガムシャー以外に他のセクションのウェブサイトがあるかどうかを検索したが，結局，見つからない。他に二つのセクションの存在は確認できた[13]。UDM サウス・ダービシャー・セクションとClerical & Supervisory Staff Section（組合員60人，2008年12月末）である。だが，ウェブサイトを構築して公開することまでは行っていないのか，それ以上には事実を確定できない。したがって，ここでは，UDM Nottingham Sectionのウェブサイトによって考察するしかない。

　その中の"CONTACTS"によって，個人名，事務所名を省略し，一覧表を作成すると表3-7のようになる。それによれば，委員長はUDM委員長とノッティンガムシャー・セクション委員長兼務である。書記長はノッティンガム・セクション書記長である。社会保険担当役員（Social Insurance Officer）はUDM全体であろう。その3人が同じ事務所内にいる。ところが，同じ事務所内に支部を置いている担当役員が2人いる。一人は，ウエルベック鉱支部書記長（Welbeck Colliery Branch Secretary）である。いま一人は，次の三つを兼ねている書記長が同じ事務所にいる。

　　　Harworth Colliery Branch Secretary
　　　Maltby Colliery Branch Secretary
　　　UK Coal社 Headquarters Secretary

　あと一人は，ソールスバイ鉱支部書記長（Thoresby Colliery Branch Secretary）で，この一人だけが，セクション住所ではなく，同炭鉱内の支部事務所にいる。

　要するに，UDMノッティンガムシャー・セクションはUDM本部を兼ねており，しかもセクションはエリアを意味する。そのセクションの中に直結する四つの支部があるが，独立した事務所を持っているのは，ソールスバイ支部一つということになる。その四つの炭鉱ともUK Coal社が所有しているが，稼働

---

12) URL=http://www.unionofdemocraticmineworkers.co.uk
13) 検索の結果，UDM サウス・ダービシャー・セクションとClerical & Supervisory Staff Section（組合員60人，2008年12月末現在）があることは判明したが，ウェブサイト自体は見つかっていない。

表3-7　UDM（Nottingham Section）役職一覧

UDM National President/ UDM Notts Section President One's Name Section Address	Welbeck Colliery Branch Secretary One's Name Section Address
UDM Notts Section General Secretary One's Name Section Address	Thoresby Colliery Branch Secretary One's Name Address of Thoresby Colliery
Harworth Colliery Branch Secretary/ Maltby Colliery Branch Secretary/ UK Coal Headquarters Secretary One's Name Section Address	Social Insurance Officer One's Name Section Address

出所）UDMウェブサイトによる（http://www.unionofdemocraticmineworkers.co.uk，2010年3月現在）。

しているのはソールスバイ鉱とウエルベック鉱である。ハーワース鉱とモルトバイ鉱は生産を中止し，メンテナンスのみとなっている。もちろんメンテナンス要員としてのUDM組合員はいると想定されるから，支部があるのであろう。ウエルベック鉱は，2010年に生産中止の予定であるという[14]。それ故，生産を継続しているソールスバイ鉱だけ支部が独立して置かれていると推測できる。

　以上が，NUMおよびUDMについて，資料上で分かるかぎりでの組織機構である。では，そのもとで，組合承認，団体交渉権の所在について，次に考察しよう。

5　企業・組織の組合承認と団体交渉権の所在

　そこで，資料としてはかなり限界を持っているが，表3-8によって，各レベル別および企業・組織別の組合承認状況について見てみよう[15]。

---

14) 以上，UK Coal社のウェブサイト（http://www.ukcoal.com）による（2010年3月現在）。
15) 資料としての限界と述べたのは，会社名は引用者注記のごとく明記されているが，実在の会社とは一致しないか，または実在の会社がなく，仮名だと推測されるからである。UK Coal社もCoal UKとしているが，よく分かることなので便宜上，UK Coal社とした。しかし，同書には仮名かどうかは一切，記述がない。

表3-8 会社・組織, 各レベル別組合承認状況

会社・組織	National	Area	Branch
EBO	Yes	Yes	Yes
MBO	No	No	Yes
UK Coal	No	No	Yes
MBO	No	No	No

出所）Wallis, Emma (2000), *Industrial Relations in the Privatised Coal Industry: Continuity, change and contradiction* (Ashgate), 211頁。
注1）同書ではEBO teamが設立したWelsh Anthracite社とされている。
注2）同書ではMBOによるAnthracite Cymru社とされている。
注3）UK Coalは2001年、RJB Mining Ltdから社名を変更した会社である。
注4）同書ではMBOによるEnglish MiningでEnglish Coalの後身会社だとされている。

　それによれば、全国レベルにおける組合承認および交渉はEBO組織を除き、成立していない。ただ、そのEBO組織はサウス・ウエールスの特定炭鉱に限られているので、文字どおりの全国レベルにおける組合承認および交渉が成立しているわけでない。

　スコットランドを除き、全国にまたがる最大の会社であるUK Coal社において、全国レベルにおける組合承認および交渉が成立していないのは注目に値する。UK Coal本社は、NUM、UDMのどちらとも正規の団体交渉は行っていない。NUMとは非公式の折衝も持っていない。もっとも、あとで述べるように、文字どおり全くないわけではない。UDMとは非公式な話し合いはあるが、意見聴取の域を出ないという[16]。もっとも、のちに述べるように、重要な問題ではUDMを活用し、「協定」を結んでいるから、その意味では、ご都合主義的なところがある。この点は、あとのUK Coal社の労使関係戦略で、もっと詳しく述べる。

　次にエリア交渉であるが、EBO組織を除き、成立していない。これは、それ

---

16) Parry, David, Waddington, David and Chas Critcher (1997), *Industrial Relations in the Privatized Mining Industry, in British Journal of Industrial Relations*, Vo.35, No.2., 188頁。同論文によれば、UDM委員長が、賃金引き上げにあたって会合を持ち、意見を聞かれることはあるが、交渉ではないと言及していることが引用されている。

表3-9 炭鉱（Colliery）レベルにおける組合承認，団体交渉権

炭鉱名	所有状況	所在エリア	NUM	UDM	団体交渉権
Cwmpridd	EBO	SouthWales	Yes	—	Full
Abergoed	MBO	SouthWales	Yes	—	Full
Donborough	UK Coal	Yorkshire	Yes	—	Partial
Dearnley	UK Coal	Yorkshire	Yes	—	Represention only
Nottston	UK Coal	Notts	No	Yes	NUM (No), UDM (Partial)
Mansthorpe	UK Coal	Notts	No	Yes	NUM (No), UDM (Rep. only)
Workham	MBO	Notts	No	No	Both (No)

出所）Wallis, Emma (2000), *Industrial Relations in the Privatised Coal Industry: Continuity, change and contradiction* (Ashgate), 79, 211, 213頁より作成。引用者注も同書より作成した。

注1）Cwmpridd鉱は，1994年4月に閉鎖され，1994年12月，EBO teamによって設立されたWelsh Anthracite 社〔仮名－推定〕が買い取った。
注2）Abergoed鉱は，1993年1月に閉鎖され，1994年4月，MBO主導で設立されたAnthracite Cymru社〔仮名－推定〕によって生産が再開された。
注3）Donborough鉱は閉鎖されず，RJB Mining社（のちUK Coal）によって生産が継続された。
注4）Dearnley鉱は，1992年に閉鎖されたあと，RJB Mining社が手に入れ，1994年3月に生産を再開した。
注5）Nottston鉱は閉鎖されず，生産が継続された。
注6）Mansthorpe鉱は，1993年5月に閉鎖され，1994年2月，RJB Mining社によって生産が再開された。
注7）Workhamは，1994年4月に閉鎖され，1995年5月，MBO会社であるEnglish Coal〔仮名－推定〕が買い取った。

ぞれの民営会社が，全国的なエリア組織を持っていないので当然かもしれない。結局，交渉が成立しているのは，EBOの1社を除き，支部（Branch）レベルだけである。サウス・ウエールズのEBO組織が，三つのレベルでの交渉を認めているといっても，実態がともなわず，かなりに理念的なものであろう。実態としては，特定炭鉱レベルにおける支部交渉が存在しているだけである。

このように，支部すなわち個々の炭鉱レベルでは，たいていの場合，組合が承認され，交渉が行われている（らしい）ことが分かった。その場合，団体交渉権の所在の有無および交渉権の所在の程度はどのようなものであろうか。この点も資料上の限界はあるが，表3-9 炭鉱（Colliery）レベルにおける組合承認，団体交渉権の所在を見てみよう。

この表に掲げられている炭鉱名は，すべて仮名である[17]。問題は，いつの時

17）仮名である旨の記述が見つからないが，そうした炭鉱を探しても見つからないので，そう推測せざるを得ない。ただ，本文ではある程度，実際の炭鉱名が推測できる。

点の調査なのか，本文を読んでも記述が見つからない。仮名の炭鉱名から本物の炭鉱を推測すると，おそらく1997～98年頃と推測されるが，あくまで推測の域を出ない。その意味でも，資料上の難点があるが，記述の内容はインフォーマティヴなので，それに依拠することとし，必要に応じ，他の文献で補うこととしよう。

7つの炭鉱のうち，サウス・ウエールスにあるEBOのシウムプリッド（Cwmpridd）鉱はNUM組合員だけであり，団体交渉権はフルに認められている。この点，MBOによるアバーゴード（Abergoed）鉱も同じである。ヨークシャーのドンボロウ（Donborough）鉱は，交渉は部分的にしか認められていない。同じヨークシャーのデーンレイ（Dearnley）鉱は，代表者との交渉しか認めていない。ノッティンガムシャーのノットストーン（Nottston）鉱とマンスソープ（Mansthorpe）鉱は，民営化の前と同様に，UDM組合員が多数派であり，NUMには交渉権は認められていない。ただし，UDMとの交渉といっても，部分的である場合と代表者だけの場合とに分かれる。最後に，EBOによるワークハム（Workham）鉱は，NUMとUDM双方の交渉権を認めていない。以上が，組合承認および団体交渉権の所在の概要である。このうち，TUPE適用鉱は，ドンボロウ鉱とノットストーン鉱である。

6　全国賃金交渉の行方

民営化後，とくにUK Coal社では，全国レベル，エリア・レベルでは，組合を承認していないことについては，先に述べた。この結果は，全国賃金交渉の不在をもたらすことになった。戦後，1947年のNCB設立後，1984～85年の炭鉱争議以前までは，NCBとNUMの間で賃金交渉が進められた。炭鉱争議・UDMの結成後は，NCB（BCC）という単一の経営者組織が一方にあり，他方では，NUM,UDNというライバル・ユニオンが存在し，その交渉権の所在が問題となった。多数・少数交渉スキームをめぐるNCB（BCC）とNUMとの意見対立は解消せず，NCB（BCC）とUDMの賃金交渉が先行・妥結し，NUMはその結果を受け取るという変則的な賃金決定が続いた。

だが，全国レベルで組合を承認しないUK Coal社のもとで，賃金交渉が成立するはずはなかった。1995年2月，UK Coal（当時RJB Mining）社代表は，NUM，UDMという組合に対してではなく，今後3年間の電力会社への契約価格低下を理由に，1998年3月31日まで，賃率を固定する提案を全従業員に文書で提案した。NUMは，83％という圧倒的多数でストライキ行動に入ることを決めた。会社は，裁判所に投票とストライキ行動との日程に瑕疵があるとして禁止命令を求める提訴を行いつつ，すぐに方針を変え，休日のボーナスカットに対して一人あたり250ポンドを支払うことを約束し，さらに3.2％の賃上げを予告した。こうして，NUMは賃金では会社を譲歩させたが，交渉権を得ることはできなかった[18]。

　とはいえ，正規には組合を承認しないとしつつも，賃金についての事実上の交渉で，協定が成立している事実がある。1999年，UK Coal（当時RJB Mining）社は，向こう5年間の電力会社との契約価格20％減を理由に，UDMとの間で，インフレに連動した2％アップ保障の条件付きながら，2003年まで賃率固定の協定を締結した[19]。

　この時の賃金問題については，すでに前年からUDMとの話し合いが行われてきた。RJB Mining社の従業員の80％を組織しているNUMとの全国交渉は認められていなかった。アーサー・スカーギルNUM委員長は，1999年早々にも，ピット閉鎖による解雇と賃金問題で，争議行為に入ることを呼びかけていた。交渉の当事者として認められないNUM側は，争議行為という手段によって，大衆的圧力をかける以外にアピールする手段がなかったからである。ただし，非公式だが，実質的な交渉は行われていると言われている[20]。

---

18) Parry, David, Waddington, David and Chas Critcher (1997), *Industrial Relations in the Privatized Mining Industry*, in British Journal of Industrial Realtions, Vo.35, No.2., 183頁および田口典男書,237頁。
19) *The Guardian* 1999年2月27日付。前掲田口典男書，240〜41頁。
20) *The Guardian* 1998年12月10日付。ただし，木村牧郎氏のNUM書記長からの聴き取りによれば，非公式だが実質的な交渉は行われているという（前掲木村牧郎論文，143頁）。職場における従業員＝組合員との関係からしても，やはり多数派組合を無視できないということであろう。

7 UK Coal社の労使関係戦略

　UK Coal社の労使関係戦略は，そこに存在しているNUM，UDMを排除しないという意味ではデュアル・ユニオニズム（dual unionism）であって，現実的にはノン・ユニオニズムではない。ただ，NCB（BCC）時代，つまり公的所有下にあった炭鉱争議後・UDM結成後の炭鉱労使関係を引き継いだ側面とそうでない側面があった。

　引き継いだ側面としては，とくに多数・少数交渉スキームであって，結局，UDMとの関係を重視して活用しつつ，NUMの排除と弱体化を図ることにあった。つまり，全国レベルでは組合を承認しないとしつつも，実質的には多数・少数交渉スキームをつうじて，UDMと非公式な交渉関係を持ち，NUMを排除するという選択であった。

　UK Coal社独自と思われる新しい側面としては，①全国およびエリア・レベルにおける組合および団体交渉権を認めず，炭鉱レベルつまり支部レベルに限定したこと，②組合の役割を労使対等原則に立ったパートナーとしてではなく，独特の三つの役割を持ったものとして考えたことであった。三つの役割とは以下のようなものであった[21]。

　(a) 組合員の健康・安全などの教育機関としての役割
　(b) 石炭産業における準政治的圧力団体としての役割
　(c) 会社の苦情処理手続きの範囲内における従業員のバックネットとしての役割

　その組合観においては，賃金・労働諸条件の維持，改善という基本的事柄についてさえも労働組合の役割を認めていなかった。その意味での団体交渉権の否定は明白であった。炭鉱レベル＝支部レベルにおいて組合を承認し，交渉権を認めるのも，上記の (a) (c) の役割を認めてのことであった。その意味で

---

21) 前掲Parry, David, Waddington, David and Chas Critcher (1997), 188頁および田口典男書，240頁。

は，ノン・ユニオニズムの思想が根底にあった。

ただ別に，きわめて興味深いのは(b)であり，石炭産業における組合の産業政策提言とその実現に関わる役割を認めていたことであった。この点は，TUCなど労働界，労働党や議会，政府といったレベルでの組合の働きかけなどの果たす役割，とくにNUMの役割を事実上，認めたものとしてきわめて興味深い。つまり，UK Coal社という企業レベルを超える産業レベルでは，NUMの役割は無視できなかった。そうはいっても，NUMとの親和的関係を築こうとする労使関係戦略ではなかった。

そうしたノン・ユニオニズムの思想を根底に持った組合観であり，そうではあっても，実際に存在するNUM，UDMとの関係では，UDMを活用しつつ，NUMを排除し，弱体化する戦略であったということができる。

UDMの活用ということで言えば，全国レベルでは組合を認めていないにもかかわらず，先に見たように，1999年には，2003年までの賃金凍結協定を結んだ。また，多数・少数交渉スキームについては，1996年，NCB（BCC）時代のものをUK Coal社内に置きかえたスキームとすべく，会社のシニア・マネージャーとUDM代表との事実上の交渉を持って改変した。TUPEについても，懲戒・苦情処理手続き規程に関して，社内における交渉後，独立した仲裁制度へは持ちこまないよう改変するにあたって，会社のシニア・マネージャーとUDM代表との間で取り決めた。このように，会社自体ではなく，シニア・マネージャーとUDM代表といったかたちで，実際にはUDMを認めて活用しているのであるから，かなり恣意性のあるビヘイビアーでもある。

こうしたUK Coal社における団体交渉制度および労使協議制度を一覧表にまとめたものとして，木村牧郎氏作成による表3-10を掲げておこう。この全体のシステムそのものは，NUMが全社的レベルで排除され，代わってUDMが主役を務めている点を除けば，かつてのNCB時代の団体交渉・労使協議機構にほぼ類似している（第2章　図1-3，48頁）。

だが，2004年以降，UK Coal社の労使関係戦略に大きな影響を及ぼす法的与件が与えられた。2004年，雇用者情報協議規則（The Information and Consultation of Employees Regulations 2004）が制定された。ところが，同法制定と同じ2004年，UK Coal社では，各炭鉱ごとに作業委員会（Working Party）と呼ばれる従業員代

表3-10 UK Coal社における交渉・協議制度

機能	名称	頻度	出席者	備考
団体交渉	全社交渉委員会	随時	企業側：本社重役 組合側：本部役員	労使双方から6名ずつ参加。筆頭交渉者は，企業側がCEO，組合側はUDM委員長。賃金協約改訂作業は3年に一度あり。賃金協約には各種賃金のほか，労使関係制度に関する規定が記載。各承認労組が個別に交渉する複数テーブル方式。NUMは不参加。
	交渉項目別分科会	随時	〃	個別の交渉項目に関して労使間の具体的な検討作業が必要な際の協議会。分科会は4つ（「報酬」「安全・健康」「雇用」「労働時間・休暇」）。NUMは不参加。
労使協議	全社協議委員会	年4回	〃	定例協議の議題は4つ（①採炭事業の財務現状，②市場動向，③雇用水準の見通し，④業績向上のための経営方針）。上記以外に，年金等の労働条件にかかわる情報開示や意見交換が行われる。NUM以外の承認労組が参加する単一テーブル方式。
	炭鉱協議委員会	年12回	企業側：炭鉱経営者 組合側：支部役員	定例協議の議題は3つ（①当該炭鉱の現状における業績，②雇用水準の見通し，③業績向上のための経営方針）。各承認労組の代表者による単一テーブル方式。
	炭鉱再検討協議制度	随時	企業側：炭鉱経営者 組合側：支部役員 本部役員	当該炭鉱の業績悪化や炭鉱閉鎖について労使の意見交換。経営者は協議期間を3カ月以上実施し，協議終了後3カ月以内に炭鉱を閉鎖してはならない。経営帳簿の開示義務あり。各承認労組の代表者による単一テーブル方式。
苦情処理	苦情処理手続	随時	炭鉱経営者と苦情申立人	承認労組の支部役員は組合員の苦情処理の手続きに立ち会う権利が認められている。

出所）UKC人事担当者への質問表調査，UDMハーワース支部役員への聴き取り調査，UDM本部への聴き取り調査，UDM/UKCの賃金協約［Wage Agreement 2003］をもとに木村牧郎作成。前掲表3-4の木村牧郎論文，145頁による。

表機関を設置した。これは，EU指令に基づく同法と関係があったとは言い難い。その証拠に，全社的なものではなく，炭鉱レベルに限られている。とはいえ，その動向自体には留意する必要がある。

では，以下，UK Coal社およびUK Coal社以外の個別炭鉱における労使関係について見てみよう。

8　民営化後の炭鉱労使関係(2) = 個別炭鉱における労使関係

(1) UK Coal社における炭鉱労使関係

　個別炭鉱ごとの労使関係といっても，UK Coal社所有の炭鉱とその他，所有会社・組織の異なる炭鉱で違いがある。そこで，それらを分けて見ていこう。その点では，すでに貴重な事例調査がある。同調査について，詳しくは注記に譲ることとして，以下，個別炭鉱の事例を見ていこう[22]。

　UK Coal社所有の炭鉱は，ヨークシャーのドンボロウ（Donborough）鉱とデーンレイ（Dearnley）鉱，ノッティンガムシャーのノットストーン（Nottston）鉱とマンスソープ（Mansthorpe）鉱である。ヨークシャーの二つの炭鉱は，NUMの拠点鉱でもあり，対立型の労使関係が特徴的であった。ノッティンガムシャーの二つの炭鉱は協調型であり，UDM組合員が多数派を占めている。民営化以後，この基本的関係に大きな変化はない。すでに述べたように，UK Coal社は，全国交渉およびエリア交渉のどちらも認めていない。認めているのは，炭鉱レベルの支部交渉だけである。UK Coal社は，支部において，多数を占める組合との単独交渉権を認めている。ただし，実態は以下に見るように，炭鉱ごとに異なっている。また，TUPE適用のドンボロウ鉱とノットストーン鉱では実態には大きな違いがある。

　ドンボロウ（Donborough）鉱
　ここでは，NUMが交渉権を持っており，少数派であるUDMは交渉権を持

---

22) 以下，個別炭鉱の事例調査については，とくに断わらないかぎり，最も包括的な調査である前掲Wallis, Emma書による。著者は，エジンバラにあるネピィア大学（Napier University）の雇用調査研究所（Employment Research Institute）の研究員であり，シェフィールド大学時代から，炭鉱調査に携わっている。
　同調査は，所有会社ないし組織，TUPE適用の有無，NUM，UDMの存在状況などいくつかの重要な要素に着目してケースを選定し，組合役員からの聴き取りと従業員へのアンケート調査によって，個別炭鉱の事例を調査している。主な調査項目は，所属組合の有無，組合承認，交渉の有無や程度，懲戒・苦情処理手続き，賃金形態，柔軟な働き方の実態，健康・安全問題などで統一されているので，相互の比較が可能である。

たない。会社はとくにUDM組合員を増やそうという動きもしていない。また，ノン・ユニオニズムでもない。ただ，同炭鉱には40％の下請け労働者がおり，その下請け関係には組合がない。

　NUM支部には，組合施設が提供され，支部役員の勤務時間中の組合活動が認められている。団体交渉は，双方とも代表メンバーに限られている。ただ，賃金交渉はできず，交渉事項は炭鉱レベルにおける事項に限定されている。もっとも，実際の交渉は，あとで述べるように形骸化している。NUM本部役員が，炭鉱施設内に入ることは禁止されている。とはいえ，支部は全国的なNUMの方針に基づいており，それによって方向性が与えられていると支部役員は話している。

　だが，団体交渉制度において，厄介なのは営業譲渡（雇用保護）規則1981（TUPE）の存在である。ドンボロウ鉱は稼働中の炭鉱であったため，UK Coal社に譲渡された際，TUPEの適用を受け，会社は民営化以前にあった全ての既存の労使協定を継承した。

　その中に，第9章で論じた，いわゆる多数・少数交渉スキームがあった。この交渉スキームは，職場において実質的多数を占める組合との交渉だけを認めるというものであった。この交渉スキームの決定は，全国レベルで行わなければならない。NBC（BCC）とUDMは代表者が合意したが，NUMとの合意はならず，したがって，NCB（BCC）とNUMとの全国交渉が成立しなかった。UK Coal社はそれを継承していたが，1996年，既存の協定を撤回し，会社レベルの協定に置きかえようとした。

　UK Coal社の提案は，同じ多数・少数交渉スキームを会社内で適用するというものであり，NUMは当然に反対した。結局，UK Coal社とUDM双方の代表者の間において交渉された結果，合意が成立した。先に，表3-5で，UK Coal社は全国レベルでは組合を承認しないとしたが，この交渉スキームはそうはいかず，事実上のUDMとの全国交渉というかたちで成立した。その結果，TUPEが適用されるNUMのあらゆる炭鉱で，その交渉スキームが適用されることとなった。ドンボロウ鉱もそうであった。したがって，支部レベルではNUMを承認しているといっても，実態はあまり意味がないことになる。

　こうしたTUPEとの関係で，ドンボロウ鉱の労使関係は大きな影響をこう

むった。懲戒・苦情処理手続き規程は，TUPE適用のものが継承されたが，これを改めようとした会社は，本社とUDM代表とで協定を結んだ。NUMは関与できず，他のTUPE適用の炭鉱と同様，ドンボロウ鉱に適用された。

賃金形態については，やはりTUPEが適用されていた。週基本賃率と生産性ボーナスからなっていた賃金形態について，会社は格付け（grading）をもっと簡単化し，賃金格差を縮小するように改定しようとし，これも本社とUDM代表とが協定を結んだ。その実際の影響は大きくはないとNUM支部代表は語っているとはいえ，支部交渉権は形骸化した。

このように，TUPE適用の多数・少数交渉スキームのもとで，NUM支部は多数派として交渉権を持っているはずであるが，実際はNUMと会社が協定を結べないため，NUM支部は，いかなる正規の実質的な諸協定（any formal agreements）も結ぶことができないでいる。

労働慣行にも変化が生じている。論議の的であった柔軟な労働慣行（flexible working practices）は，民営化前後，ドンボロウ鉱を含むNUMが支配的な多くの炭鉱で，6,000ポンドの1回かぎりの見返り金を支払うことを条件に受諾されていた。職務上の柔軟化（functional flexibility）つまり多能工化（multi-skilling）が進められ，仕事の管轄（job demarcation）が希薄化された。数的な柔軟化（numerical flexibility）は，40％にのぼる下請け労働者の増大として実現している。労働時間の柔軟化（temporal flexibility）は，週5日労働制で1日37時間であったが，オーバータイムが週平均16時間もあった。

安全と健康に関する点でも問題が生じている。事故率はBCC時代より減ったが，同時に現在の会社のもとで，事故隠しが行われているという。

ただ，ドンボロウ鉱における労使関係は，民営化以前と比べ，基本的に大きな変化があったわけではなかった。NUMが多数派であるとはいえ，民営化以前，支部交渉は，多数・少数交渉スキームが，会社とNUMとの間で成立しないため，きわめて形骸化していた。UK Coal社に所有が移ったことにより，交渉スキームが会社単位となり，それにともなって事態が進んでいる。経営効率化，生産性向上のための会社の経営努力が，NUM組合員ら労働者側に圧力となっているのは確かであるが，守勢に立たされていたNUMがそのまま反転攻勢ができないでいるという意味では，労使関係に基本的な変化はないということができ

る。ただし，民営化後の労働諸条件の悪化は否めない。その意味での労使関係の変化はかなり明瞭である。

デーンレイ（Dearnley）鉱

ドンボロウ鉱と同じヨークシャーにあるデーンレイ鉱は，1992年にいったん閉鎖されて全労働者が解雇され，UK Coal社が買い取って以降，そこで働いていた労働者が再雇用された。NUM組合員が差別されることなく，再雇用されたという。ただし，NUM組合員は全労働者の35％に過ぎず，他の労働者はどの組合にも属していない。この炭鉱にはUDM組合員もいない。

なお，いったん閉鎖された炭鉱であったから，TUPEの適用はない。会社はNUM支部を承認し，組合施設などを供与している。支部役員は時間外に組合活動ができる。ただ，TUPEの適用がないため，会社は以前にあった協定を破棄し，正規の団体交渉権は認めていないし，交渉に関する協定もない。ただし，インフォーマルな折衝はあるが，あまり有効ではない。そのため，会社が，雇用・労働諸条件や労働諸慣行について，かなり一方的に変更できる。それ故，NUM支部組織があっても有効に機能していないのが現状である。

懲戒・苦情処理手続き規程は，最初はTUPEを踏襲していたが，その後，改定にあたり，前記のように，本社とUDM代表の協定により，それがデーンレイ鉱にも適用されている。

賃金形態は，週あたり基本賃率と生産性ボーナスが主であるが，賃金交渉はなく，会社が一方的に決めている。労働慣行では，同炭鉱は，生産を増加させるよりは，週あたりの生産量を維持することが要請されている炭鉱であるため，他といくらか異なっている。それ故，柔軟な労働慣行が要請されてはいるが，それほど強いものではない。職務上の柔軟化，とくに多能工化は付随的なことであって，それ以上ではない。数の柔軟化も大きな特徴となっていない。下請け業務も限定されている。労働時間の柔軟化も同様に重要ではない。週40時間労働のほか，オーバータイムはごく限られている。

安全，健康問題は，基本的には以前と同様のレベルで維持されている。ただ，労働人員の削減により，残された人員で安全点検を適正に実施しているとは言えないという。

結局，デーンレイ鉱の労使関係は，民営化以前に比べ，経営側の優位性が強まり，NUM側が一層，守勢に立たされるかたちで変化している。ただ，いったん閉鎖され，生産が再開された炭鉱であって，優良鉱のままで民営化した炭鉱ではないため，生産における現状維持を反映するかたちで，労働諸慣行には大きな変化がないまま推移している。

　　ノットストーン（Nottston）鉱
　ノッティンガムシャーにあるノットストーン鉱は，閉鎖されずに民営化された優良鉱である。ここではUDMが多数派であり，NUMは全体の17％を占める少数派である。UDMは，組合施設を供与され，支部役員はフルタイムの組合活動が認められている。だが，NUM支部には組合施設の供与はなく，時間内活動も認められていない。全体として，UDM助長政策が取られている。ただ，どちらの組合にも加盟しない人がいるが，ノン・ユニオニズム政策が取られているわけではない。
　団体交渉権は，TUPE適用鉱であるため，中央でUK Coal本社とUDM代表による協定によって多数派のUDMだけが交渉権を持ち，NUMにはない。ただし，組合員懲戒の際の公聴会での非公式な立ち会いは認められている。そのほか，非公式な話し合いはある。
　懲戒・苦情処理手続き規程は，これまで述べた炭鉱と同じであり，改定されたものが適用されている。賃金は，週基本賃率と生産性ボーナスからなる点も同じである。労働慣行は，他の炭鉱とかなり違っている。とりわけ柔軟な働き方の点である。職務上の柔軟化は，広く採用されている。より広い範囲の仕事をこなすため，訓練制度が設けられている。ただ，職務上の柔軟化は労働密度の強化をもたらし，その結果，残った労働者でもっと多くの仕事をこなさなければならず，"multi-tasking"ではあるが，"multi-skilling"ではないと指摘するUDM役員もいる。数の柔軟化はある程度，採用されてはいるが，外部の下請けを減らす動きもあり，あまり活発ではない。
　労働時間の柔軟化は，かなり特徴的である。多くのマイナーズが自発的なオーバータイムを行うという。ただ，人員削減によって残業せざるを得ない要素も増しており，それはとくに監督的業務に多いという。

第10章　石炭産業の民営化と炭鉱労使関係　　247

安全と健康問題では，民営化後，不安定要素が増している。また，事故隠しが行われているとUDM役員は指摘している。
　ノットストーン鉱の労使関係は，UK Coal社とUDMとの協調的関係に特徴づけられる。NUMは完全に疎外されている。優良鉱であるため，生産の増大，生産性の向上が目指され，柔軟な働き方が広く採用されている。ただ，労働密度の増大やオーバータイム問題，安全と健康問題などで，当面，顕在化して大きな問題とはなっていないが，潜在的には問題をかかえている。

　　マンスソープ（Mansthorpe）鉱
　ノッティンガムシャーにあるマンスソープ鉱は，1993年に閉鎖され，労働者を解雇したあと，UK Coal社に買い取られ，生産を再開した。再開にあたり，そこで働いていた労働者を中心に再雇用されたが，多くがUDM組合員であった。UDMが多数派であるが，NUM組合員も全労働者の9％を占めている。だが，組合組織率は低く，全体の27％に過ぎない。
　多数派のUDM支部が承認されており，組合施設などが供与されている。UDM支部役員の活動はフルタイムで許されている。NUM支部には組合施設の供与はない。NUMの支部役員は，組合員の懲戒の立ち会いが許されているが，それも"友人"としての資格においてである。それ以外の時間内の活動は認められていない。
　いったん，閉鎖されたのち，生産が再開された炭鉱であるから，TUPEの適用はない。ただ，TUPEに準じたUK Coal本社とUDM代表者の交渉協定はあるから，そのかぎりで協定は適用可能ではあるが，民営化後の同炭鉱では，非公式折衝はあるが，正式の交渉（formal collective bargaining）は成立していない。同支部が，伝統的に全国およびエリアのローカルな事項への介入を避けていることも手伝っているという。
　労働諸条件は，TUPE適用の炭鉱に比べ，大変，悪いと言われている。懲戒・苦情処理手続きは他と同じである。賃金形態も基本的には，他と同様で週基本賃率と生産性ボーナスを基本としている。
　1997年11月，会社は，生産性を向上させるためとして，約80人を解雇した。また，職務上，労働時間および数についてという限定つきの柔軟な労働慣行の

導入を意図した。職務上の柔軟化とは，それぞれが，閉鎖前よりも一層，幅広い仕事（a wider range of tasks）をこなし，労働者は労働強化をいとわなかったという。というのは，生産性の向上を図らないで，炭鉱が再び閉鎖されることを危惧したからである。

　労働時間の柔軟化とは，週40時間労働のところ，限度一杯のオーバーワークを自主的に行うことであった。週48時間労働はほとんどの労働者がふつうであった。数の柔軟化は中心的課題ではなかったが，ある業務は外注化された。

　マンスソープ鉱の労使関係は，UDMが多数派を占める点ではノットストーン鉱と同じであるが，あまり協調的な関係とは言えず，会社側が圧倒的に優位な立場に立つ関係である。

（2）その他の炭鉱労使関係

　次に，UK Coal社以外の炭鉱について，見てみよう。

シウムプリッド（Cwmpridd）鉱

　サウス・ウエールスにあるシウムプリッド鉱は，NUMの拠点鉱であり，NUMの反対にもかかわらず，1994年4月に閉鎖された同鉱では，いったん全ての労働者が解雇された。その後，民営化の動きが本格化するにつれ，EBOチームが結成された。この中には同鉱の200人の元マイナーズが加わり，1994年12月，EBOに成功して，再雇用され，生産を再開した。その意味で，これまでのUK Coal社所有の4鉱およびあとの2鉱とは大きく異なる。前のNUM役員はシニア・マネージャーの地位にあり，組合員の80％が株主である。

　労使関係は，NBC（BCC）時代とは全く異なり，組合は承認され，団体交渉権はフルに認められている。組合加入状況は，表3-11のとおりである。NUM組合員が圧倒的であり，UDM組合員はいない。団体交渉権は，NUM，NACODS，BACMそれぞれに認められている。この結果，団体交渉においては，組合の影響力は強いばかりではなく，むしろ相互協力的な関係だということができる。

　いったん閉鎖され，その後の生産再開であるから，TUPEの適用はない。新しい労使関係は，新しい経営および労働の在り方の中で形成された。賃金に

表3-11　組合加入状況（Cwmpridd）鉱

組合名	加入状況（％）
NUM	77
UDM	0
NACODS	12
BACM	7
Other	2
None	2
No response	0

出所）Wallis, Emma (2000), *Industrial Relations in the Privatised Coal Industry; Continuity, change and contradiction* (Ashgate), 87頁。
注）回収率は96％である。

ついては，生産性ボーナスが廃止され，週基本賃率に統一され，格差は劇的に減少した。

労働諸慣行もNCB（BCC）とは違っている。同鉱は，1日3交替制であったが，現在は1日2交替制とし，残りの1シフトはメンテナンスに回している。生産性向上により，生産高を増やすよりは計画的生産を目標にし，同炭鉱の延命を目指しているからである。

柔軟な労働慣行は限定的ではあるが，導入されている。もともと，伝統的に仕事における"協働"が行われてきた。その意味での柔軟性であるが，"multi-skilling"志向の考え方は職場労働者にはあるという。数の柔軟化は，限定つきではあるが採用されている。職場における約20％の仕事が，二つの下請け会社によって行われているが，それ以上に拡大する考えはない。

労働時間の柔軟化は目立ったものはない。週5交替制で，それぞれ7時間30分労働である。オーバータイムは自主的に行われる。アンケートでも83％が自主的と答え，強制だと答えたのは16％であるが，ある種の監督的業務はやむを得ない場合があるという。

健康と安全問題では，アンケートでは，改善された74％，同じ16％で，改善されたという答えがかなり多い。悪くなったという答えは5％である。

シウムプリッド鉱の労使関係は，NCB（BCC）時代よりは改善され，相互協力的な関係だと言える。調査を行った著者によれば，むしろ1947～84年時代，NCBによって追求された労使関係に似ていると結論づけている。とはいえ，EBOによるきわめてユニークな労使関係だというのは確かである。

アバーゴード（Abergoed）鉱

サウス・ウエールスにあるアバーゴード鉱はNUMの拠点鉱であるが，1992年のピット閉鎖計画では，生産中止・メンテナンス鉱とされていた。だが，その後，閉鎖計画の見直しの中で，民営化の対象となり，1994年4月，MBOに

よって買い取られた。調査当時，117人が働いていた。MBO会社は，以前の同鉱の経営者らによって設立された。

労使関係では，会社は，全国およびエリアでは，NUM，NACODS，BACMを承認せず，支部レベルで承認し，団体交渉権もフルに承認している。とはいえ，経営側はかなり一方的であり，組合の関与は限られている。UDM組合員はいない。75％がNUM組合員である。いったん中止し，のち生産が再開された炭鉱であるから，TUPEの適用はない。

団体交渉権はフルに認められていると述べたが，実は正規の交渉スキームは存在していない。ただ，懲戒・苦情処理手続き規程では，個人および組織のアピールができる。組合代表は事情聴取の場へ出席できる。

賃金は，国有時代とはかなり異なっている。いわゆるプール・システム（pool system）が機能している。このシステムは，MBOの際，考案されたものである。すなわち，週あたり生産レベルと週あたり賃金レベルの安定性を確保するために，週あたり生産が目標を上回れば余剰生産部分がプールに追加され，下回ればプールから差し引かれるという仕組みのもとで，プール自体の不足を来さないようにして，労働者の週賃金は変動しないようにしているという仕組みである。

労働諸慣行は，国有時代とはかなり変わっている。プール・システムもその一つであった。柔軟な働き方は，職務上および労働時間の柔軟化が採用されている。もともと，厳格な仕事の管轄（rigid job demarcation）は，この炭鉱の伝統にはなかった。そのうえで，デマーケーション自体が希薄化している。アンケートでは，採用時よりも，より幅広い多様な仕事（wider variety tasks）に従事していると答えた者が77％にのぼっている。この結果は，労働強化をもたらしている。労働時間の柔軟化は目立った特徴でもある。プール・システムがそれを助長し，オーバータイムが，時には強制だと答えた者を含め，強制だと答えた者は53％にのぼった。

健康と安全問題では，以前と変わっていないとする者が多い，改善されたと答えた者を含めると68％である。ただ，悪くなったとする者も30％いるのは留意を要する。

アバーゴード鉱の労使関係は，NCB（BCC）時代を引き継いだ側面と変化し

た側面とがある。組合承認や団体交渉権などは引き継いでいる。ただ，NUMなど組合が意外に機能を発揮していない点では異なっている。MBOによって，かなり変化したのは生産方法の変化に基づく労働諸慣行である。

　ワークハム（Workham）鉱

　ワークハム鉱は，ノッティンガムシャーにある約600人の炭鉱で，1992年には閉鎖の対象にはならなかったが，1994年4月，生産中止，メンテナンス鉱とされた。1995年4月，EBOによって買い取られた。ただ，その会社（Coal Investments）が1996年1月に倒産したため，別の会社に引き取られた。同会社にはBCCのかつてのシニア・マネージャーがいるため，その労使慣行も引き継がれると想定されていた。だが，同会社は，全ての組合を認めようとせず，組合施設も供与しなかった。UDMは3割強で過半数を占めていなかった。組合員は，BACM，NACODS，NUM，UDMの4組合にまたがっていたが，全ての組合は平等に扱われていますかというアンケートに答えて，55％がイエスと答え，ノーが5％，答えなしが41％であった。もっとも，平等の意味はこの場合，どの組合も承認しないという意味であった。また，支部役員の勤務時間内活動も許されない。3つの下請け会社に，職場の約20％を占める労働者がいるが，同会社はやはり組合を承認していない。もっとも，下請け会社のうち2社は，その中では組合を承認していた。

　組合不承認，団体交渉の否認のもとで，業務上の事項，安全問題，職場における苦情処理のため，職場から選出された代表からなる協議委員会（The Consultative Committee，以下CCと呼ぶ）が1996年12月に設立された。組合代表者らが，その選挙に立候補することはできたが，組合代表としてではなかった。CCはあくまで従業員代表からなる協議機関であって，交渉機関ではなかった。むしろ，会社の意向を通す一機関と見られている。

　いったん閉鎖された炭鉱ではなかったため，当初はTUPEが適用されたが，会社が変わったため，懲戒・苦情手続き規程は改変され，団体協定事項とはならなかった。賃金も，以前の形態を引き継いでいるが，団体交渉事項とはなっていない。

　労働諸慣行については，新技術の導入はすでに以前に進んでいたので，もっ

ぱら柔軟な労働慣行の導入によって，生産を増やし，生産性を高めることが目指されている。職務上の柔軟化は，仕事の管轄を希薄化すること，"multi-skilling" を採用することに置かれている。当然，労働強化がともなっている。労働時間もオーバータイムのため，長くなっている。とはいえ，アンケートでは87％が自主的だと答えている。数の柔軟化は20％の下請け労働者という限定つきではあるが，導入されている。

健康と安全問題では，それは以前と違い，優先順位を保たれていない。むしろ悪化している。事故率は民営化以前より高くなっている。事故隠しもある。

ワークハム鉱における労使関係は，民営化以前との継続性を欠いている。アンケートは最後に，同鉱の労働者に，民営化は良いことだと思うか，悪いことだと思うかを質問している。答えは，良い5％，悪い72％，どちらとも言えない5％，答えなし19％であった。

（3）まとめ

以上，これまで七つの炭鉱レベルにおける労使関係の事例を見てきた。ここで，全体的特徴を可能なかぎり，まとめておこう。

① まず，言えることは，EBOによるシウムプリッド鉱を除き，その他の炭鉱労使関係が，1984～85年炭鉱争議後のNCB（BCC）時代の労使関係からの継承性を有していることである。

② そのうえで，いったん継承しながら，とくにUK Coal社所有の炭鉱では，交渉スキーム，TUPE適用関係などで，例えば懲戒・苦情処理手続き規程から独立した仲裁制度への移行を排除するなど，会社優位の労使関係への再編が行われている。

③ UK Coal社所有の炭鉱では，TUPE適用の2炭鉱，ドンボロウ鉱とノットストーン鉱というTUPE適用の優良鉱のうち，NUM支部が承認されているドンボロウ鉱は交渉スキームが障害となり，組合機能はあまり発揮されていない。協調的なUDM支部が承認されているノットストーン鉱は，その点では組合機能は発揮されているが，そこでも会社優位が目立っている。労働諸条件は悪化したとはいえ，TUPE適用鉱である故のメリットは残っている。

④UK Coal社所有の炭鉱のうち，TUPE非適用の2炭鉱，デーンレイ鉱とマンソープ鉱では，NUM,UDMと支部の違いはあるが，どちらも組合機能はきわめて制限されている。マンソープ鉱のUDM支部がいくらか活動の余地があるが，それも柔軟な働き方への協調の故であり，その結果は労働強化を招いている。どちらも，会社側が圧倒的優位に立っていることが特徴的である。

⑤MBOによるアバーゴード鉱とワークハム鉱は，同じMBOでもきわめて対照的である。サウス・ウエールスのアバーゴード鉱は，以前の同鉱の経営者によるMBOであり，実名で言えばベッドウス（Betws）鉱に類似している。NUM支部は経営に必ずしも強い影響力を発揮してはいないが，労使関係には決定的な対立はないまま推移している。

　他方，ワークハム鉱は，ノン・ユニオニズムの典型とも言える炭鉱である。Coal Investment社が1996年1月に倒産し，そのあとMidland Mining社が買い取ったアンスレイ／ベンティック（Annesly/Bentinck）鉱に類似しているが，労働諸条件は悪化し，従業員アンケートでは民営化には否定的な答えが圧倒的であった。

⑥EBOによるシウムプリッド鉱は，相互信頼に基づいた最も親和的な労使関係を築いている炭鉱である。実名でいえば，サウス・ウエールスのTower鉱（Tower Goitre Anthracite社）に類似している。日本流にいえば，自主生産・自主経営に近い。これに似たものとしては，スコットランドTUCとNUMが資金を援助して買い取ったロンガネット（Longannet）鉱（Mining Scotland社）およびEBOによるスコットランドのモンクトン（Monktonhall）鉱（Waverley Mining社）がある。その中で，タワー（Tower）鉱が最も良好な労使関係にあると思われるが，EBOによる炭鉱が，コスト・カットなど市場からの要請に応えつつ，経営として今後とも立ち行くかどうかはまだ答えは出ていない[23]。ただ，EBOは，民営化における労働者の自己防衛

---

23) Tower鉱とLongnnet鉱について考察した論文としては次のものがある。
　Parry, David, Waddington, David and Chas Critcher (1997), *Industrial Relations in the Privatized Mining Industry*, in *British Journal of Industrial Relations*, Vol.35, No.2.

（炭鉱と仕事の確保）的ないわば緊急避難的な措置であり，これ以上，EBOは拡大しないと予測される。

むすび

　以上，民営化後の炭鉱労使関係について，総体的枠組みと個別炭鉱における労使関係の双方を検討してきた。総じて言えることは，民営化後の労使関係は単一の経営者組織ないし経営者団体が存在しないことから，全くの企業内労使関係に転化してしまったことである。それも炭鉱レベル＝支部レベルという労使関係である。

　全国交渉は実質的にはともかく，正規の全国交渉として成立しているとは言えない。UK Coal社のシニア・マネージャーとUDM代表との「疑似」的全国交渉は存在し，「協定」を結ぶことは行われている。まして，エリア交渉は成立の余地がなくなった。もちろん，UK Coal社は全社的な労使関係戦略を持ち，個々の炭鉱労使関係に影響を及ぼしている。全国組織であるNUMは，エリアをとおし，個別炭鉱労使関係に影響を及ぼすべく，活動方針を示し，それに基づく働きかけを行ってはいるが，かつての炭鉱争議以前のような賃金・労働諸条件の全国的平準化機能を発揮することはできなくなっている。UDMも同様であり，時に交渉スキームやTUPE適用，賃金決定などで，「疑似」的全国協定を結ぶことはあるが，それは会社都合による場合が多く，その限りにおいてである。

　このように，民営化後，炭鉱労使関係における経営者側の優位性が一段と強まったことは疑う余地がない。しかも，経営（炭鉱）なくして雇用はないから，なおさらである。労働者側にとって，こうした労使関係から脱却する展望は，現状の労使関係をどう見直しても，その中からは展望は出てこないであろう。

　では，このまま企業内労使関係に埋没し，しかも輸入石炭にますます凌駕されつつ，細々と国内生産を続け，結局は，ますます「衰退」産業化する宿命を背負わなければならないのであろうか。あるいは，そもそも「エネルギー革命」なのであるから，所詮，やむを得ないのであろうか。

最後に真っ向から対立する難問は，①「エネルギー革命」＝衰退産業＝その宿命だとして納得するのか，②それとも，それを所与の政策的与件とはしないで，オールタナティヴな展望を描けるのか，それが問題となる。

　だが，その問題は，労使関係論的接近方法からいったん全く離れ，産業（政策）論的接近方法——エネルギー論，その中での石炭産業論——に依拠しないとおそらく解明不可能であろう。そこで，本書の「エピローグ」において，その難問に敢えて挑戦することにしよう。すなわち，これまでは折りにふれて，断片的に行ってきたに過ぎなかった産業（政策）論的接近方法による事態の解明の総決算が，次の「エピローグ」である。

> エピローグ

イギリスの石炭産業＝その後と現在および展望

　　はじめに
　　1　イギリスにおけるエネルギー需給状況と石炭産業
　　2　国有・公企業の民営化と石炭産業の民営化
　　3　エネルギー供給の長期展望と石炭の可能性
　　4　イギリス石炭産業の現状と展望
　　むすび　21世紀におけるイギリス石炭産業の展望と労使関係

はじめに

　これまでの「プロローグ」，第1部第1章～第3章，第2部第4章～第8章は，今から四半世紀前の1985年当時に書いた連載原稿を元にしつつ，それを一冊の本にまとめるべく加筆・補正を行ったものであった。その際，第3部　イギリスの炭鉱争議（1984～85年）＝後日談として，炭鉱争議・UDM結成後の炭鉱労使関係について，石炭産業の民営化以前までを第9章として，民営化以後を第10章として，新たに書き下ろした。

　この「エピローグ」は，第9章および第10章と同様，全く新たな書き下ろしである。これまで，争議発生前史を含み，1984～85年のイギリス炭鉱争議を追跡してきたが，ではその後，イギリス石炭産業はどうなったか，そして21世紀における今後の展望はどうかを補完したいというのが，ここでの課題である。

　私が，いわゆる産業（政策）論的接近方法と呼んだエネルギー・石炭産業（政策）論的接近方法の総決算であるとともに，それと労使関係論的接近方法の接合を試みるのが，この「エピローグ」である。ここでの主な具体的な課題は，

以下のとおりである。

　第一に，労使関係展開の「場」であるエネルギー産業，石炭産業について，エネルギー統計データの解析を行い，1984～85年当時のエネルギー戦略・石炭政策を歴史的に検証すること，第二に，石炭産業の民営化とその後の石炭産業および炭鉱経営を追跡し，その側面からも歴史的に検証すること，第三に，そのうえで，石炭および石炭産業の今後の可能性＝展望を追究することである。そして，最後に，21世紀におけるイギリス石炭産業の展望の中で，炭鉱労使関係を考えてみたい。それらが以下の考察課題である。

1　イギリスにおけるエネルギー需給状況と石炭産業

（1）イギリスにおけるエネルギー需給状況の推移

　最初に，イギリスにおけるエネルギー生産量および消費量全体の中期的推移を見たあと，エネルギー供給量および消費割合の変化などを見ていこう。

エネルギー生産量と消費量の推移

　まず，イギリスにおけるエネルギー生産量と消費量の推移を見ることから始めよう。図4-1は，国内生産量と消費量の推移（1970～2008年）を表わしている。
　イギリスは，1970年代，北海油田とそこにおける天然ガスが利用可能になるまではエネルギー輸入国であったが，北海油田と天然ガス生産の本格化にともない，1981年以降，国内エネルギー生産が消費量を上回るようになった。80年代末から1990年代初めにかけて，国内エネルギー生産は一時停滞したが，その後は2003年まで持ち直し，エネルギー生産は比較的安定した推移を示し，エネルギーの純輸出国であった。だが，2004年以降，石炭，石油，天然ガスともに生産が落ちこみ，イギリスは再び，エネルギー輸入国に転化した。2008年には，輸入エネルギー量が国内総消費量の67.2％を占めるまでになっている[1]。

1）数値は，表4-1における輸入量を図4-1の元になる消費量で除して計算したものである。

図4-1　エネルギー生産量と消費量の推移（1970〜2008年）

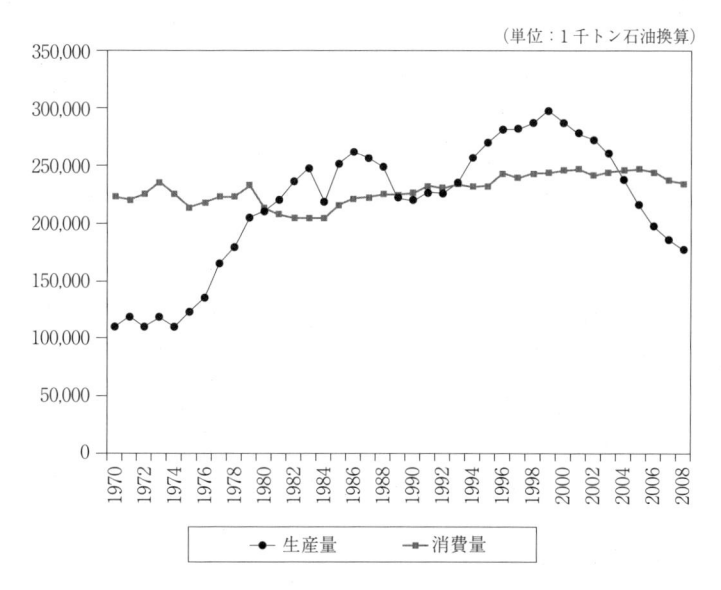

（単位：1千トン石油換算）

出　所）Department of Energy and Climate Change, *Digest of United Kingdom energy statistics 2009: long-term trends*（http://www.decc.gov.uk）

　なお，この1970〜2008年のエネルギー消費量＝需要量自体は，この間，ほぼ横ばいで推移してきた。それ故，2000年代後半以降，エネルギー輸入国に転化したのは，需要が伸びたからではなく，国内生産量が減少したからであった。この国内生産の落ち込みについては，次の表4-1を参照されたい。2000年代後半以降，石炭，石油，天然ガスとも一様に，国内生産が落ちこんでいる。

エネルギー資源別供給量の推移

　次に，イギリスにおけるエネルギー供給の推移を見るため，表4-1　エネルギー資源別の国内生産，輸入，輸出の推移（1970〜2008年）を掲げよう。この表は，きわめて包括的な表であるが故に，大変，見づらい。グラフ化など図にすることも考えてみたが，あまりにも項目が多岐にわたるので，このままでしばらく検討することにする。

表4-1 エネルギー資源別の国内生産・輸入・輸出量の推移（1970～2008年）

(単位：石油1千トン換算)

年	生産					輸入					輸出		
	石炭	石油	天然ガス	電力	計	石炭	石油	天然ガス	電力	計	石炭	石油	計
1970	92,792	166	10,461	7,388	110,807	81	131,142	839	48	132,109	2,620	19,762	22,381
1971	94,178	227	17,384	7,661	119,450	2,887	136,359	836	10	140,092	2,048	20,024	22,071
1972	76,484	358	25,084	8,163	110,089	3,408	138,253	771	40	142,472	1,433	21,160	22,593
1973	82,636	400	27,235	7,793	118,064	1,214	144,117	738	5	146,074	2,131	22,026	24,157
1974	68,630	438	32,847	9,322	111,237	2,317	136,472	612	5	139,407	2,149	17,283	19,432
1975	79,172	1,675	34,203	8,446	123,496	3,209	111,703	844	8	115,763	1,975	16,517	18,492
1976	75,988	13,114	36,221	9,951	135,274	2,010	108,818	967	-	111,796	1,506	21,671	23,177
1977	74,769	41,186	37,845	10,973	164,773	1,761	90,004	1,680	-	93,445	1,753	33,112	34,865
1978	75,479	58,184	36,241	10,308	180,212	1,736	85,815	4,758	-	92,309	2,164	41,289	43,460
1979	74,028	83,966	36,596	10,598	205,188	3,169	77,903	8,323	-	89,394	2,025	57,607	59,632
1980	78,502	86,911	34,790	10,247	210,450	5,030	60,385	9,995		75,411	3,320	58,385	61,705
1981	78,008	96,941	34,712	10,562	220,223	3,192	50,040	10,681		63,912	6,884	69,615	76,500
1982	76,069	112,519	35,281	12,274	236,143	3,360	49,944	9,885		63,189	5,693	80,595	86,288
1983	72,696	125,482	36,379	13,866	248,423	3,713	43,543	10,701		57,957	4,844	90,608	95,452
1984	30,719	137,646	35,563	14,845	218,773	7,980	59,146	12,606		79,731	1,668	101,289	102,957
1985	56,572	139,404	39,679	16,851	252,506	9,482	52,577	12,645		74,703	2,441	106,602	109,043
1986	65,592	139,084	41,717	15,839	262,232	7,794	57,610	11,784	366	77,553	2,615	112,166	114,796
1987	63,189	135,071	43,674	14,797	256,731	7,363	54,305	11,079	1,000	73,746	1,872	107,108	108,980
1988	63,303	125,469	42,059	16,990	248,469	9,270	58,254	9,922	1,103	78,550	1,595	97,266	98,861
1989	60,882	100,373	41,188	18,150	221,320	8,840	64,153	9,784	1,163	83,941	1,738	74,434	76,249
1990	56,443	100,104	45,480	16,706	219,446	10,271	69,217	6,866	1,031	87,385	1,880	80,408	82,293
1991	57,555	99,890	50,638	17,830	226,669	13,493	72,942	6,193	1,412	94,040	1,526	81,105	82,632
1992	51,514	103,734	51,494	18,924	226,547	13,955	74,025	5,268	1,438	94,686	854	85,245	86,155
1993	41,588	109,613	60,542	21,969	234,882	13,103	77,612	4,173	1,438	96,326	954	95,312	96,854
1994	29,704	138,937	64,636	21,670	256,559	10,840	68,680	2,843	1,452	83,815	1,098	114,083	116,003
1995	32,751	142,746	70,807	21,735	269,738	11,615	63,341	1,673	1,405	78,034	889	116,001	117,859
1996	31,135	142,079	84,180	22,393	281,559	13,141	64,347	1,703	1,444	80,635	896	114,909	117,115
1997	30,303	140,443	85,887	23,535	282,082	14,400	63,813	1,209	1,429	80,850	1,061	115,815	118,743
1998	25,757	145,263	90,186	23,950	287,233	15,371	64,696	910	1,083	82,061	931	118,896	122,556
1999	23,219	150,160	99,109	22,942	297,655	14,039	64,085	1,106	1,247	80,476	774	123,920	131,976
2000	19,551	138,282	108,397	20,153	288,690	16,079	74,812	2,238	1,230	94,359	813	123,923	137,330
2001	19,969	127,828	105,870	21,227	277,426	23,565	77,235	2,619	917	104,337	679	115,680	128,277
2002	18,808	127,037	103,646	20,619	272,864	18,995	78,348	5,201	790	103,334	667	120,758	134,451
2003	17,636	116,242	102,926	20,428	260,240	21,396	77,062	7,420	440	106,430	530	107,201	123,208
2004	15,594	104,547	96,411	18,746	238,378	24,182	88,394	11,439	841	125,258	572	103,621	114,202
2005	12,714	92,883	88,219	19,044	216,534	29,157	88,832	14,904	960	134,273	509	91,498	100,521
2006	11,418r	83,958	80,012	17,889	197,232r	33,363	94,207	20,983	884	149,933	462	86,349	97,418
2007	10,696r	83,912r	72,125	14,928	186,017r	28,930r	90,111r	29,065	741	149,225r	589r	88,464r	99,935r
2008	11,362	78,580	69,672	12,965	176,939	28,918	91,683	35,000	1,057	157,606	599	84,325	95,581

出所）Department of Energy and Climate Change, *Digest of United Kingdom energy statistics 2009: long-term trends* (http://www.decc.gov.uk)

注1）生産のうち、石油には炭鉱のメタンガスを含む。
注2）生産のうち、電力は原子力、水力の合計、1988年からは風力を含む。
注3）生産のうち、計には太陽光・地熱発電などを含む。
注4）なお、2006, 2007年の数値の横に付いている「r」は、修正数値（revised figure）の意味で、速報値から確定値に変わった場合に無視できない程度に変わった場合などを表わす。

第一に，石炭生産から見ていこう。石炭生産は1970年代以降，明らかに逓減傾向にある。とりわけ，1995年の民営化以降で，2000年代の減少が著しい。反対に石炭輸入は漸増していたが，1980年代まではまだ国内生産に比べれば，はるかに少なかった。だが，1990年代に急増し，2001年には遂に輸入量が国内生産量を上回った。その後は年々，国内生産が減り，輸入が増えている。この石炭については，別な図表で再論する。

　第二に，石油であるが，1970年代前半の国内生産量はきわめてわずかであった。だが，北海油田が操業を開始し，本格的な生産体制に入った1980年代以降，年々，増加していった。輸入は，北海油田の稼働に応じて，1980年代以降は減少している。反対に，輸出は80年代半ば以降，急増し，外貨獲得に大きな貢献をするようになった。もっとも，2000年代後半以降，北海油田の生産量が落ちこむにつれ，輸入が再び増え，輸出は反対に減少している。

　なお，北海油田の今後の生産見込みについては，イギリス政府内でもかなりの懸念をいだいているようである。生産のピークは1999年であるが，2020年には約3分の1に落ちこむと予想されている[2]。同油田に依存するガスも，同様に減少が予想されている。

　第三に，天然ガスの生産はかなり安定的かつ増加傾向で推移しており，輸入への依存度は少ない。それでも2005年以降，生産量が減少し，輸入が増加している。天然ガスの生産は北海油田の割合が多く，北海油田の生産の減少と同じ傾向を示している。

　第四に，電力はエネルギーでもあるが，その生産（発電）自体，他のエネルギー資源を消費して生じるエネルギーであるので，あとでエネルギー消費を検討する際に見ることにしよう。

国内消費におけるエネルギー資源別消費割合の推移

　上記の表4-1では，例えば石炭と石油の関係といった各エネルギー資源の相

---

[2] Department of Trade and Industry (2007), *Meeting the Energy Challenge; A White Paper on Energy*, 109頁。

互関係が明らかにはならない。そこで，その関係を見るため，国内消費における各エネルギー資源別の消費量について，表4-2および参考図として掲げることにしよう。ただし，表を見やすいように簡略化して，ここでは各エネルギー資源のうち，石炭，石油，天然ガス，電力に限定し，しかも国内消費に占めるそれぞれのシェアーの年次別推移のみを掲げることにする。表4-2 主要エネルギー資源別国内消費占有率（1970～2008年）がそれである。参考図として，折れ線グラフを添付した。その特徴点を要約しよう。

第一に，石炭消費の割合であるが，1970年代以降，逓減傾向にあり，1970年の47.1％から2008年には16.9％へと低下している。この場合，とくに2000年代の輸入石炭の急増をカウントに入れても，国内消費に占める割合の低下は顕著である。

第二に，では石炭消費割合の低下は何によって代替されているかである。この点，注目すべきはストレートに石油だとは言えないことにある。ただし，1984年という炭鉱争議の真っ最中は別で，その時は文字どおり，石炭の代替物として，とくに電力において石油消費が急増した。それ以外では，石油とともに，実は次に述べる天然ガスの役割が大きい。

この石油の消費割合は，1970年の44.0％から，2008年の33.2％へとむしろ低下している。この場合，表4-1と合わせて見ると，1970年代は輸入石油が圧倒的で，国内生産はきわめてわずかであった。だが，1980年代に入り，北海油田の生産が本格化するにつれ，輸入が減り，反対に輸出が急増した。だが，2005年以降，国内生産は減少し，輸入石油が再び，増加し，輸出は減少気味である。全体として言えば，石油が石炭の代替エネルギーだとはストレートに言えない。この点は，1960年代の日本における石炭から石油へのドラスティックな「エネルギー転換」とは異なる特徴である。

第三に，石炭消費割合の顕著な低下と，石炭ほどではないが，やはり低下している石油に対し，消費割合が大きく伸びているのは天然ガスである。天然ガスが，石炭消費割合の落ちこみの代替的エネルギーとして，かなりの役割を果たしていることが注目される。この天然ガスには，炭鉱で発生するメタンガスも統計上，含まれている。その量は不明であるが，石炭生産に付随するものであり，もともと量が少ないので統計上，独自に把握するほどではないと推測さ

表4-2 主要エネルギー資源別国内消費占有率（1970～2008年）

	石炭	石油	天然ガス	電力		石炭	石油	天然ガス	電力
1970	47.1	44	5.4	3.5	1990	31.3	36.1	24	8.3
1971	42.3	45.2	8.8	3.7	1991	30.6	35.1	25.2	8.7
1972	36.4	47.5	12.3	3.8	1992	29.1	35.8	25.4	9.4
1973	37.7	46	12.7	3.6	1993	24.9	35.4	28.5	10.7
1974	34.8	44.8	15.9	4.5	1994	23.6	35.3	29.8	10.4
1975	36.5	42	17.3	4.2	1995	22.4	34.5	31.7	10.5
1976	36.5	40.6	18.1	4.8	1996	19.9	33.8	35.2	10.3
1977	35.7	40.4	18.7	5.2	1997	18	33.3	36.8	11
1978	34.6	41.2	19.4	4.9	1998	17.7	33	37.6	10.9
1979	35.5	39.5	20.2	4.8	1999	15.9	32.6	40.1	10.4
1980	35.8	37.3	21.9	5	2000	16.5	32.5	40.9	9.1
1981	36.7	35	22.9	5.3	2001	17.3	31.9	40.4	9.4
1982	34.7	36	23	6.3	2002	16.4	32.2	41	9.2
1983	34.9	34.2	23.9	7	2003	17.5	31.7	40.7	8.9
1984	24.8	43.1	24.5	7.6	2004	16.7	32.2	41.4	8.3
1985	31.5	35.1	25.2	8.2	2005	17	33	40	8.4
1986	33.3	33.9	25.1	7.8	2006	18.7	33.1	38.4	8
1987	34	32.9	25.6	7.5	2007	18	33.4	39.8	6.8
1988	32.8	34.7	24.1	8.5	2008	16.9	33.2	41.4	6.2
1989	31.7	35.7	23.2	9.1					

出所）表4-1に同じ。
注1）電力には，原子力，水力のほか，1986年からは輸入電力を含む。
注2）1989年から，「再生可能・未活用エネルギー（Renewables & waste）」が計上されているが，1989年は0.3%，2008年は2.4%と増えてはいるが，シェアはわずかなので，ここでは省いた。したがって，1989年以降の合計は100%にはならない。

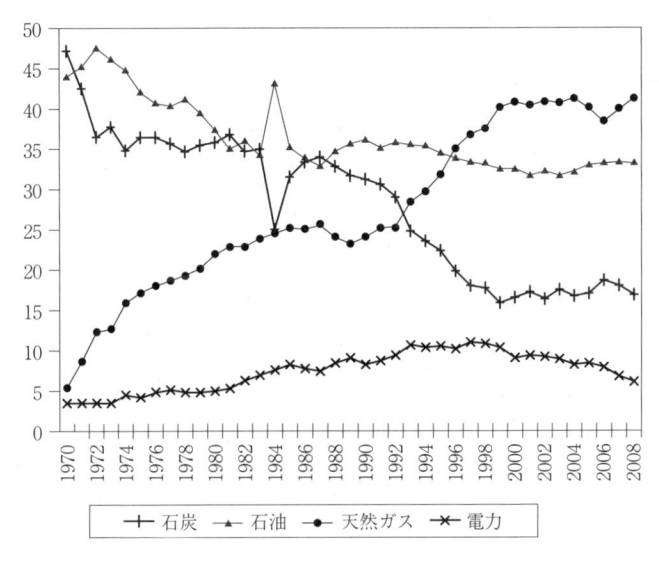

れる。最も貢献しているのは，北海油田の生産の本格化によって，石油生産とともに，天然ガスの生産も軌道にのったことである。

この天然ガスは1970年代の消費割合は多くなかったが，1980年代以降，20%台にのり，1990年代には30%台，2000年代には40%前後で推移している。ただ，2000年代前半まで順調に伸びていた国内生産が，2000年代後半には低下し，輸入が増加する中でのシェアであるから，天然ガスが，今後とも石炭消費割合の落ちこみの代替的エネルギーとして，重要な役割を果たせるかどうかはやや疑問である。

第四に，電力であるが，その消費割合は，1970年の3.5%から2008年の6.2%へとシェアは増加しているが，石炭，石油，天然ガスと拮抗するほどではない。問題は，電力の中身であるが，原子力，水力，輸入電力に分かれる。当然のことながら，火力は石炭や石油を消費するものであり，火力を消費に計上すれば二重計上になるので，ここには出てこない。したがって，原子力，水力，輸入電力に分かれるが，その中では原子力の割合が多く，例えば最も多かった1997〜98年には全体消費量の10.2%を占めた。電力の中では1997〜98年，原子力はそれぞれ93%，94%の割合となる。水力は全体消費量の0.2%程度で推移しており，ほとんど動いていない。原子力，水力とも既存設備がほとんどであり，新規開発政策を進めているわけでないから，とくに大きな増減はない。

なお留意すべきは，消費割合としてはまだきわめて小さいが，1986年から輸入電力が統計上では計上されていることである。2008年現在，全体消費量の0.5%に過ぎないとはいえ，輸入電力自体の伸び率は高く，今後の動向には留意を要する。

最後に，この図表では省略したが，1989年から「再生可能・未活用エネルギー」（Renewables & waste）が計上されている。その割合は，全体消費量の中で漸増しているが，2008年現在，まだ2.4%に過ぎない。今後，CO_2の排出規制など環境問題が重視される中で，もっと増えていくことが予想されるが，まだ全体消費量に大きな影響を及ぼすのは先の話であろう。

カテゴリー別の最終エネルギー消費割合の推移

次に，エネルギー需給状況の推移として，カテゴリー別の最終エネルギー消

図4-2　カテゴリー別最終消費割合（1970年と2008年）

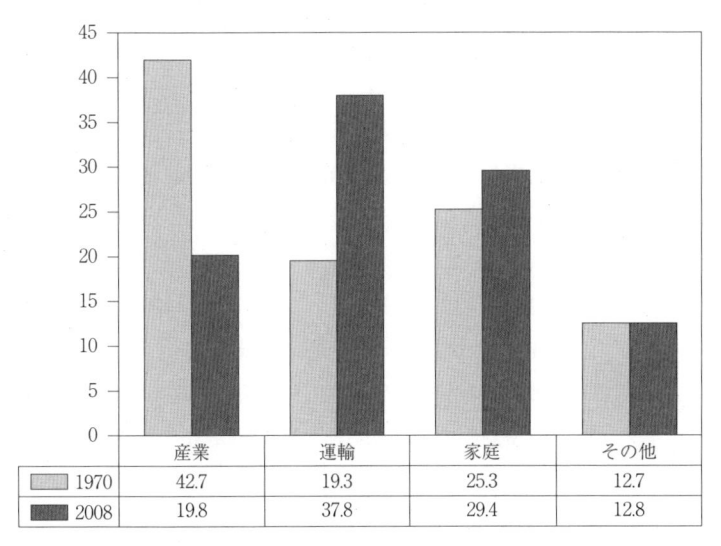

	産業	運輸	家庭	その他
1970	42.7	19.3	25.3	12.7
2008	19.8	37.8	29.4	12.8

注1）運輸は，鉄道，道路，水上，航空からなる。
注2）その他は，主に農業，行政，商業からなる。
出所）図4-1に同じ。

費割合の変化を見ておこう。便宜上，1970年と2008年の比較を図4-2　カテゴリー別最終消費割合の変化として示し，必要なコメントを行うことにしよう。

　まず，全体として，産業の比重が低下し，運輸の比重が高まっている。産業は1970年の全消費量の42.7％を占めていたが，2008年は19.8％までに低下した。運輸は1970年の19.3％から37.8％に増加した。家庭用は1970年が25.3％，2008年は29.4％とやや増加している。その他の最終消費（主に農業，行政，商業等）は12％台で横ばいである。

　ここでは，消費しているエネルギー資源別の表示は示されていないが，産業では，石炭，コークスが減少し，石油も減少している。天然ガスは1970年代後半以降，増加し，2000年代後半に減少している。電力は1970年代に比べ，唯一，増加している。以上が，エネルギー需給状況の概観である。

（2）エネルギー需給における石炭の地位の変化

では次に，そうしたエネルギー需給の全体的状況の中で，石炭生産および輸入と消費がいかに変化したかを次に見てみよう。

国内石炭生産の減少と石炭輸入の増大

まず，表4-3および参考図によって，1970年から2008年までの国内石炭生産量と石炭輸入量の推移を見てみよう。この石炭生産量は，坑内掘（deep mine）および露天掘り（opencast）およびその合計を表わしている。

石炭生産はとりわけ1989年以降，急減し，2008年には1971年の11.5％にまで減少した。もっとも，採掘条件のよい露天掘りはあまり減っていない。1971年に対し，2008年はほぼ90％の生産量を維持している。この点は，留意すべきことである。したがって，急減したのは，表から明らかなように坑内掘であり，1970年に対し，2008年はその5.9％にまで減少した。この結果，2007〜08年には，露天掘りが坑内掘の生産量を上回るという注目すべき逆転関係になった。

他方，石炭輸入は1970年代はまだわずかであった。だが，1984〜85年の炭鉱争議による国内生産の落ちこみを契機に輸入が増え始めた。とりわけ，2000年代に入っての増加が目立ち，2003年には国内生産量と輸入量が逆転し，イギリスは純石炭輸入国に転化した[3]。ついでに言えば，先に見たように，2004年には純エネルギー輸入国となった。こうして，2008年には，石炭国内生産量に対し，石炭輸入量はその2.5倍になっている。国内石炭生産量と輸入石炭量の合計に対する輸入石炭量の割合は，2008年には71.4％に達している。

石炭輸入の主な依存先は，データはやや古いが，1998年時点で，南アフリカ共和国が最も多く（全輸入量の29％），以下，オーストラリア（同21％），コロンビア（同17％），米国（同14％）で，これら4ヵ国だけで，全輸入量の81％を占めている[4]。なお，輸入炭の消費では，一般炭（steam coal）はもともと輸入

---

[3] もっとも，石炭輸入量と輸出量との比較で言えば，1984年に純輸入国になり，以後，輸出は減少し，輸入が増加していった。
[4] 新エネルギー・産業技術開発機構（NEDO）『平成11年度海外炭開発高度化等調査（海外炭開発促進調査） 国際石炭事情調査』（平成12年），1-4頁。

表4-3 石炭：国内生産量と輸入量の推移（1970〜2008年）

	国内生産量	（坑内掘）	（露天掘）	輸入量		国内生産量	（坑内掘）	（露天掘）	輸入量
1970	147,195	136,686	7,885	79	1990	92,762	72,899	18,134	14,783
1971	153,683	136,478	10,666	4,241	1991	94,202	73,357	18,636	19,611
1972	126,834	109,086	10,438	4,998	1992	84,493	65,800	18,187	20,339
1973	131,984	120,320	10,123	1,675	1993	68,199	50,457	17,006	18,400
1974	110,452	99,993	9,231	3,547	1994	49,785	31,854	16,804	15,088
1975	128,683	117,412	10,414	5,083	1995	53,037	35,150	16,369	15,896
1976	123,801	110,265	11,944	2,837	1996	50,197	32,223	16,315	17,799
1977	122,150	107,123	13,551	2,439	1997	48,495	30,281	16,700	19,757
1978	123,577	107,528	14,167	2,352	1998	41,177	25,731	14,315	21,244
1979	122,369	107,775	12,862	4,375	1999	37,077	20,888	15,275	20,293
1980	130,097	112,430	15,779	7,334	2000	31,198	17,188	13,412	23,446
1981	127,469	110,473	14,828	4,290	2001	31,930	17,347	14,166	35,542
1982	124,711	106,161	15,266	4,063	2002	29,979	16,391	13,148	28,686
1983	119,254	101,742	14,706	4,456	2003	28,279	15,633	12,146	31,891
1984	51,182	35,243	14,306	8,894	2004	25,096	12,542	11,993	36,153
1985	94,111	75,289	15,569	12,732	2005	20,497	9,563	10,445	43,968
1986	108,099	90,366	14,275	10,554	2006	18,079	9,444	8,635	50,529
1987	104,533	85,957	15,786	9,781	2007	16,540	7,674	8,866	43,365
1988	104,066	83,762	17,899	11,685	2008	17,604	8,096	9,509	43,875
1989	99,820	79,628	18,657	12,137					

出所）表4-1に同じ。

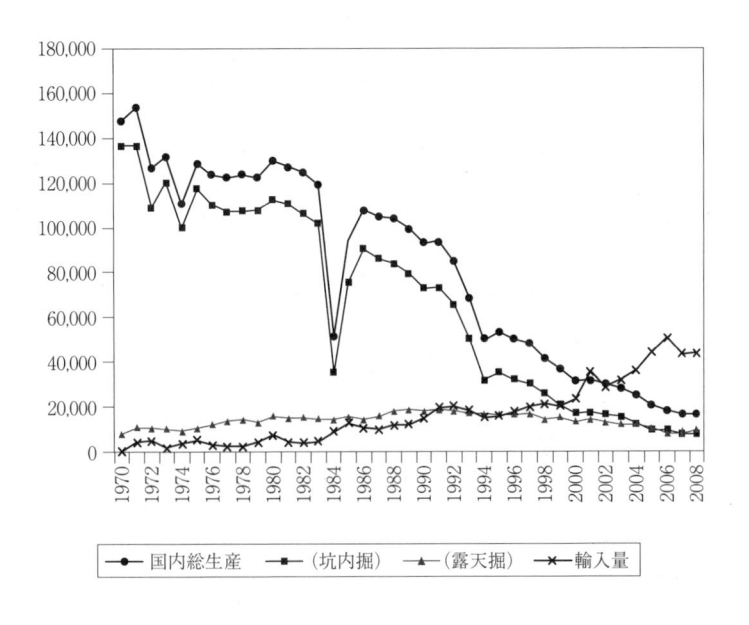

エピローグ　267

依存度がそれほど高くなかったが，原料炭（coking coal）の輸入依存度は1990年代には90％を超えるようになり，2001年には97％を記録している[5]。

部門別石炭消費の推移

次に，図4-3によって，消費部門別の石炭消費割合の推移を見てみよう。部門別では，大きく分けて，炭鉱自体の第一次消費，以下，第二次消費として電力，鉄鋼，その他の第二次消費および最終消費に分かれる。第一次消費量はきわめて少ないので，ここでは省略した。

図4-3で明らかなように，消費の圧倒的部門は電力（火力）である。ただ，趨勢としては減少しており，1970年に対し，2008年はその62.5％程度である。鉄鋼（主にコークス）の消費量の減少はもっと顕著であり，1970年に対し，2008年はその27.8％に過ぎない。その他の第二次消費および最終消費割合は，鉄鋼よりももっと減少幅が大きい。以上が，部門別石炭消費の推移である。

（3）まとめ：エネルギー戦略・石炭政策と実態的推移との関係

以上，イギリスにおけるエネルギー需給状況の推移とその中での石炭の地位の変化について，長期的なエネルギー基礎統計に基づいて見てきた。そこで，

なお，手元には2008年のデータがある。ただし，原料炭と一般炭に分かれている。原料炭はオーストラリア（51％），米国（23％），カナダ（21％）の順になり，一般炭はロシア（57％），コロンビア（14％），南アフリカ（11％），米国（8％）の順になっており，1998年当時とは変動がある。データは，IEA, *Coal Information* (*2009 Edition*) による。
[5] 新エネルギー・産業技術開発機構（NEDO）『平成15年度海外炭開発高度化等調査（海外炭開発促進調査）　主要石炭輸入国におけるエネルギー戦略』（平成16年），23頁。

実は，第8章1で述べた国際エネルギー資本の動向とイギリスの石炭輸入との関係で，どんなメジャー資本が，石炭輸入に関与しているか，あるいは関与していないかを調べようとしたが，この点は結局，よく分からないでいる。日本の石炭輸入では，大手商社と鉄鋼関連企業，総合重機，電力各社などが買いつけの中心となっている。この点，（財）石炭エネルギーセンターの会員一覧で分かる（http://www.jcoal.or.jp/overview/member.html，2010年3月現在）。

イギリスでそれにあたる組織は，The Association for UK Coal Importersであるが，その会員一覧を見ると現在，22企業ないし企業グループがある。それを見ると，電力関連や鉄道関連企業が市場で直接に買いつけているのは分かるが，メジャー資本として名を知られている企業ないし企業グループは見当たらない。それぞれ個別の企業ないし企業グループごとに系列関係を調べるしかないが，当面，ウェブサイト上からメジャー資本に連なるかどうかは確定できそうにない（http://www.coalimp.org.uk/5.html，2010年3月現在）。

図4-3 部門別石炭消費割合の推移（1970～2008年）

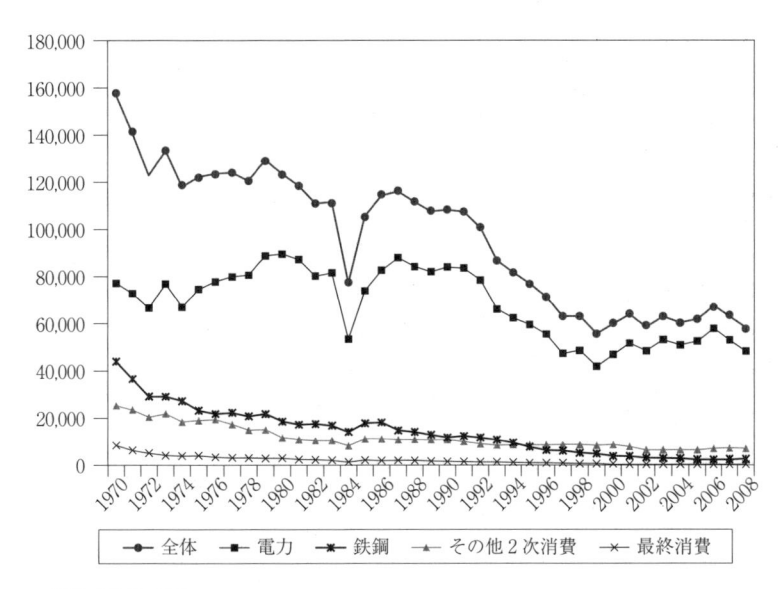

凡例：全体　電力　鉄鋼　その他2次消費　最終消費

出所）図4-1に同じ。

次の課題に移ろう。その課題とは，1984～85年の炭鉱争議の背景にあったエネルギー戦略・石炭政策（第2章2，38頁）に対し，その後の事態の展開＝これまで追跡してきたデータとの照合を行い，その関係を検証することである。

エネルギー戦略との関係

まず，当時における中長期的なエネルギー戦略であるが，第2章では以下のように要約した。
①エネルギー供給の安定性と有効性を確保すること。
②石油，ガスを最適な割合で利用すること。
③コスト，生産性で競争力のある石炭生産を開発すること。
④原子力利用計画を拡大すること。
⑤新たに使い得るエネルギー資源の研究を奨励すること。
⑥エネルギーの管理保存を助長すること。

エピローグ　269

このうち，①はいわば前提となる考え方であり，それを前提として，②〜⑤がエネルギー戦略の具体的な内容であった。では，そうした「戦略」に対し，実態的にはどう推移したかである。

第一に，石油，ガスの最適な利用は，きわめて順調に推移したと言える。これには再三，言及する北海油田の生産本格化が大きく貢献した。もっとも，前途は必ずしも順調とは言えず，国内生産の停滞を輸入の増加で補うようになってきている。

第二に，石炭について，コスト，生産性で競争力のある石炭生産は確かに進んだ。とはいえ，これはこれまでの統計データでは証明されないので，次の検討課題となる。ただ，ここで言えるのは，コスト，生産性で競争力のある石炭生産の追求は，コスト的に低い石炭輸入を排除していたわけでなかった。その意味での国内石炭生産の減少と石炭輸入の増加が著しく進んだことは，これまでのデータで確認できる。

第三に，原子力利用の拡大であるが，これはあまり進まなかった。これには理由があった。エネルギー戦略を組み立てつつ，実行に移すにあたって，1979年3月に起きた米国スリーマイル島の原子力発電所事故が大きな衝撃となったことである。一方で，原子力利用を拡大しようとする計画を立案しつつあったのは確かであるが，上記の事故の検証が進む中で，次第に名目的な戦略となり，開発政策としてはあまり進まなかった[6]。もちろん，それだけではなく，原子力発電所建設にあたって必要となる膨大な建設コストおよび原子力発電所の立地上の問題も大きかった。

第四に，新たな資源の開拓，資源の再利用は，例えば，風力・太陽光・地熱・水力発電など再生可能エネルギーおよびその他未活用エネルギーの開拓，再利用が進んだ。だが，エネルギー量としてはまだわずかであった。

以上のことから，②〜⑤に限って結論的に言えば，原子力利用を除いては，

6）この点は，以下の文書でスリーマイル島の原子力発電事故の影響を検証していた。それ自体は政策文書ではなかった。*The Government's Statement on the Nuclear Power Programme. First Report from the House of Commons Select Committee on Energy, Session 1980-1981. 4 Volumes. Nuclear Power. The Government's Response to the Select Committee on the Nuclear Power Programme, Session 1980-1981.* Cmd 8317.

エネルギー戦略は実態としてはかなりに実現したということができる。ただし，①にいう供給の安定的確保という前提がそれで充足されたかどうかは留保が必要である。石炭の輸入のみならず，石油・ガスも輸入は増えており，純エネルギー輸入国に転化したことから言えば，肝心の大前提は充足されていないのでないかというのが，ここでの疑問である。そして，その大前提が充足されないとすれば，②③⑤の各論における政策の効果といっても，それはかなり割り引かれて評価されなければならない。

　もっとも，別に需要量が予想以上に伸びて，安定供給が確保されなかったということも仮定の話としてはあり得る。ところが，図4-1を再び参照すると，この間，需要量はほとんど横ばいであった。それでも安定供給が確保されなかったのであるから，事態は一層，深刻であった。

　結局，エネルギー戦略全体としては，成功裡に実現したとは言えず，むしろ前途が憂慮される結果を招いているといって過言ではない。これが，ここでの結論である。

　では，次に石炭政策との関係を検証してみよう。

石炭政策との関係

　石炭政策については，第2章2（とくに42頁）で述べた。石炭産業政策の要点は，次の二つにあった。

①国内生産については，"民営化"を視野に入れ，スクラップ・アンド・ビルド政策をつうじ，産業を再編すること。

②コストの低い外国炭の輸入を増やすこと。

　このうち，②については，すでにデータのうえでも検証した。とりわけ，2000年代後半以降の輸入炭の急増は顕著であり，国内生産量を上回り，今後も増え続ける傾向にある。

　では，①はどうであろうか。この点は，"民営化"を含め，まだ検証していない。ただ，国内生産量の減少は確認できた。その際，採掘条件の良い露天掘りの生産減少はわずかであり，大幅に減少したのは坑内掘であること，そのうえ，2007〜08年には生産量では露天掘りが坑内掘を上回ったことを含めて検証した。すなわち，スクラップ・アンド・ビルド政策をつうじて，国内における

石炭産業政策が，予定どおり，進んでいるであろうことを予想させるデータを得ることはできた。

ただ，"民営化"をつうじたスクラップ・アンド・ビルド政策が具体的にどのように進んだか，それ自体はまだ検証できていない。したがって，次に石炭産業の"民営化"に焦点を当て，"民営化"と石炭産業および炭鉱労働者のその後と現在を追跡してみよう。

2　国有・公企業の民営化と石炭産業の民営化

(1) 国有・公企業の民営化

石炭産業の民営化は，以下に述べる二つの政策的な流れの基礎上で考察すると，その全体像がより分かりやすくなる。第一に，サッチャリズム，その中でもマネタリズムの基軸的な政策である民営化の流れの中で理解することである。第二に，石炭産業の再編，すなわち石炭産業のスクラップ・アンド・ビルド政策のうえに立って，その帰結として石炭産業の民営化を理解することである。第一の政策の流れから先に論じよう[7]。

石炭産業の民営化は1994年であり，サッチャー保守党政権によるものではなく，ジョン・メジャー（John Roy Major）保守党政権の下で実施された。ただ，メジャー政権は，サッチャー政権の経済政策を継承し，その一環として民営化政策も引き継がれた。その石炭産業の民営化以前に，サッチャー政権のもとで，すでに多くの公企業の民営化が進められた。表4-4は，その民営化の状況（1979～87年）を表わしたものである。このように，ブリティッシュ・ペトロリューム（BP）を先頭として，1979～87年の間に多くの公企業が民営化された。

この公企業の民営化において，目標とされたのは，公企業が独占的企業であるが故に競争性が欠如し，その結果，非効率的な経営が日常化しているという

---

[7] 以下の叙述にあたっては，サッチャリズムを戦後イギリス資本主義の展開過程の中で，包括的に解明している増田寿男（1989）「イギリス資本主義の危機とサッチャリズム」（川上忠雄・増田寿男編『新保守主義の経済社会政策』法政大学出版局）を参照している。

表4-4 民営化(1979〜1987)

	売却年	売却額(100万ポンド)
British Petroleum	1979	827
National Enterprise Board Holdings	1979	294
British Aerospace	1981	389
North Sea Licences	1981	349
British Sugar Corporation	1981	44
Cables & Wireless	1981	1,024
Amersham International	1982	64
National Freight Consortium	1982	5
Britoil	1982	1,053
Associated British Ports	1983	97
International Aeradio	1983	60
British Rail Hotels	1983	45
Jaguar	1984	297
Sealink	1984	66
Wytch Farm	1984	82
British Telecom	1984	3,682
BT loan stock	1984	158
Enterprise Oil	1984	382
British Shipbuilders Warship Yards	1985	54
British Gas (one-third paid)	1986	5,090
British Airways Helicopters	1986	13
British Gas debt	1986	750
BT preference shares	1986	250
Unipart	1987	52
Leyland Bus	1987	4
Leyland Trucks	1987	0
British Airways (half paid)	1987	825
Royal Ordnance	1987	190
Rolls-Royce (half paid)	1987	1,360
Miscellaneous	1979-87	510
総計		18,016

出所) Geoffrey Maynard, *The Economy under Mrs. Thatcher*, p.85. ただし，増田寿男(1989)「イギリス資本主義の危機とサッチャリズム」(所収，川上忠雄・増田寿男編『新保守主義の経済社会政策』法政大学出版局)，247頁による。

認識を前提に，(1) 市場における競争の促進，(2) 民営化による経営の効率化にあった。

だが，増田寿男氏が指摘するように，サッチャー政府の民営化は，その目標を達成するというよりは，マネタリズムの重要な施策として，国家財政の赤字削減を優先的目標としたため，株式売却がその中心となった。事実，表4-4における株式売却は，総額180億ポンドに達した。しかも，これらの民営化され

た企業業績は，公企業であった時から業績のよい優良企業ばかりであり，民営化によって業績が回復したわけではなかった。

別に言いかえれば，サッチャー政府の民営化は，(a) 自由化 (liberalisation) ＝法的独占の緩和→新規参入による競争性・効率性の増進と，(b) 非国有化 (denationalisation) ＝株式，資産の売却→政府から民間への所有権の移転という，民営化における二つの手法のうち，その中心が後者に置かれたことを意味していた[8]。

この点，石炭産業，電力産業の場合も例外ではなく，民営化は，非国有化＝資産の売却，国有から民間への所有権の移転というコースをたどった。だが，石炭産業で大きく異なるのは，資産売却による民営化にあたり，その前提条件として，"非経済的" (uneconomic) 炭鉱（坑）を閉鎖し，民間への売却可能な産業へと再編することにあった。そのためには，ピット閉鎖がどうしても不可欠であり，それをつうじた石炭産業の再編によって，民間への資産売却を可能にするため，一定の時間が必要であった。

こうした石炭産業の民営化の時期について，大変，興味深いのは，炭鉱争議終結後の1986年9月27日，日本人研究者・山崎勇治氏のインタビューに応じたイワン・マクレガーNCB総裁が，次のように語っていることである。すなわち，「石炭産業の合理化の次は民営化問題だと思いますが……」という質問に対し，次のように答えている。

　　「石炭産業の再建が進み，経済的にも利潤をあげるようになって，その上継続に必要な資本を自分でまかなうようになったならば，その段階で民営化を考えるべきだと思う。民営化すべきである。けれども，現実にはまだ運転資金すら準備できていないので民営化への道は遠い[9]」。

こうして，事実，他の国有・公企業に遅れて，石炭産業の民営化は1994年に至って実現した。まさに，"民営化の最終ランナー"（"the ultimate privatisation"）であった。

---

8) 野村宗訓「イギリス民営化政策の実態」(1987)（所収，テォ・ティーマイヤー，ガイ・クォーデン共著，尾上久雄ほか訳『民営化の世界的潮流』御茶の水書房），75頁参照。
9) 山崎勇治 (2008)『石炭で栄え石炭で滅んだ大英帝国』（ミネルヴァ書房），228頁。

表4-5　ピット数および労働者数の推移（1985～1992年度）

	ピット数合計	残存ピット数	閉鎖ピット数	労働者数(千人)
1985	131	109	22	140
1986	110	91	19	109.2
1987	94	86	8	90.6
1988	86	67	19	81.6
1989	67	67	0	67.2
1990	68	50	18	58.9
1991	50	40	10	45.4
1992	40	16	24	33.4

出所）ピット数はGlyn, Andrew and Stephen Machin（1997）, *Colliery Closures and the Decline of the UK Coal Industry,* in *British Journal of Industrial Relations* Vol.35, No.2, p.211. 労働者数は, Coal Authority, *Summary of UK coal production and manpower from 1947*より抜粋した。
注1）数字は, 各年度3月31日現在のものである。
注2）労働者数は, 国有部門だけでなく, 国有化当初から僅かにあった認可民有部門を含む。

（2）石炭産業の民営化(1)＝相次ぐピット閉鎖と炭鉱労働者の削減

　では，1994年の民営化の前提条件であるピット閉鎖，それにともなう炭鉱労働者の削減は，どのように進んだのであろうか。以下，一定のデータにより，それを概観することにしよう。なお，第9章も参照されたい。表4-5は，1985～1992年度のピット数合計，残存ピット数，閉鎖ピット数および労働者数の推移を表わしたものである。

　閉鎖ピット数が累積するにつれ，当然のことながら，残存ピット数が減少し，民営化直前には残存ピット数は16に減少していた。労働者数は，1985年度の約14万人から，1992年度には約3万3千人と4分の1にまで減少した。戦後のピークは，国有化された1947年の75万5千人（認可民有部門を含む）であったから，まさに隔世の感がある減少ぶりであった。

　表4-5に掲げた出所であるAndrew Glyn and Stephen Machin論文は，さらに閉鎖ピットと残存ピットの生産量，雇用者数，一人あたり生産高，利潤を比較している。それによれば，生産量，生産性は，残存ピットのほうが高い。雇用者数も1992年度を例外として，残存ピットのほうが多かった。ただ，利潤は，1990年度までは残存ピットおよび閉鎖ピットとも赤字（マイナス）であった。

だが，1991年度から残存ピットでは黒字になり，1992年度は閉鎖ピットでも黒字のところがあったという。民営化前の1990年代のはじめ，とりわけピット閉鎖が相次いだが，もはや"非経済的"ピットとは言えないところまで閉鎖されたことがうかがわれる。

それに関連して，時代を振り返って見ると，1970年代のピット閉鎖は，生産量および生産性とも衰退し，低下していたピットの閉鎖であったが，1984～85年の炭鉱争議以後のピット閉鎖は，生産量および生産性が改善されているピットでも閉鎖が発生していると分析しているのは，きわめて興味深い。

（3）石炭産業の民営化 (2) ＝ The Coal Industry Act 1994と民営化

そうした1992～93年の大規模なピット閉鎖，人員削減が，民営化の最終的準備として大きな意味を持った。1994年，石炭産業法（Coal Industry Act 1994）が制定され，それによって，イギリス石炭公社（BCC）は解散となり，Coal Authorityが新たに設立された（なお，以下，第9章，第10章も参照されたい）。

Coal Authorityの権限は，資産を保有して経営を行うことではなく，保有する資産を漸次，適切な石炭業者に売却してライセンスを付与するか，あるいはリース契約のかたちで経営を認可することであった。

こうして，Coal Authorityの管轄のもと，民営化のコアの部分は，1994年12月末までに完了し，1995年1月から，イギリス石炭産業は，第二次大戦後の国有化時代から，再び非国有化＝民営化された産業に戻った。

資産売却は，2回に分けて行われた。第一回は，1992年に生産中止か，あるいはピット閉鎖した炭鉱について行われ，第二回目は，"地域パッケージ"（Regional Packages）および個別炭鉱ごとの二種類の資産売却が行われた。その資産売却の内訳は，表4-6のようになる。

第一回は，RJB Mining社が3炭鉱，Coal Investments社が5炭鉱，MBOとしてBetws Anthracite社がサウス・ウエールズのBetws鉱，Hatfield Coal社がヨークシャーのHatfield鉱，EBOとしてWaverley Mining社がスコットランドのMonktonhall鉱を買収した。第二回目は，地域パッケージとして，RJB Mining社が，セントラル・ノース，セントラル・サウス，ノース・イーストの3地域を落札した。そのほか，個別炭鉱では，RJB Mining社が2鉱，Coal Investments

表4-6 民間セクターへの譲渡状況（1992～94年）

\multicolumn{3}{c}{民営化以前のリース・ライセンス}		

炭鉱名	エリア	購入者
Rossington	Central North	RJB Mining
Clipstone	Central South	RJB Mining
Calverton	Central South	RJB Mining
Hem Heath	Central South	Coal Investments
Silverdale	Central South	Coal Investments
Markham Main	Central North	Coal Investments
Coventry	Central South	Coal Investments
Trentham	Central South	Coal Investments
Betws	South Wales	BAL
Hatfield	Central North	HCC
Monktonhall	Scotland	MM

地域パッケージによる売却

炭鉱名	エリア	購入者
Kellingley	Central North	RJB Mining
Prince of Wales	Central North	RJB Mining
North Selby	Central North	RJB Mining
Ricall	Central North	RJB Mining
Stillingfleet	Central North	RJB Mining
Wistow	Central North	RJB Mining
Whitemoor	Central North	RJB Mining
Maltby	Central North	RJB Mining
Point of Ayr	Central North	RJB Mining
Asfordby	Central South	RJB Mining
Daw Mill	Central South	RJB Mining
Bilsthorpe	Central South	RJB Mining
Harworth	Central South	RJB Mining
Thoresby	Central South	RJB Mining
Welbeck	Central South	RJB Mining
Longannet	Scotland	Mining Scotland

個別での売却

炭鉱名	エリア	購入者
Annesley/Bentinck	Central South	Coal Investments
Thorne	Central North	RJB Mining
Ellington	North East	RJB Mining
Tower	South Wales	GTA

出所）Wallis, Emma（2000), *Industrial Relations in the Privatised Coal Industry: Continuity, change and contradiction*（Ashgate），26～27頁。

注）Wallis, Emma（2000）書および前掲 Parry, D., Waddington. D. and Critcher. C.（1997）論文とも、RJB Mining 社は、"地域パッケージ"で、Central North, Central South および North East の3地域を買収したと述べている。本書もそれに従って記述しているが、この表では、North East の該当鉱は単独買収に分類されている。だが、ここでは、Wallis, Emma（2000）書の表（Table2. 2）のままにした。

社が1鉱，サウス・ウエールスのTower鉱は，EBO teamによるTower Goitre Anthracite 社が買い取った。

この結果，民営化後のイギリス国内石炭生産は，RJB Mining社が，65％の炭鉱を所有する最大の石炭経営会社となった。Coal Investments 社がそれに続き，そのほか，MBOによる2鉱，EBOによる2鉱となった。

（4）石炭産業の民営化(3)＝民営化後の石炭生産と炭鉱経営

民営化後の1995～97年，国内石炭生産はひとまず順調に推移した。表4-3 石炭：国内生産量と輸入量の推移のうち，1995年以降を参照されたい（267頁）。

ところが，1996年1月，Coal Investments社が倒産し，炭鉱経営には早くも赤信号が灯り始めた[10]。もともと，同社は，1992年のピット閉鎖ないし生産中止鉱を主に手に入れたが，UDMの支援を受けた"地域パッケージ"では買い取りに失敗しており，優良鉱を持っていなかった。倒産後のAnnesly/Bentinck鉱とSiverdale鉱は，Midland Mining社が引き継いだが，あとは閉鎖ないしはメンテナンス鉱となった。これを契機に，炭鉱経営は早くも縮小経営に向かい始めた。

国内最大手のRJB Mining社は，所有炭鉱の閉鎖，生産量の減少などで，同じく縮小しつつ経営を続けた。安い輸入炭や代替天然ガスの増加，電力への供給におけるコスト・カットなど経営環境は悪化し，苦しい経営を余儀なくされた。1999年には，前年比わずか4分の1の収益となる見込みが発表された[11]。

さらに，第10章 表3-4（229頁）に明らかなように，2002年以降，8つの炭鉱を閉鎖した。その結果，RJB Mining（2001年よりUK Coal）社は，表3-5のとおり（229頁），2010年3月現在，坑内掘で稼働しているのは，Daw Mill鉱，Kellingley鉱，Thoresby鉱，Welbeck鉱，Harworth鉱の5鉱だけとなった[12]。そのうち，Welbeck鉱は2010年には生産中止の予定となっている。その5鉱だけで，2008年は6,200千トンであるから，坑内掘の77％を占めていた。

---

10) *The Guardian* 1996年2月7日付。
11) *The Guardian* 1996年11月16日付。
12) UK Coal社 ウェブサイトによる（http://www.ukcoal.com，2010年3月現在）。

国内生産の落ちこみとは対照的に，輸入石炭は民営化後，数年ののちに急増していった。とりわけ2000年代に入り，顕著であった。2001年には国内生産に対し，輸入石炭が初めて上回った。2000年代後半，輸入石炭が国内生産をますます凌駕する傾向が続いている。

　もともと，石炭産業の民営化は，他の国有・公企業の民営化と同様に，マネタリズムの重要な政策の一環である"小さな政府"を目指すことから始まっており，民営化＝資産売却によって，政府の財政的負担を減らすことを意図していた。その民営化にあたって，ピット閉鎖を推し進め，資産売却可能なように準備して民営化したわけであって，民営化によって，経営効率を改善して生産性を向上させること，その阻害要因であったNUMの力を弱めることは意図したが，国内石炭生産量の一層の増大を意図していたわけではなかった。それ故，民営化後の炭鉱経営がかんばしいものではなく，国内石炭生産が減少し，輸入石炭に凌駕されるのは時間の問題であった。これまで論じたように，そこまでは政策当事者としてはカウント済みであった。

　だが，問題はその先にある。それは，イギリスのエネルギー供給全体が国内ではまかないきれず，イギリスは2000年代後半，エネルギー輸入国に転化したこと，北海油田の枯渇化がすでに見え始めている中で，今後，エネルギーの海外依存が一層，進み，ますますエネルギー輸入大国となっていくであろうことである。いわゆる「エネルギー安全保障」が大きな問題となっている。

　その場合，イギリスのエネルギー政策全体をどう再構築するか，その中で，石炭政策をどう位置づけるかが問題となる。それが，次の考察課題である。

3　エネルギー供給の長期展望と石炭の可能性

（1）エネルギー資源の展望と石炭の長期安定供給の可能性

　ここでは最初に，エネルギー問題では，一種の固定観念のようになっている感のある石炭から石油への「エネルギー革命」論→石炭産業衰退化宿命論といった考え方を根本的に見直すことから話を始めよう。その固定観念が通説化＝常識化しているきらいがある。とりわけ，石炭から石油へのドラスティック

な「エネルギー転換」を遂げた日本において、この通説＝常識を覆すのは容易ではない。だが、通説＝常識を疑うことから、科学の第一歩が始まる。

　まず、一歩、日本を離れて、国際的なエネルギー資源の長期展望から見ると、その通説＝常識は根本的に見直しが必要である。図4-4は、石油、石炭、天然ガス、ウランの確認可採埋蔵量を示したものである[13]。

　石油は現在、確認されている可採埋蔵量から言えば、あと40年程度と言われている。もちろん、今後、確認可採埋蔵量がさらに増えれば延命は可能である。また、石油の消費自体が減少すれば、やはり延命される。原子力発電（天然ウラン）は、安全性の点で根強い懸念による反対論があり、それに依存するには建設コスト面、立地上の問題などを含め、やはり大きな障害がある。

　太陽光・水力・地熱・風力・バイオマスなど再生可能エネルギーが、化石燃料（石油、天然ガス、石炭）や天然ウランを使った枯渇性資源エネルギーに取って代わるには、供給見込み量やコスト面などで、まだ時期尚早であるし、未活用エネルギーも同様である。

　エネルギー資源として現在、今後100年単位の長期展望で確実に利用できるのは、ウランを別にすれば、実は石炭しかないのである。この事実を虚心なく確認するのが、まず重要である。この可採年数との関係を含んだ石炭の開発・利用の意義については、日本の経済産業省『エネルギー白書』（2009年版）でも、次のように高く評価している。

　「石炭は、他の化石燃料に比べ可採年数が約130年と長く、世界各国に幅広く分布する等、他の化石燃料に比べ供給安定性が高く、経済性に優れてい ま

---

[13] そのうち、元のBP統計は、BP, *Statistical Review of World Energy 2008*であるが、それから図式化するのはあまりに煩雑なので、ここでは手頃なデータ集によることとした。なお、BP社の元の統計はhttp://www.bp.com、電気事業連合会のデータ集は、http://www.fepc.or.jpより、それぞれダウンロードできる。
　確認可採埋蔵量は固定したものではなく、たえず変化している。また、とくに石油がそうであるが、エネルギー資源には地域的偏在がある。それぞれの国が、どのようなエネルギー・ミックス政策を採用するかは、確認可採埋蔵量から一義的に出てくるものではないことを承知のうえで、以下、本論を進める。
　なお、誤解が生じないように、念のため、もう一言、付け加えれば、私はあくまでイギリスのエネルギー、石炭産業について言及しているのであって、日本のエネルギー、いまは国内産業としては消滅した石炭産業を論じているわけではないことを断わっておきたい。

図4-4 石油，石炭，天然ガス，ウランの確認可採埋蔵量

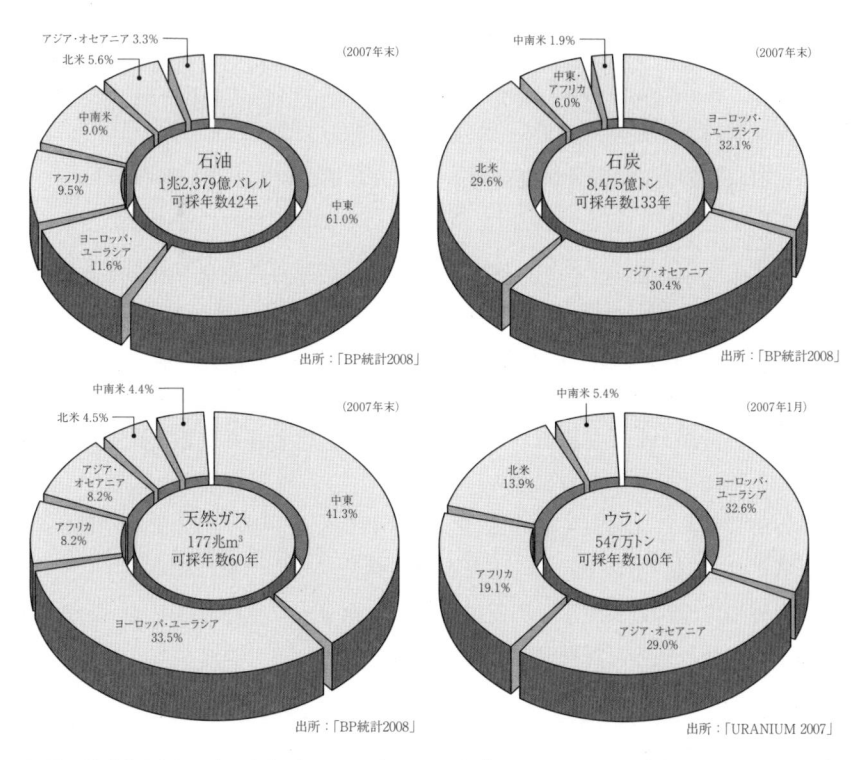

（石油：1兆2,379億バレル，可採年数42年，2007年末）
- 中東 61.0%
- ヨーロッパ・ユーラシア 11.6%
- アフリカ 9.5%
- 中南米 9.0%
- 北米 5.6%
- アジア・オセアニア 3.3%

出所：「BP統計2008」

（石炭：8,475億トン，可採年数133年，2007年末）
- ヨーロッパ・ユーラシア 32.1%
- アジア・オセアニア 30.4%
- 北米 29.6%
- 中東・アフリカ 6.0%
- 中南米 1.9%

出所：「BP統計2008」

（天然ガス：177兆m³，可採年数60年，2007年末）
- 中東 41.3%
- ヨーロッパ・ユーラシア 33.5%
- アフリカ 8.2%
- アジア・オセアニア 8.2%
- 北米 4.5%
- 中南米 4.4%

出所：「BP統計2008」

（ウラン：547万トン，可採年数100年，2007年1月）
- ヨーロッパ・ユーラシア 32.6%
- アジア・オセアニア 29.0%
- アフリカ 19.1%
- 北米 13.9%
- 中南米 5.4%

出所：「URANIUM 2007」

出所）電気事業連合会編（2009）『図表で語るエネルギーの基礎 2008-2009』，10頁（http://www.fepc.or.jp）。

す[14)]」。

　したがって，石炭がエネルギー資源として枯渇しているから「衰退」しているのではなく，当面する代替エネルギー資源，とくに石油との競争関係で不利だと喧伝され，それ故に，衰退産業だとして通説化されていたのが実際であり，とくに日本においてはそうであった。あるいは，そう信じこまされてきた。

---

14) 経済産業省『エネルギー白書』（2009年版），197頁。

だが、2008年には米国の発電の5割は未だに石炭火力であり、中国では2007年、8割が石炭火力である。イギリスでは減少したとはいえ、2008年には電力の3割は石炭火力であり、日本は2007年度、25％が石炭火力である[15]。

 石炭が、供給安定性および価格において優れていることについて、もう一度、経済産業省『エネルギー白書』(2009年版)で確認しておこう。

 「石炭は確認可採埋蔵量が豊富で、比較的政情が安定している国々に広く存在しているため供給安定性に優れ、石油・LNGより相対的に安価なことから、第一次オイル・ショック以降、安定供給の観点から石炭火力発電の導入が図られてきており、2007年度の石炭火力の発電電力量(10電力計、(受電を含む))は、2,605億kWh、1973年との比較では約15倍の水準となりました[16]」。

 このように、日本でも、石炭は、安価で長期安定供給が見こめる信頼の厚いエネルギー資源として見直されている。ただし、ほとんどが輸入炭であり、国内炭の比率は限りなくゼロに近い[17]。

 世界的に見ると、石炭生産大国は、2007年では、中国、アメリカ、旧ソ連、オーストラリア、インド、インドネシア、南アフリカの順になる[18]。イギリスは、世界の中では石炭生産大国ではないが、西ヨーロッパではドイツと並んで多い国であり、国内可採埋蔵量も多い。

(2) イギリスにおけるエネルギー政策と石炭の位置づけ

 イギリスにおけるエネルギー政策は、すでに見たように、いま深刻な問題をかかえているといって過言ではない。

 第一に、エネルギー輸入大国に転落している現状は、何よりも「エネルギー安全保障」の観点からしても由々しき事態にある。

---

15) アメリカは、IEA, *Energy Balances of OECD Countries* (*2009 Edition*)、中国は、IEA, *Energy Balances of Non-OECD Countries* (*2009 Editon*) による。イギリスは、Department of Energy and Climate Change, *Digest of United Kingdom Energy Statistics 2009*, 122頁。日本は、経済産業省『エネルギー白書』(2009年版)、127頁。
16) 経済産業省『エネルギー白書』(2009年版)、127頁。
17) ちなみに、経済産業省『エネルギー白書』(2009年版)によれば、2007年度、国内炭は128万トンでほとんどが発電用に使われている。これに対し、輸入炭は2007年度、1億8,761万トンであった (114頁)。
18) IEA, *World Energy Outlook 2009*, 91頁。

第二に，世界の石油の埋蔵地帯が中東に偏在しているにもかかわらず，イギリスは北海油田を持っていたが故に，他の国の政情に左右されず，比較的安定した石油供給を確保できていた。だが，北海油田の枯渇化が避けられない状況は目前に迫っている。引き続き大陸棚の探査を続けてはいるが，石油に代わる代替エネルギーの拡大を考えざるを得ないという，ある意味ではイギリスの特殊事情からくる事態である。

　第三に，その代替エネルギーを考える場合，選択肢は一つではないが，しかし有力な一つとして原子力発電があり得る。だが，さしあたり立地の点で難点が多く，国民・住民の合意が得られそうになく，原子力発電の積極的拡大政策には踏み切れないでいる。

　第四に，風力・太陽光・地熱・水力発電など再生可能エネルギーあるいはその他の未活用エネルギーの活用も進んではいるが，エネルギー資源として決定的なウエイトを占める見とおしはまだ立っていない。

　第五に，天然ガスが，比較的順調に推移してきたが，北海油田の枯渇化にともなって，その先行きは不安定性を増してきている。

　結局のところ，それがベストかどうかはともかくとして，長期安定供給が可能な石炭に頼らざるを得ない状況が，客観的に生まれているのは確かである。

　イギリスの現在のエネルギー政策は，イギリス貿易産業省『エネルギー白書2007』によれば，ほぼ次のように要約できる[19]。サッチャー保守党政権時代と比べると，労働党政権下で，しかも地球環境規模の低炭素経済への移行など環境問題のウエイトが増し，「エネルギー安全保障」が強調され，輸入抑制と国内におけるバランスのとれた個別エネルギー開発政策を模索しているといってよい。

　　・前提的政策条件＝「エネルギー安全保障」と低炭素経済への移行を加速させること
　　　①省エネルギー

---

19) Department of Trade and Industry, *Meeting the Energy Challenge; A White Paper on Energy, May 2007* (CM7124).

②クリーン・エネルギー供給の開拓

③競争的市場価格の下での確かなエネルギー供給を確保すること

①省エネルギーは，さしあたりCO_2を削減することであるが，それだけでなく，輸入エネルギー依存の必要性を減らし，国内では燃料貧困（fuel poverty）層を減らすことにある。

②クリーン・エネルギー供給は多岐にわたる。ガスなど熱供給にあたっての効率化とCO_2削減，大規模電力発電における石炭，ガス，原子力，再生可能エネルギーなどの組み合わせの下でのそれぞれのクリーン・エネルギー化の追求などである。

③エネルギー供給の確保では，輸入エネルギーへの依存を減らし，それぞれ個別に，ガス，石油，石炭，再生可能・未活用エネルギー開発などの可能性を追求するとして，各論で展開している。

イギリスの石炭は，そうしたエネルギー政策の中で，きわめて重要な位置に据えられている。第一に，確認可採埋蔵量の点で無視できないエネルギー資源であり，その埋蔵量自体の確認のための開発を含め，エネルギー資源としての重要性を失っていない。むしろ北海油田の枯渇化が避けられない見とおしのもとで，ますます重要性が増してきている。第二に，クリーン・エネルギー供給の観点から，石炭は従来，とりわけCO_2を多く排出するものとして，もはやその意味で時代に合わない産業だと考えられがちであったが，その問題が解消する技術開発が進み，クリーン・コール（clean coal）化の目途が立ち始めている。第三に，価格面における輸入石炭と国内石炭の関係が逆転したことである。

では，そうした石炭の重要性を念頭に置き，次にイギリス石炭産業の現状と展望を検討しよう。

4　イギリス石炭産業の現状と展望

イギリス石炭産業の現状と展望について考える場合，以上に述べた三つの点から話を進めることとする。その三つの点で，イギリス石炭産業の現状よりも，その先にもっと明るい展望があることを論証するのが以下の課題である。

表4-7　イギリス石炭確認埋蔵量

(単位：100万トン)

	England	Scotland	Wales	Total
埋蔵量（操業中）	140	50	197	387
確認可採埋蔵量	2,535	75	157	2,767

出所）Coal Authority調べ。エネルギー・気候変動省2009年秋発表。ただし，引用は，NUM, *The Miner, Christmas Edition 2009*による。
注1）埋蔵量（操業中）には，現在，計画進行中を含む。
注2）埋蔵量（操業中）には，ライセンスはまだあるが，閉鎖したものは含まない。
注3）確認可採埋蔵量には，部分的に確認されたものなどを含む。

（1）石炭の確認可採埋蔵量

　イギリスの石炭産業は，民営化のもとではあれ，現役の産業であり，決して過去の産業ではない。まず，可採埋蔵量から見ていこう。表4-7は，現在分かっている確認可採埋蔵量を表わしている[20]。イギリスのエネルギー・気候変動省が，2009年秋に発表したものである。

　この表の上段は，現在操業中の炭鉱における埋蔵量であり，下段は可採可能と確認されている埋蔵量を意味している。NUMは，この数値を元にして，以前に発表された数値より少な過ぎるとして批判している[21]。その点はさておくとして，この可採埋蔵量は，仮に2008年の国内石炭生産量を前提として（表4-3参照），単純計算すると約180年近い埋蔵量となる。

　それだけではない。まだ確認できていない膨大な埋蔵地帯がある。とりわけ，それは北海油田沿岸部およびその海底にある膨大な石炭層である。もっとも，沿岸部はともかく，海底の石炭層から石炭が採掘できるのか，疑問が生じるかもしれないが，その点はあとで，クリーン・コールのところで述べる。いずれにせよ，すでに確認済みのものと未確認のものを含め，イギリスにはまだ膨大な石炭埋蔵量があることは確かである。

---

20) NUM, *The Miner, Christmas Edition 2009* (http://www.num.org) による。この資料の難点は，発表時点は分かるが，調査時点がはっきりしないことである。ただ，ほかに新しい適切なデータが見当たらないので，このデータを元に論じることにする。
21) NUM, *The Miner, Christmas Edition 2009*参照。

それら確認済みの埋蔵石炭および未確認の埋蔵石炭は，一定の市場競争条件と環境保全上の技術的条件を満たせば採掘可能なのである。その意味で，イギリス石炭産業は，石油産業にはとうていかなわない衰退産業ではなく，政策如何によっては，実は石油産業以上にまだ成長できる産業だということができる。では，その石炭の市場競争の条件はどうかが次の考察課題である。

（2）価格の逆転＝輸入石炭価格の上昇と国内石炭価格の低下

　市場競争条件では，何といっても輸入石炭と国内生産の石炭価格の差が問題となる。もともと，輸入石炭がはるかに安く，国内石炭がコスト的に高いから輸入するというのが，サッチャー政権時代の石炭政策の理由づけであった。だが，2000年代に入り，輸入石炭が急増して以来の事情は全く異なり始めている。図4-5は，輸入石炭と国内生産の石炭価格の比較である[22]。

　この図では2002年に逆転し，最近では輸入石炭のほうが高く，国内生産の石炭価格が低くなっている。その理由は，データの提供先であるTUCの説明によれば，①輸入石炭が低価格であったため，国内生産業者は市場価格や国内石炭の真の価値を反映しない固定した価格契約を発電所と結ぶことを余儀なくされたこと，②発電所の石炭購入戦略は，供給の信頼性や供給者との近接性など国内生産炭の持つ利便性の認識において間違っていたことによるとしており，その結果，国内炭が輸入炭に比べ，低くなったとしている。要するに，輸入炭の安さを理由にして，国内炭を冷遇し，価格を据え置いた結果が，そうした価格の逆転となったというわけである。

　ただ，このTUCデータには，両者の価格が逆転したという「趨勢」は分かるものの，注記（22）に記したように，いくつかのデータ処理上の難点がある。そこで，この図4-5だけではいま一つ，説得性に欠けるので，作成してもらっ

22）このTUCデータについては，いくつか難点がある。①まず，縦軸の数値（1.00～2.10）の意味が明らかではない。②2002年以降，ARA価格とUK Coal価格の差＝「£400m」としているが，「£400m」が何を表わすかの説明がない。市場取引総額における差額を意味するのかとも推測されるが，推測の域を出ない。③TUCの当該タスク・グループがオリジナルに作成したデータとは思えないが，元のデータの出所が明記されていない。そうした難点があるにしても，輸入炭と国内炭価格の趨勢は分かるので，ここに引用した。

図4-5 輸入石炭（ARA price）と国内石炭（UK Coal 社）の価格推移

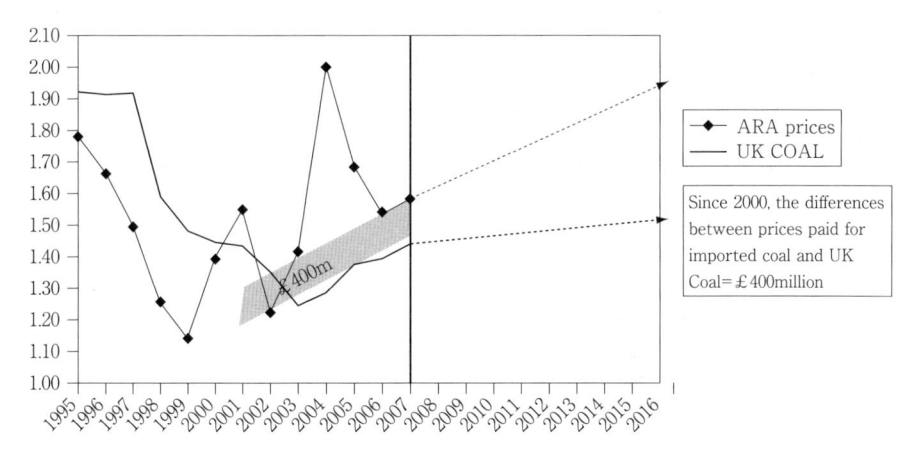

出所）TUC Clean Coal Task Group（2006），*A Framework for Clean Coal in Britain*による。
注1）ARA（Amsterdam Rotterdam Antwerp）は，欧州主要石炭集積港を意味し，ARA priceとはそこでの価格を意味する。
注2）2007年以降は予測値である。

たのが，図4-6　石炭輸入費用と国内石炭平均価格の推移である＊。この図4-6によれば，少なくとも2003年以降，輸入価格が高くなり，国内生産価格が低いという逆転現象が確認され，TUCデータを裏付けることができた。

　この価格の逆転現象が短期的なものか，中長期的なものかは見方が分かれるかもしれない。TUCは，今の前提のままでは，かなり長期的に続き，ますま

＊　図4-5　輸入石炭と国内石炭の価格推移（TUCデータ）には，注（22）に記したように，統計データ処理上の難点があった。だが，価格の「趨勢」を表わすものとしては重要なデータなので，そのまま掲げた。その後，2010年3月13日付で，TUCに，縦軸の数値の意味や「£400m」の意味，元の統計などを手紙で問い合わせたが，残念ながら返事がなかった。だが，きわめて重要な意味を持つ統計データであることに間違いはなかったので，掲載することにした。

　その際，大平佳男・法政大学大原社会問題研究所研究員（環境経済学・エネルギー経済論専攻）に，TUCデータの価格趨勢を裏打ちし，かつTUCデータの難点を克服できないかを相談した。そこで作成してもらったのが，図4-6　石炭輸入費用と国内石炭平均価格の推移（1994-2007）である。すなわち，IEA統計に基づき，輸入価格と国内価格の差を計算したところ，TUCのデータと同様の趨勢にあることを示す結果が得られたので，ここに掲げさせてもらった。

エピローグ　287

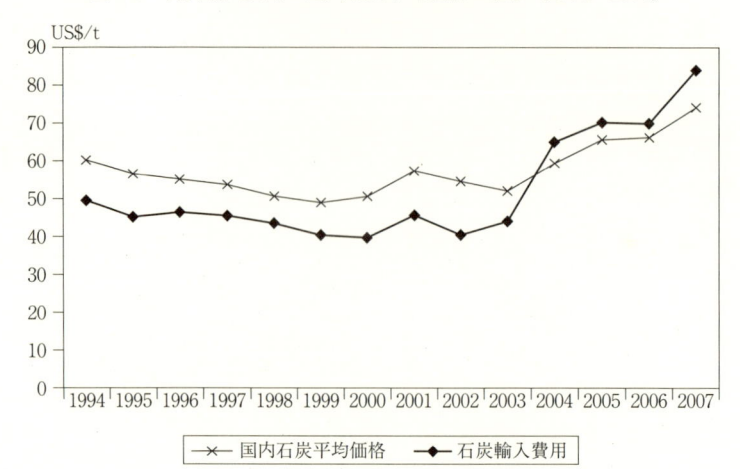

図4-6 石炭輸入費用と国内石炭平均価格の推移（1994–2007）

[グラフ：縦軸 US$/t（0–90）、横軸 1994–2007、凡例「国内石炭平均価格」「石炭輸入費用」]

出所）IEA Energy Prices & Taxes 4th Quarter 2008, pp.28, 389, 390
注1）この図は石炭輸入費用（Steam Coal Import Costs）と、国内石炭平均価格（Steam Coal Prices for IndustryとSteam Coal Prices for Electricity Generationとの平均値）をプロットしたものである。
注2）Coking Coalについては、比較可能なデータがないため割愛している。
作成者）大平佳男＊

す価格差が拡大すると予測している。しかし，少なくとも，輸入石炭が安く，国内生産の石炭が高いという通説＝「神話」はいまや崩れつつあるのは確かである。

　国内炭をたんに買いたたくだけでなく，生産性を改善し，効率的な石炭生産を続けることができて，そのほうが割安で好都合だと認識が改められ，それが石炭政策に反映すれば，その場合には国内石炭生産の展望が出てくる。現状は，その兆しが見え始めたところまで来ている。

　残る問題は，石炭においてクリーン・コール化が可能かどうかである。石炭生産には，産業革命以来の伝統があるが，その石炭産業はクリーンなイメージとは程遠いものがあった。だが，今後の展望はどうであろうか。これが次の考察課題である。

(3) クリーン・コール化の具体的展望

クリーン・コール化の具体的な展望は，次の二つである。一つは，二酸化炭素回収・貯留（Carbon dioxide Capture and Storage, 以下CCSと呼ぶ）技術とその普及である。いま一つは，石炭地下ガス化（Underground Coal Gasification, 以下UCGと呼ぶ）である。

二酸化炭素回収・貯留（CCS）

CCSは，不要なCO_2を地下や海中に貯留する技術である。それは発電所，鉄鋼所，化学プラントなどで大量に排出するCO_2をそこで集め，地下または海中に貯留する技術であり，現在，世界的に注目されている技術である。NUMは，すでに再三，クリーン・コール化のカナメの政策としてCCSの推進を強く主張している。同時に，それによる新たな雇用創出にも注目している。

もちろん，それは温室効果ガス（Greenhouse Gas）削減の一つの有用なテクノロジーである。だが，大量にCO_2を排出する場所から集中的に排除できる点で優れており，これが今後，普及すれば，その効果はきわめて大きいであろう。

イギリス貿易産業省『エネルギー白書2007』によれば，温室効果ガスは2006年には1990年比で15％，CO_2は2006年には1990年比で5％削減されたと発表している。イギリスは，2050年までに1990年比60％のCO_2を削減するという高い目標を掲げている。

CCSは，今後のクリーン・コールの実現と新たな雇用の創出にとって重要であるだけなく，温室効果ガス削減のカギを握るテクノロジーでもあり，その推進が注目される。

石炭地下ガス化（UCG）

他方，UCGは，例えばCoal Authorityが，そのウェブサイトで紹介しているが，これからの実に革命的とも言える技術開発の課題である。簡単に言えば，従来のように，炭坑に入って直接に採掘するのではなく，そこにある石炭層にドリリングしたうえで，特殊な方法で石炭をガス化して抽出する生産方法である。その際，CO_2などは分離して排除し，必要な部分だけをガス化してエネルギー資源として得る生産方法である。したがって，環境保全の点でも，きわめて優

れているクリーンな技術として注目されている。イギリスのCoal Authorityは，このUCGについて，次のように紹介している。

「UCGは，伝統的な採掘方法が不可能であるか，または非経済的な石炭層において，クリーンで便利なエネルギー資源を供給できる可能性を有している[23]」。

Coal Authorityによる，この短い一文は示唆的である。すなわち，伝統的な採掘方法による石炭生産の必要性を決して否定してはいない。例えば，採掘条件のよい露天掘りで，わざわざUCGを採用するのは，ほとんど無意味であろう。一方で，伝統的な石炭生産方法の持続を前提としつつ，他方で，それでは採掘が不可能な場所あるいは非経済的な場所（例えば海底炭層）でのUCGによる生産方法に着目しているわけである。

このUCGの最大のターゲットは，北海油田沿岸部および海底炭層であり，そこにはまだ確認できていない膨大な石炭層があることは確かだと言われている。ただ，その他の場所でもUCGは応用が可能である。現に，スコットランド，イングランド，ウエールスの内陸部でも主な埋蔵場所が確認され，技術的探索が始まっている。またCoal Authorityが発表するReports/Accountsには，毎年，申請件数および認可件数が掲載されている。図4-7が示すように，2008年については他の認可件数とともに，UCGも認可されている。

このUCGは，それが普及すれば，おそらく石炭産業のイメージを一新する革命的技術開発となるであろう。少なくとも，伝統的な採掘方法とは全く異なる生産方法であることは間違いない。それは，あるいは石炭産業という産業の概念自体を変えてしまうかもしれない。しかも，それは遠い将来の話ではなく，すぐ眼の前の話として，すでに着々と技術開発が進められている。

実際，1970年代からUCGの技術開発を続けてきた旧ソ連では，現在，ウズベキスタンで少なくとも一つのプラントが稼働中であるという。また，UCGと前記のCCSとを結合すれば，一層，効率的なCO_2削減につながるとも言われてい

---

23) Coal Authority, *Underground Coal Gasification in the UK*（http://www.coal.gov.uk, 2010年3月現在）。

図4-7 ライセンス・リース契約件数の内訳（2008-2009）

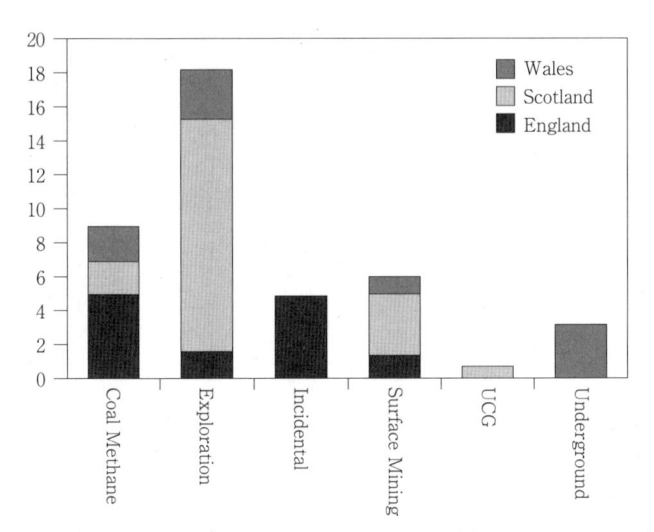

出所）Coal Authority, *Report and Accounts 08/09*, 26頁（http://www.coal.gov.uk）。

る[24]。以上が，イギリス石炭産業の現状と展望である。

さて，本書とこの「エピローグ」の最後の課題として，これまで述べてきたイギリスにおけるエネルギー事情，石炭産業の展望を前提にして，では，21世紀における石炭産業の展望と労使関係について論じて結ぶことにしよう。

むすび　21世紀におけるイギリス石炭産業の展望と労使関係

これまでの考察から，イギリス石炭産業は，枯渇しつつある国内石油とは対照的に，その長期利用可能性においては，きわめて優位にあることがデータ的

---

[24] UCG Partnership のウェブサイトによる（http://www.ucgp.com, 2010年3月現在）。国際的な組織としては，非営利組織としてのUCG Partnershipがあり，Coal Authorityはそれに加盟している。

には確認できた。いま，UCGを度外視し，既存の国内石炭の確認可採埋蔵量だけからいっても，そのことが客観的に証明できる。

　問題は，客観的なデータで実証できても，それをエネルギー政策上の課題として採用し，国内石炭の再活用につなげることができるかどうかという主体的条件にある。

　もっとも，石炭産業が，どの程度の規模で再生されるか，その場合，どの程度の人数の雇用創出が可能か，そして，そのうえで，どの程度の労働者の組織化が可能かは，ここでは論証不可能である。そうした全ては，客観的可能性を現実化する主体的諸条件＝エネルギー政策上の次元の問題であって，それは本書で論じる次元を超えている。

　しかも，いうまでもなく，主体的な政策形成といっても，その政策の選択にあたっては様々なアクター（actors）＝当事者たちが存在する。そのアクターの中では，とりわけ政権を誰が担うかを基軸とする政治的アクターの役割が最も大きい。そして，当事者たちが演ずる役割如何，あるいは政策へインプットする「力」の如何など，様々な可変的要素とその組み合わせがある。そうした中で，決まっていくのであるから，客観的可能性をもって一概には論じきれない。だが，客観的根拠を抜きにした政策選択もあり得ない。

　一人の日本人研究者である私自身は，もちろんイギリスでのエネルギー政策選択のアクターにはなり得ない。だが，一人の研究者として，選択可能な政策提言ないし政策批判はできるであろう。以下，その観点から，なお若干の考察を続けることにする。

　まず，ここで言えることは，もちろん，かつての大英帝国が，石炭をほとんど唯一に近いエネルギー資源として繁栄を謳歌した時代とは，エネルギー事情自体が全く異なっており，そうした往年の国内石炭産業の復活はもはや不可能であるということである。

　そうではなくて，エネルギー・ミックス政策の中で，石炭の占めるウエイトは，現在よりもこれから先のほうが大きいということを客観的データに依拠しつつ，言っているだけである。

　しなしながら，では，なぜ，そのことをここで強調するのか。その真意は，戦後のある時期，国内石炭生産は政策的に低い評価が与えられ，エネルギー・

ミックス政策の中で，きわめて冷遇されてきたのではなかったかということを実は言いたいからである。

では，それはいつの時期か。1979年総選挙でサッチャー保守党政権が誕生したことから始まり，とりわけ1984～85年炭鉱争議を経て，ピット閉鎖を進め，石炭産業を民営化し，国内石炭をますます縮小再生産に導いている現在に至る約四半世紀の時期のことである。

「エネルギー革命」は歴史の必然だとし，それを基軸としたエネルギー政策の転換を意図し，コスト的に高い国内石炭よりは安い輸入石炭への依存を強めようとするエネルギー転換政策は，国内石炭産業の保護政策を改め，スクラップ・アンド・ビルド政策を強化することを意味した。そして，同時に重要なことは，そうしたエネルギー転換政策が，とりわけ国内石炭産業を破局的な状況に追い込むとして真っ向から反対したNUMと全面対決し，その弱体化を図ることとセットにされた。別に言いかえれば，エネルギー政策の転換と労使関係政策の転換がまさにセットにされたのである。

その帰結はどうであったか。四半世紀後の今日，民営化を経た国内石炭産業はまさに破局的な状況の一歩，手前まで追い込まれている。NUMは，組織人員は1984年当時の20万人余から今日1,600人程度に減少し，民営化のもとで事実上，企業内労使関係に封じ込められるほど弱体化した。その意味で，サッチャー以来の保守党政権が，エネルギー政策と労使関係政策の両面で意図したことは，今日，ほぼ実現している。

だが，意図した政策が貫徹した結果，実は意図せざる政策結果がもたらされている。一国全体としての「エネルギー安全保障」の問題である。北海油田での生産が潤沢であった時期はまだしも，それが枯渇し始めると，国内エネルギー生産ではとくに頼るべきものが見つからないでいる。本来なら，頼れるはずの国内石炭生産は，ピット閉鎖と民営化によって激減した。しかも，国内石炭の買いたたきによって，輸入石炭より安くなり，皮肉なことに高い輸入石炭にますます頼らざるを得ないという事態にまで追いこまれた。

だが，その事態は実は意図せざる政策結果だとして，「免罪」するわけにはいかないかもしれない。むしろ，意図した政策自体に，こうした事態に帰結する問題がすでに内包されていたというほうが正確であろう。なぜなら，「新自

由主義」的なサッチャー政権以来の経済政策には，市場競争原理とマネタリズム政策はあっても，ナショナル・ミニマムを基本とするセーフティ・ネットを確保し，国内産業のバランスのとれた発展を推進するという政策的観点が欠如していたからである。

その帰結として，一方では「エネルギー安全保障」問題を惹き起こし，他方で，国内における格差拡大による燃料貧困層（fuel poverty）問題を深刻化させた。しかも，国内石炭産業は瀬戸際に追いこまれた。

いずれにせよ，そのエネルギー政策は，現在，大きく見直さざるを得ない状況にあるのは確かである。そして，事実，その後の労働党政権のもとで，ある程度，修正されてきた。一番，新しいエネルギー政策については先に見たとおりである。

だが，そこでは国内石炭開発を推進するとは言っているが，具体的な踏み込みはまだきわめて弱い。国内石炭産業を発展させるのに避けて通れない問題は，おそらく民営化の是非にあるであろう。石炭産業の民営化を継続していくのか，もっと具体的に言えば，UK Coal社の圧倒的シェアのもとで，ただ縮小再生産的な石炭生産を続けていくのか，それとも国内石炭生産を増大させる政策＝さしあたり石炭開発と生産増強への投資拡大政策を採用しつつ，その政策の延長線上で，その民営化自体の是非と代替的経営の在り方を検討することに進むのかどうかである。現在のところ，投資拡大政策はあるにしても，それ以上に踏み込んだ経営形態の再検討の具体的動向は定かではない[25]。

総じて言えば，新自由主義的な経済諸政策，その一環としてのエネルギー政策に対し，オールタナティブな有効なエネルギー政策，石炭政策を打ち出すところまでは進んでいないということである。

---

[25] 労働党は，サッチャー政権以来，民営化に反対し，再国有化の方針を掲げていたが，そのスタンスを変え，国有化に対する綱領を改正し，基本的には再国有化の方針を放棄している（参照。榊原秀訓「民営化と規制」所収，戒能通厚編（2003）『現代イギリス法事典』新世社，211頁）。

なお，2010年5月，イギリス下院総選挙の結果，労働党は第2党に転落し，保守党が第1党になった。だが，どちらも単独過半数に達しなかったため，第3党の自由民主党との連立が模索された結果，保守党と自由民主党の連立政権が誕生した。新政権のもとでの石炭・エネルギー政策がどのようなものになるか，今後の政策の動向が注目される。

他方，政府による低炭素経済へのアクセス，CCSの推進については積極的政策がとられている。その場合，NUMは，UK Coal社を中心とする企業内労使関係においては，その労働組合機能をあまり発揮できていない。だが，UK Coal社が，労働組合の役割として，企業レベルを超える石炭産業における準政治的圧力団体としての役割という，より上位の役割を認めているように，その産業別組織としての機能はある程度，発揮できている。

例えば，国内石炭産業の再生，CCSの推進といった石炭政策の提言＝産業政策的課題では，TUCのエネルギー政策策定において，あるいは貿易産業省（DTI）の協議機関の場において，その主張を展開し，産業別組織代表としての役割を果たしている[26]。今日，そうした政策提言，とりわけCCS推進の提言は，クリーン・コールの実現をつうじて，産業を再生させるだけでなく，それ自体，新たな雇用を創出するものとして，すでに実施に移されている。

民営化の是非を含め，国内石炭産業の再生にNUMがどう関わっていくか，組織の浮沈と労使関係の再構築は，かなりにNUMの政策提言能力とその発揮如何にかかっている。その意味で，主体的条件の可能な再構築が客観的に要請されている。

他方で，UCGの今後の展開は，石炭産業にどのようなインパクトを与えるであろうか。確実に言えることは，それは伝統的な石炭産業の概念自体をも大きく変えてしまう可能性を有していることである。それは，21世紀における全く新しい産業展開を予測可能にさせる。ただ，現状では，UCGによって，どれだけの雇用創出が可能となるか，そこで働く労働者が伝統的な炭鉱労働者とどのような類似性あるいはむしろ相異性を持ち，どのような労働者タイプだと判断することができるかが不明である。

ただ，その場合にも，労働者であることに間違いはないので，NUMがどのような組織化戦略を持つかが重要なカギとなり得る。①既存の石炭産業概念の中に包摂できるものとして組織化戦略を構築できるのか，②それとも，例えば

---

26) 例えば，"貿易産業省（DTI）Consultation on the Energy Review 2006" には，NUM, *The Role for Britain's Deep-Mined Coal Industry for Supplying our Future Energy Requirements and a Cleaner Environment*というレポートをつうじ意見を述べている（http://www.num.org）。

エネルギー産業規模での大産業別的な組織化戦略を考え，そこで大同団結できるのか，③ゼネラル・ワーカーズ・ユニオン的な組織化戦略を構築し，自らもそこに合流するのか，④あるいはその他の選択肢があり得るのか，事態はいまだ未知数の要素が多い。間違っても，当該企業などに当該労働者を囲い込まれ，組織対象外として締め出されないように心してほしいのは言うまでもない。

　それらの組織化戦略に関連して，2004年の雇用者情報協議規則の制定と2005年以降の普及状況が注目される。イギリス労使関係の伝統にはなかった一括的な従業員代表制の強行法による導入が，労使関係を補完し，労使関係の発展に寄与するのか，あるいは伝統的な労使関係とは代替的関係になるのか，その行方が注目される。

　とはいえ，ここで確実に言えることは，21世紀におけるイギリス石炭産業の展望は，当該労働組合の組織化戦略と当該労使関係の再構築を要請する歴史可能性を持って展開していくであろうということである。

　だが，その場合にも，歴史可能性としては，いくつかの分岐する歴史的な選択肢があり得る。では，かなり大胆に，そこまで踏み込んで論じてみよう。ここでは，あくまで四半世紀程度の中期的な歴史スパンに限定したもとで，さしあたり，三つの分岐する歴史的選択肢が想定される。

　第一に，石炭産業の拡大にもかかわらず，ノン・ユニオニズム化されてしまう労使関係という歴史的選択肢である。第二に，石炭産業は拡大するが，新規参入企業は少なく，UK Coal社とUDMの協調的労使関係の継続，NUMの疎外という現状継続的な労使関係の固定化である。第三に，石炭産業は拡大するとともに，労使対等・合意原則を基礎とした現状改革的労使関係への転換である。その内実がどの程度であるかは歴史的にはたえず可変的である。

　このうち，第一の歴史的選択肢は，イギリスの民主主義が滅び，世界中が「暗黒」の人間世界とならないかぎり，おそらく「蓋然性」(probability)は乏しいであろう。とすれば，結局，第二と第三の歴史的選択肢が残る。つまり，現状継続的な労使関係か，現状改革的な労使関係か，そのどちらかとなる。争われるのは，この二つの歴史的選択肢である。

　だが，重要なのは，その争いはこれから全く新しく始まるのではなく，すでに争われてきたことでもあるし，現在，争われていることでもある。そして，

事実，本書第3部では，現状の労使関係に至る歴史的経過を追跡してきた。ただし，その争いは，これまでは国内石炭生産の縮小再生産という経済的軌道のうえで，四半世紀にわたって争われてきた。

その石炭産業政策の見直し＝石炭生産の拡大という新たな前提条件のもとでは，現状継続的な労使関係固定化の可能性はなくはないが，しかし可能性としては弱いと考えるのが妥当であろう。それ故，最もあり得る歴史可能性は，現状継続的労使関係から現状改革的労使関係への漸次的変化にあると考えられる。

その一つの有力な根拠は，①NCB（BCC）の強いバックアップを受けながら，あるいはUK Coal社との協調関係を保ちつつも，UDMが四半世紀を経ても，結局，エリア的にはごく一部に限定されたままで全国的な組織へと発展できないでいること，②政府，経営側からの長年にわたる「差別・弱体化」政策と縮小経営によって，NUMは組合員数を大幅に減らしたとはいえ，依然としてエリア別全国組織を維持し続け，組織化の展開には有利な条件を保持していること，しかもTUC加盟組合であることにある。

もっとも，現状改革的な労使関係といっても，それは，歴史上，四半世紀前の労使関係の単なる復活ではなく，例えばNUMとUDMの歴史的和解といった可能性を含む歴史のダイナミズムの中で，ジグザグな過程をたどりつつ，進行していくものであり，その過程で，現状改革的労使関係の「内実」もきわめて可変的なものとして考えるべきであろう。

あくまで四半世紀程度の中期的な歴史スパンに限定したもとで[27]，イギリス石炭産業の展望と当該労使関係再構築の歴史可能性ということで，本書におけるこれまでの私の研究のかぎりで言えることは，ほぼそこまでである。

そのうえで，以下は，実現可能性は大いにともなっているとはいえ，あくまで私の願望として述べて，「エピローグ」を締めくくることにしよう。

最も望ましい歴史可能性として言えば，例えばILOが提唱している「ディーセント・ワーク」（Decent Work）のキー・コンセプトのもとで，個別的・集団的労使関係のみならず，社会正義・公正の実現，貧困の撲滅といった国際労働基準と整合性のある経済諸政策の追求，当面の課題では石炭政策の追求と実現にある。

たまたま，社会政策・労働問題研究に携わる一人の日本人研究者として，イ

ギリスの炭鉱争議（1984〜85年）に現地でめぐりあった者として，敢えて社会政策論的に言えば，経済諸政策への従属化としての（労使関係政策を含む）社会政策ではなく，（労使関係政策を含む）社会政策との整合性のある（産業政策を含む）経済諸政策の追求と両立の実現を望んでいると言いかえて，本書の「エピローグ」を結ぶことにする。

27）ここで，あくまで四半世紀程度の中期的歴史スパンに限定したのは，50年あるいは100年先といった長期の歴史スパンでは，世界およびイギリスのエネルギー事情自体が劇変してしまうと考えられるからである。すなわち，太陽光・風力・地熱・水力・バイオマスなどといった「再生可能エネルギー」がいずれは主役となり，化石燃料や天然ウラン（原子力発電）といった「枯渇性資源エネルギー」は脇役となることが予測されるからである。
　「再生可能エネルギー2006国際会議」（於いて幕張メッセ）の「宣言文」（Draft Communique）によれば，再生可能エネルギーは，同会議において，「21世紀中葉には，主要なエネルギー源になるであろうことを確認し」たうえで，「2050年頃には，再生可能エネルギーが，世界エネルギーの約半分を供給し，2100年までに3分の2を供給するようになることが期待されている」と述べている（この点，「再生可能エネルギー協議会（JCRE）」（Japan Council for Renewable Energy）のウェブサイト参照。http://www.renewableenergy.jp/council/，最終アクセス日：2010年6月7日）。
　同会議の数値目標は，当面，2050年という時点で見ると，きわめて大胆な目標設定である。だが，数値目標の具体的な是非ではなく，数値を将来への確かな趨勢として見ると，そこにはきわめて重要な歴史的見通しが示されている。
　すなわち，「枯渇性資源エネルギーから再生可能エネルギーへ」という歴史的趨勢である。そうだとすれば，それこそが，人類史上，おそらく真の「エネルギー革命」であるかもしれない。そうした長期的歴史スパンのもとでは，UCGなどを含む石炭産業およびエネルギー産業の内実や概念さえも，「革命的に」変わり得るであろう。
　四半世紀程度の中期的歴史スパンで，本書で語った展望が，その後にどう引き継がれるかは，もはや本書の考察の射程を大きく超えている。だが，四半世紀程度の今後の歴史的展開で得られた歴史的現実を踏まえなければ，その後の新たな歴史展開はあり得ないのも確かである。

あとがき

1 イギリス炭鉱争議（1984～85年）との出会いと現在

　私が，イギリスに留学したのは，1984年4月から85年9月末までの1年半であった。

　イギリスに着いたのは，1984年4月初めであったから，その時にはNUMの全国ストライキは始まっており，連日，新聞・テレビは炭鉱争議を報道していた。私自身は，それまでイギリスについて研究したことはほとんどなかったが，留学を契機に，イギリスの「公共部門」の労使関係や賃金問題を勉強しようと考えていた。石炭産業も国有産業であったから，「公共部門」ではあるが，まずは公務員制度や公務員賃金問題から手をつけようと考えていた。

　それ故，炭鉱争議について，何か書こうなどという気は最初はなかった。それよりも，そもそも石炭産業や炭鉱争議自体について，私には予備知識さえも全くなかった。したがって，イギリスに着いてみて，一体，何事が始まったのか，最初は全く見当すらつかなかった。

　だが，一つだけ，しだいに私の頭をよぎり始めたのは，いかなる労働争議にせよ，「記録」することが大事だということであった。それというのも，法政大学大原社会問題研究所では，毎年，日本の労働組合運動，社会運動，社会・労働政策などについて，できるだけ客観的に記述し，これを『日本労働年鑑』（旬報社）として刊行していたからである。私は，1972年以来，この『日本労働年鑑』の分担執筆を行い，翌1973年には編集責任者となっていた（第44集）。それ故，以来10年あまり，研究の前提としての事実を客観的に記録することが，いかに重要であるかを認識しつつ，その業務に携わっていた。

　この『日本労働年鑑』の経験があったからであろう。私は眼の前で展開している炭鉱争議について，とにかく「記録」することが重要だという意識を持ち

始めた。もちろん，「記録」するには，眼の前の出来事が何のことかを知らなければならない。それを知るには，まず資料を集めて勉強しなければならない。そこで，宿のマダムに頼んで，The Times, The Guardian, Financial Times の三つの新聞について，宅配料を払って購読することにした。そして，毎週，せっせと新聞の切り抜きを作成し，その都度，すこしずつ読み始めた。レンタルのテレビでは，ニュースや特集番組に留意した。

こうして，すこしずつ理解できるようになっていき，争議の争点や事態の成り行きもある程度，予測できるようになった。だが，新聞切り抜きだけでは限界があり，いくつかの雑誌を見て関連記事なども集めていた。そして，関連文献が出ないか，ロンドンの書店を見てまわっていた。ストライキ終結の前には，わずかにBeynon, Huw (1984), *Digging Deeper* (Verso) が目立つくらいであった。もっとも，別に日本人研究者による論文，例えば第1章注（1）に掲げた内藤則邦論文，大津定美論文などが1984年には発表されていた。マスコミでは連日，ほぼトップ・ニュース扱いを受けていた。だが，イギリスでの関連文献は，1984年中には，ほかには，ほとんどといってよいくらい，現われなかった。

おそらくは，イギリスの大方の人たちが，事態の推移をじっと見守っていたのであろう。85年3月3日のNUM特別代議員大会を経て，ストライキが終結した後，初めはポツポツと，そして，しだいに頻繁に，関連文献が出始めた。最も早かったのは，ジャーナリストであるClick, Michael (1985), *Scargill and the Miners* (Penguin Books) であった。この本は，相当売れたとみえ，刊行後，数ヵ月で第3版まで出た。その後，続々と，ジャーナリスト，「新左翼」，闘争当事者，支援グループ，研究者など，多くの立場，種類の文献が出版された。

取りあえず，先行した諸文献を読んで，私の炭鉱争議認識が大局的には間違っていないことを確かめたうえで，私はイギリス炭鉱争議についての日本人の「記録家」として，「イギリスの炭鉱争議」の原稿を大原社研に送り，雑誌に掲載され始めた。

第1回目の原稿は，1985年3月18日脱稿であったから，イギリスの人たちと比べても，かなり早い立ち上がりの執筆であった。連載の全体構想はまだぼんやりとはしていたが，あとで大きく構想を変える必要はなかった。その後は，一気に関連文献が刊行されたので，それを買いあさった。こうして，資料・文

献収集も進み，聴き取りにも行った。ここでは，事後の話は省略する。

　結局，私の書いた「イギリスの炭鉱争議（1）〜（9）」は，あくまで「記録」することを主眼としており，何か労働争議研究を行うという意識ではなかった。要するに，動機となったきっかけは，『日本労働年鑑』の編集，分担執筆を行っていた経験にあり，とにかく客観的に良く「記録」すること，それがたまたまロンドンに滞在し，炭鉱争議に出会った社会政策・労働問題研究者としての私の「使命」であるくらいに思っていたということである。

　だが，そのイギリス炭鉱争議（1984〜85年）から四半世紀を経た今日，本書をまとめるにあたり，私は"新自由主義"という歴史的概念に依拠して，炭鉱争議を歴史的に相対化して認識することができる位置にすでにあった。そうした歴史認識に立って，改めてイギリス炭鉱争議（1984〜85年）をふりかえると，この争議は，まさに新自由主義諸政策の成否をかけた，歴史的なすさまじい"労資激突"であったことが分かる。

　それだけに，「はしがき」に書いたように，もはや生やさしい覚悟では本書をまとめることができないことを自覚し，本格的に腰を据えることとなった。同時に，一人の社会科学研究者＝社会政策・労働問題研究者として，私が現地で，イギリス炭鉱争議（1984〜85年）に出会ったことの幸運さを改めて認識し直したしだいでもあった。

2　本書で留意した研究技術的な事柄

　本書をまとめるに至った動機，視点，方法は，「はしがき」で書いた。ここでは，まず研究技術的なことを中心に，以下，述べることにする。

（1）研究技術としてのインターネット活用について

　本書のうち，既発表分の事実検証はもちろん，新たな書き下ろしに際し，イギリス滞在ではなく，日本に居ながら，どれだけのことができるのかは一つの大きな問題であった。既発表分の典拠資料が全て完璧に手元にあるわけではなく，研究室の引き払いや書斎の改修などのどさくさにまぎれて紛失した資料が

多かった。

　一番の問題は新聞切り抜きであり，これはもうほとんど手元になかったし，あっても使いものにならないくらい整理が悪かった。だが，The Timesは幸い，法政大学図書館で，1785年から1985年までの200年間の新聞データベース検索を有料で契約しており，それが自宅でも活用できた。The Guardianは，イギリスのThe Guardianウェブサイトに，1821年から1999年までのデジタル・アーカイヴ部門があり，有料で契約して一定期間，利用することができた。

　このように，日本にしろ，イギリスにせよ，インターネットを駆使すれば，かなりに資料入手が可能であることが，本書に取りかかる中で分かり，インターネットをつうじ，終日，ほとんどウェブサイトとにらめっこをする日々もあった。そのため，本書の参考文献欄（英語，日本語）には，本書で利用した主要なウェブサイトのURLも掲載した。

　例えば，第1章に関わるリドレイ・レポートのフル・テキストをインターネット上から入手した時は，初めは自分でも信じられず，本物かどうか疑ったくらいである。だが，マーガレット・サッチャー財団のウェブサイトでは，実際に公開していたのである（第1章注（3）参照）。こんなことは，イギリスに滞在していても，インターネットによるアクセスができなければ不可能であったであろう。

　あと一例を挙げると，イギリスの法律（Act）のほとんどは，古いものは1837年からであるが，OPSI（Office of Public Sector Information）のウェブサイトから無料で入手できる。何も，イギリスで紙媒体を買わなくても間に合う。統計や白書の新しいものも，かなり公開されており，関係諸省庁のウェブサイトからの入手が可能であった。

　残念ながら，組合関係の原資料は公開が遅れており，そうはいかないので，インターネット利用には，もちろん限界があるのは確かである。しかし，逆にTUC のReport 2009は，私は紙媒体で2010年3月に眼にした。だが，インターネットでTUCのウェブサイトにアクセスして，もっと早く入手でき，現に本書でも紙媒体より早く資料として利用した。

　それにしても，インターネットの限界はきわめてはっきりしている。当該相手側が，ウェブサイトを構築していないか，あるいは公開していなければどう

しようもない。ウェブサイト自体は公開していても，そこに手に入れたい資料類が公開され，ダウンロードできるようになっていなければ，手も足も出ない。これが限界である。

次に，インターネットをつうじた資料利用上の留意点として挙げたいのは，ウェブサイトへのアクセス日のことである。法律や統計，白書など公的な文書類はウェブサイトから突然，削除されることはないであろう。だが，例えばマーガレット・サッチャー財団のウェブサイトでは，最初にアクセスした時と最終アクセス日では，自己紹介の文章が書き変えられていた。したがって，ウェブサイトを利用した場合，全ての資料に必要とは言えないにしても，利用した資料によってはアクセス日を明記しておくことが望ましいと私は考え，一部，実行した。この点は，すでに実行済みの論文，著書も多く眼にしている。

なお，その点に関連して言えば，各新聞のオンライン版は，時間きざみで変わるので，これは学術論文では，とても使えないと私は考えている。出所を明らかにしたとしても，時間が経過すれば，そこにはないのであるから出所の意味を持たない。出所やURLは，そこにアクセスすれば，誰でもが同じ資料・データにたどり着き，入手して検証できるものでなければならないからである。

ところで，ウェブサイトは，特定ドメイン名のもとにおける複数のウェブページの集合体であるから，その中のどのページを利用したのかを明示するのが望ましいのは言うまでもない。ただ，これはかなり厄介で，しかもURLが大変，長くなる場合が多い。本書では，原則としてほとんどの場合，いわゆるホームページ（トップページ）のURLを掲げるに留めた。そこから，必要なページには，インターネットの利用者であれば，直接に行ってほしいし，それはほとんどの場合，比較的に容易であろうと考えたからである。ただ，リドレイ・レポートのように，歴史的な重要文書については，大変，長いURLを掲げた（第1章1 注(3)，9頁）。そうしたURLの掲げ方が良いのかどうかは分からない。あるいは，不親切であり，正確に引用文書やデータ自体を掲げたページのURLを明記したほうがベストかと思いつつも，便宜上の措置として行ったことである。こうした点も，どこかで議論できる場があれば幸いだと考えている。

経済学の他の分野では，インターネット利用が活発な分野もあるが，社会政策・労働問題研究では，まだそれほどではないと私は見ている。今後，イン

ターネットの利用はますます活発化するであろう。インターネット利用のテクニックだけでなく，利用の作法，ルールなどを含め，例えば学会レベルで，オープンに議論する場があってもよいのではないかと考えている。

ついでに言えば，インターネット利用で，しばしば出くわすのが，ウィキペディア（Wikipedia）の存在である。事柄への入門，入口としての便利さはあるが，それ以上ではないし，間違いが多い。研究者として当然であるが，私自身は，そこからの引用は絶対に避けている。

最後に言わずもがなのことであるが，インターネットの活用は，紙媒体（文献・資料）との関係では，あくまで補助的な研究手段だということである。学生がインターネット上で安易に知識を仕入れ，自らの思考を十分に経ないで，ゼミなどで報告するのが望ましくはないように，研究者も安易なインターネットの活用は慎むべきだと考えている。

今回の私の場合も，イギリスに行って直接，文献・資料を入手し，あるいは聴き取りをするなどの研究活動を行えば，もっと知り得ることができた事柄も多いことを自覚している。もともと，本書の本体部分のうち，第1部と第2部の基本的内容は，今から四半世紀前にそれを行っていたからこそできた部分であった。第3部と「エピローグ」の書き下ろし部分といえども，やはり紙媒体の文献・資料考証を基礎的研究作業として行いつつ，それだけではどうしてもデータ不足で，やむを得ない場合として，インターネットを可能なかぎりで活用したつもりである。

（2）訳語，文献・資料の引用の仕方，注記など

本書における訳語の問題で，一つだけ述べておきたいことがある。それは，「炭鉱」なのか「炭坑」なのか，その使い分けにある。本書では，炭鉱（colliery）と炭坑（pit）といった使い分けを行った。後者は，特定の採掘坑そのものといった限定つきで考え，前者は，その炭坑に付属する諸設備全体を指す，もっと広い概念だと考えた。ただ，炭田や油田と違い，場所がもっと限定される。とはいえ，実際，イギリスの文献・資料でも，collieryとpitは必ずしも厳密に使われていない場合が多いので，私の使い分けも必ずしも厳密ではないことをお断わりしておきたい。

本書のタイトルを炭鉱争議としたのも，由来はその使い分けにあったからである。また，少量ながら，メタンガスや鉱物などが産出される場合も含んでいることも考慮し，炭鉱争議とした。

　本書では，文献・資料の注記の仕方に関して，私なりに統一した。例えば，*op. cit., ibid.* の類は一切，使うことを避けた。何も外国文献・資料であるからといって，先方の流儀に従う必要はないであろう。要は，分かりやすければよい。時々，*op. cit., ibid.* が連続して注記に並ぶ日本語文献があるが，結局，何の本あるいは論文からなのかを前の頁に遡って確認しなければならないことがしばしばある。それでは，かえって損であり，また日本人読者にはかえって不親切であると考えたからである。

　そこで本書では，もっと分かりやすいように，再出の場合は，前掲○○書とし，頁についても，p.1, p.2ではなく，1頁，2頁とした。頁は，そこまでこだわる必要はないかもしれないが，敢えて日本的に表記した。新聞も例えば，*The Times*, 8 May 1985とはせず，*The Times* 1985年5月8日付という表記で統一した。

　インターネットのことといい，注記や引用の仕方といい，何でこんなことまで書くのか，疑問を持つ方も居られるかもしれない。実は，私自身，文献・資料の引用の仕方，注記の仕方などについて，これまで教わったことがないからである。それ故，見よう見まねの自己流で長年やってきた。これでよいのかどうかと時々，思いつつ，手工業的にやってきたからである。そうした研究技術的なことも含め，学会レベルで議論し，自己流ではなく，自覚的に応用できるようになったらよいのではないかと思うからである。

　とくにインターネットについては，今回，一層，その感を強めた。インターネット利用のメリットとデメリット，インターネット利用の作法とルールなどを共通の場で議論し，認識を共有することは，これからますます重要なことだと考えている。

　研究技術の開発（インターネット）およびテクニカルなことについては，以上である。話題を本書における研究方法に移そう。「はしがき」ではふれなかったが，本書における研究方法とその含意を若干だけ補足しておこう。

3 本書における研究方法とその含意

「はしがき」で，労使関係論的接近方法といい，J. T. ダンロップを引き合いに出して，政府を含む三者アクター説の立場に立つと「宣言」したのは，日本における労使関係研究の現状への一定の不満があったからである。

その不満とは，労使関係研究が，ほとんど労使関係の個別化に即応して，きわめて個別実証的になり，時に状況追随に陥っていないかということである。もちろん，個別実証自体は必要であるし，私も本書とくに第3部ではそれを行ったつもりである。ただ，何のために個別実証を行うかの目的は自覚していたつもりである。

講座派流の古い表現で恐縮であるが，いわゆる「全機構的」視点が，今日でも重要である。むしろ，今日こそ重要であるかもしれない。労使関係論的研究方法は，それを個別実証研究に矮小化せず，また生産点主義的にミクロ化せず，そこからトータルな認識に到達する道筋さえ見失わなければ，依然として有効な接近方法であると考えている。三者アクター説は，そのためにも不可欠だというのが私の提起した主張である。

その三者アクター説を前提とした労使関係論的接近方法は，労使関係展開の「場」としての産業（政策）論的接近方法と結合すれば，より一層，トータルな認識に到達し得る可能性を有しているのではないかというのが，本書の基底にある方法論上の主張である。その方法論が，成功しているかどうかは読者の判断に委ねるしかない。

ついでであるが，「労資関係」と「労使関係」という概念，用語の問題が存在する。本書では，それから論じ始めると長くなり，肝心の炭鉱争議の叙述に入るには迂遠に過ぎるので敢えて避けた。そのほか，社会政策論における労使関係論，社会政策体系における労使関係政策の位置，総じて経済政策と社会政策の関係論など理論的諸問題があるが，他日，論じることができれば幸いだと考えている。舌足らずだが，ここではこの程度に留める。

4　謝意＝資料上の難関と課題上の難関に関連して

　本書をまとめるうえで，事実関係の検証といい，書き下ろし部分といえ，全ては難問・難関の連続であったが，その中でも資料上および課題上の特別な難関が，少なくとも二ヵ所あった。一つは，資料上の難関である。具体的に言えば，私がかつて所有していたはずのNUM *Rules*を紛失してしまったことである。

　NUMの組織機構を考察するうえで，組合規約は不可欠の基礎資料である。それだけでなく，1984年の労働組合法による5年ごとの投票権ある主要役員の再選挙規定とも関わっていた。NUMが規約上，その法的制約をどのようにクリアーするか，ことは労使関係および労使関係政策上の争点でもあったし，組合内の対立の処理をめぐる問題でもあった。NUM *Rules*がないと，正確な事実検証さえもできず，この有様では争議記録書としての信頼性確保もおぼつかない資料上の難関であった。

　この難関を突破するには，NUM *Rules*を入手するしかない。だが，インターネットをつうじたNUMウェブサイトへのアクセスでは，規約までは入手不可能である。先方が，そこで公開していなければどうにもならない。インターネットの限界である。イギリスに行って入手するか，あるいは手紙などで依頼し，送ってもらうなどの方法はあり得る。

　この場合の資料上の難関は，イギリス石炭産業の労使関係研究者として，かねてからお名前を存じ上げている研究者に，事情を話し，問い合わせをした結果，所蔵している資料のコピーを頂くことで解決した。その研究者とは，木村牧郎・名古屋市立大学経済学研究科研究員であった。

　しかも，幸いなことに，1978年当時の規約とともに，1985年のNUM年次大会で規約を大きく改定した，その改定後のNUM *Rules 1985*との二種類であった。それによって，私はとくに1985年の規約改定問題をかなり正確に記述することができた。この場を借りて，木村牧郎氏に心からの感謝の意を表明したい。

　課題上の難関とは，最後の「エピローグ」部分にあった。それまで，主として労使関係論的接近方法で論じてきたのが第1部から第3部であったが，ここで突然，「変身」し，エネルギー経済論，石炭産業論へと一気に，テーマが変

わってしまう。

とまどった方も居られるかもしれないが,「はしがき」で,労使関係論的接近方法と産業（政策）論的接近方法という二つの方法の統一的適用だと述べた。私自身は,第1部から第3部を書いているかたわらで,エネルギー戦略や石炭政策論を断片的に論じながら,たえず産業（政策）論的接近方法を意識化し,関連資料を集め,分析を行うという「複眼」的併行作業を続けていた。そして,労使関係論的接近方法でギリギリにまで詰めた第3部を終わり,その先に「エピローグ」を設定して,そこで総括的に論じようと準備していた。

すなわち,①労使関係展開の「場」であるエネルギー産業,石炭産業について,統計データの解析を行い,1984～85年当時のエネルギー戦略・石炭政策を歴史的に検証すること,②石炭産業の民営化とその後の石炭産業および炭鉱経営を追跡し,その側面からも歴史的に検証すること,③そのうえで,イギリス石炭産業の今後の可能性＝展望を探索することなどであった。

「イギリスの炭鉱争議(1)～(9)」を連載した当時から,エネルギー経済論,石炭産業論が必要であること,それが私には弱いことを自覚していた。それだけに,今回,本書をまとめるにあたり,その点を克服し,労使関係展開の「場」としてのエネルギー産業,石炭産業論を可能なかぎり,追究してみようと意図していた。

しかし,そうした研究分野は,経済学では環境経済学・エネルギー経済論として,これまで研究が行われてきた分野である。その素養もなく,研究蓄積もない私が,短時日のうちに,どれだけこなし得るかは,はなはだ心もとなかった。そこで,この「エピローグ」の草稿ができた段階で,その分野の専門研究者に一読してもらうことにした。

お名前と謝意はあとで明記するが,その前にいま一つ,実はイギリスで石炭輸入が急増し,国内生産炭を量的に凌駕した2002～03年以降,輸入炭と国内炭の価格が逆転し,輸入炭が高く,国内炭がそれよりも価格が低くなったデータを発見したのは大変な驚きであった。安いから輸入するのだという論理＝通説は事実上,これで崩れつつあるからである。

図4-5のTUCデータがそれを表わしていた（287頁）。だが,TUCデータには難点があり,それだけではいま一つ,説得性が弱かった。そこで,専門研究者

に相談し，輸入石炭と国内価格の逆転現象を示すデータを図4-6として作成してもらった（288頁）。それをもって，TUCデータを裏打ちするとともに，TUCデータの難点を補強し，一層，説得性を持たせることができたと考えている。

「エピローグ」を一読し，図4-6を作成してくれた専門研究者とは，大平佳男・法政大学大原社会問題研究所研究員（環境経済学・エネルギー経済論専攻）である。エネルギー統計の所在や訳語を含めた有益な助言を受け，貴重なデータを提供していただいた。ここに記して，心からの謝意を表明したい。

おわりに

私にとって，単行書としての『国・地方自治体の非常勤職員』（自治体研究社，1994年），『国家公務員の昇進・キャリア形成』（日本評論社，1997年）を刊行して以来，本書は久々の単行書となる。前の二冊が，日本の公務部門に関する書であったのに対し，本書は国，テーマ，接近方法ともに全く異なる書である。

ただ，前二冊が，私の関連する学会では，「市民権」を持っているとは，未だに必ずしも言い切れない分野の「業績」であるのに対し，本書はひとまずは労働争議研究の書であり，学会では研究蓄積のかなり多い分野である。

とはいえ，本書は，敢えて何か従来の争議研究の方法論に依拠するのではなくて，労使関係論的接近方法と産業（政策）論的接近方法という「複眼」的な方法論をもって頑固に貫こうとした実験的な書である。その方法論を含め，なにとぞ忌憚のないご意見をいただければ，大変，幸いである。

早川 征一郎

参考文献

◆日本語文献

相沢与一（1978）『イギリスの労資関係と国家——危機における炭鉱労働運動の展開』（未来社）

伊賀隆・菊本義治・藤原秀夫共著（1983）『マネタリストとケインジアン』（有斐閣）

石黒正康（1999）『電力自由化——《公益産業》から《電力産業》へ』（日刊工業新聞社）

稲上毅（1990）『現代英国労働事情——サッチャーイズム・雇用・労使関係』（東京大学出版会）

ウェッブ，シドニイ＆ベアトリス・ウエッブ著，高野岩三郎監訳（1927）『産業民主制』（法政大学出版局）

上田眞士（2007）『現代イギリス労使関係の変容と展開』（ミネルヴァ書房）

大津定美（1984）「ドロ沼化する英国炭鉱スト」（『エコノミスト』10月30日号）

小笠原浩一（1995）『《新自由主義》労使関係の原像——イギリス労使関係政策史』（木鐸社）

戒能通厚（1985）「現代イギリス社会と法—炭鉱ストライキを中心として」（名古屋大学法学部『法政論集』第106号）

―――編（2003）『現代イギリス法事典』（新世社）

風間龍（1985）「358日間のイギリス炭鉱ストライキについて」（関東学院大学経済学会『経済系』第144集）

香川孝三（1988）「イギリスの唯一交渉団体条項と非ストライキ条項・振子式仲裁制度」（日本労働協会『日本労働協会雑誌』12月号）

木村牧郎（2005）「機械化の進展と雇用・労務管理の変化——イギリス石炭産業の事例」（名古屋市立大学『オイコノミカ』第42巻2号）

―――（2008）「イギリス従業員代表機関の本格的な導入と労使関係の変化——石炭産業の事例研究」（社会政策学会編『社会政策』第1巻第1号，ミネルヴァ書房）

熊沢誠（1970）『産業史における労働組合機能——イギリス機械工業の場合』（ミネルヴァ書房）

―――（1976）『国家のなかの国家——労働党政権下の労働組合　1964〜70』（日本評

論社)

栗田健（1978）『現代労使関係の構造』（東京大学出版会）

─── (1985)「労使関係政策の展開」(所収，栗田健編著『現代イギリス経済と労働』御茶の水書房)

グリン，A/J. ハリスン共著，平井規之訳 (1985)『イギリス病』(新評論)

コール，G. D. H. 著，林健太郎・河上民雄・嘉治元郎訳 (1957)『イギリス労働運動史 Ⅰ・Ⅱ・Ⅲ』岩波書店

小島弘信 (1984)「戦後最長となった炭鉱ストとその背景」(『日本労働協会雑誌』7月号，第303号)

─── (1985)「労使紛争と労働法」(『日本労働協会雑誌』5月号，第312号)

小宮文人・濱口桂一郎 (2005)『EU労働法全書』(旬報社)

坂口明 (1985)「現地ルポ　英炭鉱スト358日」(日本共産党中央委員会『世界政治』3月下旬号)

櫻井幸男 (2002)『現代イギリス経済と労働市場の変容』(青木書店)

サッチャー，マーガレット著，石塚雅彦訳 (1993)『サッチャー回顧録（上）（下）』(日本経済新聞社)

白井泰四郎 (1980)『労使関係論』(日本労働協会)

新エネルギー・産業技術総合開発機構 (NEDO)

─── (1998)『平成10年度　海外炭輸入基盤促進調査（国際石炭事情調査）』

─── (1999)『平成11年度　海外炭開発高度化等調査（国際石炭事情調査）』

─── (2004)『平成15年度　海外炭開発高度化等調査（海外炭開発促進調査）── 主要石炭輸入国におけるエネルギー戦略』

JETRO (2001)「EUの労使関係指令に対する主要各国の取り組み（フランス・ドイツ・英国）」(JETRO『ユーロトレンド』2001年9月，http://www.jetro.go.jp)

鈴木ふみ (1974)「1973, 74年イギリス炭鉱ストとヒース政権」(労働運動史研究会編『労働運動の新段階』労働旬報社)

─── (1985)「イギリス炭鉱労働者のたたかい」(統一労組懇国際交流委員会『世界労働情報』第2号)

隅谷三喜男 (1967)「労使関係論」(所収，隅谷三喜男編『講座　労働経済4　日本の労使関係』日本評論社)

高橋克嘉 (1987)『イギリス労使関係の変貌』(日本評論社)

田口典男 (2007)『イギリス労使関係のパラダイム転換と労働政策』(ミネルヴァ書房)

田端博邦（2007）『グローバリゼーションと労働世界の変容──労使関係の国際比較』（旬報社）

ティヴィ, L. J., 遠山嘉博訳（1980）『イギリス産業の国有化』（ミネルヴァ書房）

ティマイヤー, T., & G. クォーデン編, 尾上久雄・廣岡治哉・新田俊三編訳（1987）『民営化の世界的潮流』（御茶の水書房）

電気事業連合会編（2009）『図表で語るエネルギーの基礎　2008-2009』（電気事業連合会）

戸塚秀夫（1986）「炭鉱ストライキ後の労働運動」（日本労働協会『日本労働協会雑誌』2・3月合併号）

─── （1986）「イギリス炭鉱ストライキの跡を訪ねて（中）」（東京大学出版会『UP』2月号）

戸塚秀夫・兵藤釗・菊地光造・石田光男編著（1980）『現代イギリスの労使関係（上）（下）』（東京大学出版会）

ダーレンドルフ, ラルフ著, 天野亮一訳（1984）『なぜ英国は《失敗》したのか？』（TBSブリタニカ）

内藤則邦（1984 a）「英国労働運動の近況」（日本労働協会『週刊労働ニュース』10月29日および11月5日号）

─── （1984 b）「イギリス東芝のノー・ストライキ協定について」（立教大学『経済学研究』第37巻4号）

─── （1985）「イギリスの炭鉱ストライキ」（『日本労働協会雑誌』2月号, 第309号）

中林賢二郎（1981）『イギリス通信』（学習の友社）

日本労働協会編（1986）『イギリス日系企業の労働事情』（日本労働協会）

ハーヴェイ, デヴィッド著, 渡辺治監訳, 森田成也ほか訳（2007）『新自由主義──その歴史的展開と現在』（作品社）

浜野崇好（1981）『イギリスの経済事情』（日本放送協会）

浜林正夫（2009）『イギリス労働運動史』（学習の友社）

早川征一郎（1989）「イギリス労働組合運動の転換局面と諸問題──炭鉱争議後の新たな動向と問題点」（所収,『社会政策叢書』編集委員会編『転換期に立つ労働運動』啓文社, 社会政策叢書第13集）

ヘレン, ルイス著, 天野亮一訳（1982）『英国病診断──日本への教訓』（TBSブリタニカ）

ベーコン, ロバート／ウォルター・エルティス著, 中野正／公文俊平／堀元訳（1978）

『英国病の経済学』（学習研究社）
増田寿男（1988）「サッチャリズムと炭鉱ストライキ」（『経済科学通信』No.55）
――――（1989）「イギリス資本主義の危機とサッチャリズム」（所収，川上忠雄・増田寿男編『新保守主義の経済社会政策』法政大学出版局）
松村高夫（1991）「イギリス炭鉱ストにみる警備・弾圧体制」（『大原社会問題研究所雑誌』5月号，第390号）
山崎勇治（2008）『石炭で栄え滅んだ大英帝国』（ミネルヴァ書房）
労働政策研究・研修機構（2004）『諸外国における集団的労使関係紛争処理の制度と実態――ドイツ，フランス，イギリス，アメリカ』（労働政策研究報告書No.L－9）

◆ウェブサイト

再生可能エネルギー協議会（JCRE）　　　http://www.renewableenergy.jp/council/
新エネルギー・産業技術開発機構（NEDO）　http://www.nedo.go.jp
（財）石炭エネルギーセンター　　　　　　http://www.jcoal.or.jp
電気事業連合会　　　　　　　　　　　　http://www.fepc.or.jp
JETRO　　　　　　　　　　　　　　　http://www.jetro.go.jp

◆外国語文献
（1）公文書，保守党・政府関係文書，統計，労働組合文書等
ACAS (1980), *Industrial Relations Handbook* (HMSO).
Central Office of Information reference pamphlet 166 (1982), *Britain's Energy Resources* (London:HMSO).
Central Office of Information reference pamphlet 174 (1982), *Nationalised Industries in Britain* (London: HMSO).
――――(1981) *Coal and the Environment. A Report by the Commission on Energy and the Environment* (London: HMSO).
Certification Officer, *Annual Report 2008-2009*.
Coal Authority (2010), *Underground Coal Gasification in the UK*.
CSO (1985), *Annual Abstract of Statistics, 1985 Edition* (London: HMSO).
CSO (1985), *Monthly Digest of Statistics* (London: HMSO, No.470, February).
Department of Employment (1985), *Employment Gazette* (esp., January, February).
Department of Energy and Climate Change (2009),
　　Digest of United Kingdom Energy Statistics 2009.

Digest of United Kingdom Energy Statistics 2009 long-term trends.

Department of Trade and Industry (2007), *Meeting the Energy Challenge; A White Paper on Energy* (CM7124).

Economic Reconstruction Group (1977), *Final Report of the Nationalised Industries Policy Group*.

The Government's Statement on the Nuclear Power Programme. First Report from the House of Commons Select Committee on Energy, Session 1980-1981. 4 Volumes. *Nuclear Power. The Government's Response to the Select Committee on the Nuclear Power Programme, Session 1980 – 1981.* Cmd 8317.

IEA (International Energy Agency), *Coal Information (2009 Edition)*.

IEA, *Energy Balances of Non-OECD Countries (2009Editon)*.

IEA, *Energy Balances of OECD Countries (2009 Edition)*.

IEA, *World Energy Outlook 2009.*

The Monopolies and Merger Commission (1983), *National Coal Board.*

NCB, *Report and Accounts, 1983/84*.

NUM (2006), *The Role for Britain's Deep-Mined Coal Industry for Supplying our Future Energy Requirements and a Cleaner Environment.*

NUM, *Rules 1978, 1985.*

TUC, *Report (1944-2009).*

TUC (1981), *Review of Energy Policy*.

TUC Clean Coal Task Group (2006), *A Framework for Clean Coal in Britain.*

TUC Clean Coal Task Group (2008), *Clean Coal in the UK and European Electricity Mix.*

（2）新聞，雑誌等

The Economist
Financial Times
The Guardian
Marxism Today
The Observer
New Statesman
The Times

（3）ウェブサイト

The Association for UK Coal Importers   http://www.coalimp.org.uk

BACM-TEAM	http://bacmteam.org.uk
BP	http://www.bp.com
Celtic Energy Ltd	http://www.coal.com
Certification Officer	http://www.certoffice.org
The Coal Authority	http://www.coal.gov.uk
Confederation of UK Coal Producers (coalpro)	http://www.coalpro.uk
Department of Energy and Climate Change	http://www.decc.gov.uk
The Guardian	http://www.guardian.co.uk
International Energy Agency	http://www.iea.org
Margaret Thatcher Foundation	http://www.margaretthatchar.org
NUM	http://www.num.org.uk
OPSI (Office of Public Sector Information)	http://www.opsi.gov.uk
TUC	http://www.tuc.org.uk
UCG Partnership	http://www.ucgp.com
UDM	http://www.unionofdemocraticmineworkers.co.uk
UK Coal	http://www.ukcoal.com

（4）その他，論文，著書など

Allen, V.（1984），*How MacGregor's men broke the US miner's union*（*The Guardian* 11月5日付）.

Allen, V. L.（1981），*The Militancy of British Miners*（Shipley: The Moor Press）.

Arnot, R. P.（1926），*The General Strike May 1926:Its Origin & History*（London:Labour Research Department）

―――（1949）*The Miners: A history of the Miners' Federation of Great Britain 1889-1910*（London:Allen & Unwin）.

―――（1953）*The Miners: The Years of Struggle*（London:Allen & Unwin）.

―――（1955）*A History of the Scottish Miners from the England Times*（London:Allen & Unwin）.

―――（1961）*The Miners in Crisis and War*（London:Allen & Unwin）.

―――（1967）*The General Strike May 1926:Its Origin & History*（New York: Reprinted by Augustus M.Kelly・Publishers）.

―――（1975）*The South Wales Miners*（London:Allen & Unwin）.

―――（1979）*The Miners: One Union, One Industry*（London:Allen & Unwin）.

Ashworth, William（1986），*The History of the British Coal Industry,Vol.5 1946-1982:The*

Nationalizes Industry (Oxford:Clarendon Press).

Bending, Richard and Richard Eden (1984), *UK Energy* (Cambridge University Press)

Beynon, Huw, ed. (1985), *Digging Deeper* (London: Verso).

Callinicos, Allex and Mike Simons (1985), *The Great Strike: The Miners' Strike of 1984-85 and Its lessons* (London:A Socialist Worker Publication).

Campbell,Adrian and Malcolm Warner (1985), *Changes in the Balance of Power in the British Mineworkers' Union:An Analysis of National Top-Office Elections 1974-84*, in *British Journal of Industrial Relations*, Vol.23, No.1.

Coulter, Jim, Susan Miller & Martin Walker (1984), *A State of Siege* (Canary Press).

Crick, Michael (1985), *SCARGILL and the Miners* (Harmondsworth:Penguin Books).

Daniel, W. W. and Neil Millward (1983), *Workplace Industrial Relations in Britain* (London:Heinemann Educational Books Ltd).

Dunlop, J. T. (1958), *Industrial Relations Systems* (Harvard Business School Press).

Eaton, Jack & Collin Gill (1983), *The Trade Union Directory* (London: Pluto Press).

Gennard, John (1990), *A History of the National Graphical Association* (London: Unwin Hyman).

Goodman, Geoffrey (1985), *The Miners' Strike* (London: Pluto Press).

Glyn, Andrew and Stephen Machin (1997), *Colliery Closures and the Decline of the UK Coal Industry*, in *British Journal of Industrial Relations*, Vol.35, No.2.

Green, Andrew (1985), *Research Bibliography of Published Materials Relating to the Coal Dispute 1984-85*, in *Journal of Law and Society* Vol.12, No.3, Winter 1985. (Social Science Librarian, University College, Cardiff, Wales).

Hartley, Jean, John Kelly, Nigel Nicholson (1983), *Steel Strike* (London: Batsford Academic and Education Ltd).

Jones, Jack and max Morris (1982), *A-Z of Trade Unionism and Industrial Relations* (London: Heinemann).

Jones, Nicholas (1986), *Strikes and the Media: Communication and the Media* (Oxford: Basil Blackwell).

Kernet, Charles (1993), *British Coal: Prospecting for Privatization* (Cambridge: Woodhead Publishing).

Lawrence, Robert ed. (1979), *New Dimension to Energy Policy* (Lexington Books).

Lewis, Robin (1984), *Trade union law has proved a gift to employers* (The Guardian,12. Dec.).

Lewis, Roy & Bob Simpson (1981), *Striking A Balance? Employment Law after the 1980*

Act (Oxford: Martin Robertson).

Lloyd, John (1985), *Understanding the Miners' Strike* (London: The Fabian Society).

MacGregor, Ian (1986), *The Enemy Within; The Story of the Miners' Strike, 1984-5* (London:Colling).

Maksymiw, W. (1990), *The British Trade Union Directory* (Harlow: Longman).

Manners, Gerald (1981), *Coal in Britain; An Uncertain Future* (London: George Allen & Unwin).

Marsh, A (1979), *Concise Encyclopedia of Industrial Relations* (Oxford: Gower).

——— (1984) *Trade Union Handbook* (Oxford: Gower).

——— (1991) *Trade Union Handbook* (Oxford: Gower).

Marsh, A. and Victorian Ryan (1980), *Historical Directory of Trade Unions Vol.1-2* (Oxford: Gower).

McCormick, B. J. (1979), *Industrial Relations in the Coal Industry* (London:Macmillan).

Ottey, Roy (1985), *The Strike: An Insider's Story* (London: Sidgwick & Jackson).

Parry, David, Waddington, David and Chas Critcher (1997), *Industrial Relations in the Privatized Mining Industry*, in *British Journal of Industrial Realtions*, Vol.35, No.2.

Pendolton, Andrew (1997), *The Eevolution of Industrial Relations in UK Nationalized Industries*, in *British Journal of Industrial Relations*, Vol.35, No.2.

Prike, Richard (1981), *The Nationalized Industries* (Oxford: Martin Robertson).

Reed, David and Olivia Adamson (1985), *Miners Strike 1984-1985: People versus State* (London: Larkin Publications).

Richardson, Ray and Stephen Wood (1989), *Productivity Change in the Coal Industry and the New Industrial Relations*, in *British Journal of Industrial Relations*, Vol.27, No.1.

Roberts, B. C. (1984), *Recent Trends in Collective Bargaining in the United Kingdom*, in *International Labour Review*, Vol.123, No.3.

Routledge, Paul (1993), *SCARGILL: The Unauthorized Biography* (London: Harper Collins Publishers).

Routledge, Redwood, John (1979), *Public Enterprise in Crisis* (London:Basil Blackswell).

Samuel, Raphael, Barbara Bloomfield & Guy Boanas ed. (1986), *The Enemy Within; Pit villages and the miners' strike of 1984-85* (London: Routledge & Kegan Paul).

Scraton, Phil and Phil Thomas ed (1985), *The State vs The People; Lessons from the Coal Dispute*, as special focus in *Journal of Law and Society* Vol.12, No.3, Winter 1985.

Taylor, Andrew (1984), *The Politics of the Yorkshire Miners* (London: Groom Helm).

Taylor, Andrew (2003 & 2005), *The NUM and British Politics, Vol.1 & Vol.2* (Hampshire: Ashgate).

Tempest, Paul ed. (1983), *Energy Economics in Britain* (Graham & Trotman).

Undy, Roger & Roderick Martin (1984), *Ballots and Trade Union Democracy* (Oxford:Basil Blackwell).

Wallis, Emma (2000), *Industrial Realtions in the Privatised Coal Industry: Continuity, change and contradiction* (Ashgate).

Wallis, Emma and Jonathan Winterton (2001), *Industrial Relations in Privatized UK Mining: A Cotingency Strategy?* ,in *British Journal of Industrial Relations* Vol.39, No.4.

The Welsh Campaign for Civil and Political Liberties and by NUM (South Wales Area) (1985), *STRIKINGBACK*.

Who's Who 1984 (Adam & Charles Black).

Wilsher, Peter, Donald Macintyre and Michael Jones ed. al (1985), *Strike* (London:Andres Deutsch).

Winterton J. & R. (1989), *Coal, Crisis and Conflict; The 1984-85 Miners' Strike in Yorkshire* (Manchester University Press).

Wright, Phil & I.D.Rutlege (1985), *The Oil Companies, World Coal and the British Miners' Strike*, in *International Labour Research*, Issue 7, January-February.

人名索引

ア行

相沢与一　57, 162, 201
アーノット，ページ　24, 57
アトリー，クレメント　44
大津定美　8
伊賀　隆　171
石黒正康　222
石田光男　22
石塚雅彦　14, 25
稲上　毅　190
ウイリス，ノーマン　106, 129
上田眞士　190
ウォーカー，ピーター　121
大平佳男　288, 309
小笠原浩一　190
オッテイ，ロイ　85

カ行

カーター，ピーター　179
戒能通厚　18, 175, 196
風間　龍　83
川上忠雄　170
菊池光造　22
菊本義治　171
キノック，ニール　89, 112, 158, 209
木村牧郎　66, 228, 307
キング，トム　15
クォーデン，ガイ　274
熊沢　誠　179

サ行

クラーク，コーリン　101
栗田　健　172
グリン，A.　28, 66, 171
グレートレックス，ニール　225
小島弘信　76, 83
小宮文人　232
ゴムレイ，ジョー　67, 69

榊原秀訓　294
坂口　明　83
サーズ，ビル　95
サッチャー，マーガレット　12, 25, 77, 93, 103, 128, 173
スカーギル，アーサー
　経歴　71
　"King Auther"　74
　委員長選挙　74, 210
　終身職制　16, 153
　名誉委員長　71
　大会演説　158, 201, 209, 213
　逮捕　94
　罰金　114
スペンサー，ジョージ　162
スミス，ネッド　46, 128
鈴木ふみ　65, 83

タ行

田口典男　83, 190, 227

田端博邦 196
ダリイ, ローレンス 72
チャドバーン, レイ 73, 99
ティーマイヤ, テォ 274
ティヴィ, L. J. 44
テビット, ノーマン 14
戸塚秀夫 22, 182
トッド, ロン 132

ナ行

内藤則邦 8, 83, 186
野村宗訓 274

ハ行

ハーヴェイ, デビッド 171, 188
ハート, デビッド 101
ハスラム, ロバート 200
濱口桂一郎 232
浜野崇好 22
浜林正夫 14, 196
ハリスン, J. 28, 66, 171
ハリスン, ロイドン 77, 177
ヒース, エドワード 24, 65
ヒースフィールド, ピーター 74, 127, 149
兵藤釗 22
藤原秀夫 171
ブッチャー, クリス 99
プライアー, ジェームス 13
プレンダーガスト, デビッド 152, 161
ヘイヴァース, マイケル 174
ベル, トレヴァー 73, 85
ベン, トニー 68, 121, 150
ホーエル, キム 126

ボルトン, ジョージ 89

マ行

マクガーヒイ, ミック 69
マクレガー, イワン
 経歴 19
 BSC総裁就任 21
 NCB総裁 23, 43, 140, 274
増田壽(寿)男 170, 272
マッケイ, テッド 86
松村高夫 83, 91, 137, 175
マレー, レン 76

ヤ行

山崎勇治 22, 43, 77, 83, 274

ラ・ワ行

リチャードソン, ヘンリー 99, 151, 160
リドレイ, ニコラス 8
リンク, ロイ 151, 161, 163, 217
ローソン, ナイジェル 173
渡辺治 171
ワルシュ, ジョン 210

A−Z

Allen, V. L. 14, 58
Bending, Richard and Richard Eden 39
Beynon, Huw 300
Beynon, Huw and Peter Mcmylor 19
Campbell, Adrian and Malcolm Warner 74
Cater, Peter 180
Crick, Michael 70, 300

Eaton, Jack & Collin Gill   52, 58, 157
Gennard, John   76
Glyn, Andrew and Stephen Machin   275
Goodman, Geoffrey   100
Hartley, J., Kelly, J., Nicholson, N.   22
Kernet, Charles   214
Lawrence, Robert   39
Lewis, Robin   17
Lewis, Roy & Bob Simpson   13
Lloyd, John   42
Maksymiw, W.   58
McCormick, B.J.   24, 58
Parry, David, Waddington, David and Chas Critcher   227, 236, 254
Prike, Richard   39
Redwood, John   39
Reed, David and Olivia Adamson   94
Roberts, B. C.   189
Routledge, Paul   74, 200
Taylor, Andrew   200, 222
Tempest, Paul   39
Undy, Roger & Roderick Martin   13, 172
Wallis, Emma   223, 236, 243, 277
Wilsher, Peter, Donald Macintyre and Michael Jones   100
Winterton J. & R.   9, 122, 156, 200
Wright, Phil & I. D. Routledge   168

事項索引

ア行

アバーゴード鉱　250
アムネスティ　1, 150
アンスリィ/ベンティンク鉱　226, 254
イギリス病　27, 66, 171
移動警察隊（フライイング・ポリスマン）　90
移動ピケ隊（フライイング・ピケット）　14, 64, 90
イミンガム・ドック　102
運輸一般労組→TGWU
営業譲渡規則1981→TUPE
英国鉄鋼公社（BSC）　21, 102
エネルギー安全保障　279, 282, 293
エネルギー革命　187, 279, 293, 298
エネルギー戦略　37, 169, 268, 282
エネルギー需給状況　258
エネルギー転換　38, 280
エリスタウン鉱　205
オーグリーヴ鉄鋼工場　92, 174
王室ブーム　77
オスティア号　104
オラートン炭鉱　91

カ行

確認可採埋蔵量
　　石炭　280, 285
　　石油　280
　　天然ガス　280

ウラン　280
カダフィ大佐　110, 115
カンタベリー大司教　108, 177
キャッシュ・リミット　75
キャラハン政権　66, 178
禁止命令（裁判所）　91, 100, 175
組合員数　33
組合資産凍結問題　17, 113, 119, 175
組合組織率　33
クリーン、コール　284, 289
クリスマス・ボーナス攻勢　116
経済産業省『エネルギー白書』（2009年版）　280, 282
経済成長　28
現代版《ラッダイッツ運動》　186
工業生産　28
高失業　30, 36
コートンウッド炭鉱　84, 98, 145
枯渇性資源エネルギー　280, 298
コミュニティ　176
雇用者情報協議規則2004　194, 231, 241, 296
雇用法1980　12
雇用法1982　12
雇用法1988　231

サ行

再生可能エネルギー2006国際会議　298
再生可能（・未活用）エネルギー　264,

280, 283, 298
最終決定権　56, 109, 130, 178
作業委員会　241
『サッチャー回顧録』　25, 77, 102, 173
サッチャーリズム　28, 170, 188
三角同盟 (Triple Alliance)　22, 93
シウムブリッド鉱　249
資格認定官　16, 203
失業者数　30
失業率　30
社会契約（所得政策）　28, 66
集団的自由放任主義　189
職場復帰者数　115, 133
白樺派→"Silver Birch"
シルヴァーデール炭鉱　226
シルヴァーヒル鉱　217
新現実主義的労働組合運動　195, 210
新自由主義　171, 188, 294, 301
スカンソープ鉄鋼工場　93
スト中止，無協定職場復帰　135
ストライキング・マイナーズ　86, 118, 132
柔軟な働き方　207
収入　30
スノゥドン鉱　98
スペンサー組合　201
週5日労働日制協定　207
週6日労働日制　208
セカンダリー・ピケッティング　14, 91
石炭価格（輸入炭と国内炭）　286
石炭産業　39, 188, 222, 228, 266, 284, 291
石炭産業国有化法1946　39, 46, 203
石炭産業法1980　41, 178
石炭産業法1994　222

石炭政策　39, 169, 271
石炭地下ガス化→UCG
全国アムネスティ・キャンペーン　150
全国海員組合→NUS
全国港湾労働制度→ドック・レイバー・スキーム
全国情報センター（NRC）　1, 90, 174
全国石炭庁→NCB
全国炭坑夫労働組合→NUM
全国投票 (national ballot)　15, 87, 133, 179
租税・物価動向　29
ソールスバイ鉱　234

タ行

多数・少数交渉スキーム　203, 240
多能工化　245, 247
タワー鉱　254
単一組合・ノーストライキ協定　186, 195
炭鉱争議
　　1972年争議　63
　　1974年争議　65
　　1992年ピット閉鎖反対闘争　214
炭鉱閉鎖手続き　177
ダラム司教　19, 108
地域パッケージ　223, 276
鉄鋼争議　22
デーンレイ鉱　246
動力積込機→NPLA
ドーヴァー (Dover) 港　104
ドック・ストライキ　102
ドック・レイバー・スキーム (NDLS)　102

ドンボロウ鉱　243

ナ行

二酸化炭素回収・貯蔵→CCS
燃料貧困（fuel poverty）層　284, 294
ノットストーン鉱　247
ノン・ユニオニズム　241, 254, 296

ハ行

ハーリントン鉱　98
バーンズレイ　71
バーンズレイ・マイナーズ・フォーラム　72
罰金　100, 113, 175
ヒース政権　28, 65
非解雇者の復職問題　148, 160
非経済的ピット（uneconomic pit）　41, 127, 178, 274
ピケット・バイオレンス　92, 112, 182
ピット閉鎖状況(85年)(92年)　145, 214
フォークランド紛争　77
複数組合制　47, 52
ブラックオーダー　95
ブリティッシュ・レイランド(BL)争議　22
ブルクリッフ・ウッド鉱　98
ブレコン・アンド・ラドナー　159
ベッドウス鉱　145, 254
法廷侮辱罪　17, 113, 175
北海油田　77, 261, 283, 293
ポート・タルボット工場　93
ボランタリズム　3, 188, 189
ポルメイズ炭鉱　85, 98

マ行

マイナーズ・アムネスティ法案（pits pardon Bill）　150
マイロン・レポート　9
マーガレット・サッチャー財団　8, 303
マネタリズム　24, 28, 273
マルガム鉱　208, 226
マンスソープ鉱　248
ミッドランド・マイニング社　226
民主炭坑夫労働組合→UDM
民営化　272
　石炭産業　221, 275
　電力　222
メジャー政権　272
モンクトンホール鉱　223, 254

ヤ行

郵便労働者　11

ラ・ワ行

リドレイ・プラン　7, 96
レイヴェンスクレイグ鉄鋼工場　92
レイト・キャッピング　75
労働組合会議→TUC
労働組合法1984　15
労働組合および労働関係(統合)法1992　18
労働争議
　争議件数　35
　争議参加人員　35
　労働損失日数　35
労働党　107, 185
ロンガーネット鉱　225, 254
ワーキング・マイナーズ　2, 86, 99, 118

ワークハム鉱　252
割増賃金制　66

◆英語および関連事項

ACAS　47
APEX　52
ASLEF　95
AUEW　15
BACM　52, 164
BACM-TEAM　54
BCC　214, 222
CCS　289, 295
CINCC　49
Coal Authority　222, 290
CI（Coal Investments）社　223, 276
COSA　59, 149, 163, 225
EBO　223, 276
EETPU　94, 107
EMA　107
EPEA　94
GCHQ　76
GMBATU　103
GMWU　52, 94
ILO　297
ISTC　22, 95
JNNC　48
MBO　223, 276
MMC報告　40
NACODS　54, 107, 147, 164
The National Conference of Women's Orgnaisations　155
NCB
　　設立　44
　　組織機構　45
　　"合理化"提案（84年3月6日）
　　　25, 49
　　労使交渉（NUM, 84年7月）　97
　　労使交渉（NACODS, 84年10月）
　　　56, 107
　　労使交渉（NUM, 84年10月）　109
　　労使予備交渉（NUM, 85年1月）
　　　127
　　新提案（85年2月）　129
　　炭鉱争議後の経営戦略・労使関係政策　200
　　労使交渉, 協議機構　47
NEC　60
　　84年3月8日　25
NGA争議　76
Nottinghamshire Union of Mineworkers　162
Nottinghamshire and District Miners' Industrial Union（スペンサー組合）　162
Notts Working Miners' Committee　101
NPLA　62
NUM
　　沿革　58
　　組織機構　58, 233
　　エリア　58, 154
　　ノッティンガムシャー　68, 99, 122, 151, 182
　　リーダーシップ　69
　　委員長選挙　69, 73
　　NPLA　62
　　1972年争議　63
　　1974年争議　65
　　1992年ピット閉鎖反対闘争　214

割増賃金制　66
規約第41項，第43項　86
全国執行委員会→NEC
全国投票（National Ballot）　87, 179
規約改定問題（85年）　153, 161
無期限残業拒否闘争　84, 144
残業拒否闘争　207
特別代議員大会（85年3月3日）　1, 135
85年年次大会　156
87年年次大会　209
93年年次大会　215
多数・少数交渉スキーム　203, 240
民営化　224
賃金交渉　144, 204, 238
新懲戒規程　206
柔軟な働き方　207
組織化戦略　295
NUR　95
NUS　95
OPSI　18, 302

Plan for Coal 1974　41, 178
RJB Mining 社→UK Coal社
"Silver Birch"　99
TGWU　95, 102
TUC　106, 129, 184
TUPE　231, 244
UCG　289, 295
UDM　163
　組織機構　233
　協調の哲学　216
　組合承認問題　201
　団体交渉権　201
　多数・少数交渉スキーム　203, 240
　賃金交渉　204, 238
　新懲戒規程　206
　柔軟な働き方　207
　民営化　225
UK Coal社　223, 228, 230
　労使関係戦略　240
　作業委員会　241

著者紹介

早川　征一郎（はやかわ・せいいちろう）

1938年，新潟県生まれ
東京大学大学院経済学研究科修士課程修了
前職　法政大学大原社会問題研究所教授
現在　法政大学名誉教授，大原社会問題研究所名誉研究員
学位　経済学博士
専攻　社会政策・労働問題
所属学会　社会政策学会，日本労働法学会
（主　著）共著『公務員の賃金』（労働旬報社，1979年）
　　　　　共編著『公務員の制度と賃金』（大月書店，1984年）
　　　　　単著『国・地方自治体の非常勤職員』（自治体研究社，1994年）
　　　　　単著『国家公務員の昇進・キャリア形成』（日本評論社，1997年）
　　　　　共著『現代の労働問題』（総合労働研究所，1981年）
　　　　　共編著『電機産業における労働組合』（大月書店，1984年）
　　　　　共編著『国鉄労働組合——歴史，現状と課題』（日本評論社，1993年）
　　　　　共編著『労働組合の組織拡大戦略』（御茶の水書房，2006年）

法政大学大原社会問題研究所叢書
イギリスの炭鉱争議（1984〜85年）

発　行——2010年7月15日　第1版第1刷発行
著　者——早川　征一郎
発行者——橋本　盛作
発行所——株式会社御茶の水書房
　　　　　〒113-0033 東京都文京区本郷5-30-20
　　　　　電話 03（5684）0751　Fax 03（5684）0753
組版・印刷・製本——株式会社タスプ
ISBN978-4-275-00888-6 C3033　Printed in Japan

労働組合の組織拡大戦略	鈴木玲編著	A5判・三三二〇〇円頁
新自由主義と労働	早川征一郎編	A5判・四二〇〇円頁
人文・社会科学研究とオーラル・ヒストリー	法政大学大原社会問題研究所・鈴木玲編	A5判・二七〇〇円頁
証言 占領期の左翼メディア	法政大学大原社会問題研究所編	A5判・三一〇〇円頁
証言産別会議の運動	法政大学大原社会問題研究所編	A5判・六五〇〇円頁
政党政治と労働組合運動	法政大学大原社会問題研究所編	A5判・四六〇〇円頁
高齢者の住まいとケア	五十嵐仁著	A5判・四〇五〇円頁
高齢者のコミュニティケア	嶺学編	A5判・四三二〇円頁
労働の人間化の展開過程	嶺学他編	A5判・三八六〇円頁
社会運動と出版文化	嶺学著	A5判・四五一〇円頁
近代農民運動と政党政治	梅田俊英著	A5判・三七〇〇円頁
船の職場史——造船労働者の生活史と労使関係	横関至著	A5判・五〇一〇円頁
日鋼室蘭争議三〇年後の証言	大山信義編著	菊判・五八〇〇円頁
	鎌田哲宏 鎌田とし子著	A5判・六七四三〇〇円頁

御茶の水書房
（価格は消費税抜き）